姚著中国史·2

古代北西中国

姚大中 著

华夏出版社

作者简介

姚大中，一九二四年生于江苏省吴县。中央大学（南京）法商学院政经系毕业，日本大东文化大学做政治经济研究，台湾东吴大学历史系教授。

目　录

北方游牧势力的冲击

草原游牧社会与其独立文化的形成
游牧民族大跃动的历史意义 …………… 004
草原经济·游牧文化的特质 …………… 008
骑马·游牧民族的起源 …………………… 010
北亚细亚青铜器时代与"胡人" ………… 016
欧亚大陆游牧文化圈连锁 ……………… 019
中国历史演进的双轨性 ………………… 030

长城内外的对立
两个世界的分隔标志 …………………… 034
长城的最初性格——国境线 …………… 035
汉朝攻势长城与后代防御长城 ………… 042
游牧主动与其外向性 …………………… 047
与耕地相斥的草原历史路线 …………… 051

匈奴——北亚细亚大风暴

匈奴雄长的世界意义与其汉族依附性 ……… 056
北亚细亚最早的统一 ……… 060
婚姻・军事・经济・精神生活 ……… 064
游牧封建与单于继承法 ……… 070
匈奴联盟中的汉人集团 ……… 077

战争与和平

巨大游牧压力下的汉朝和亲政策 ……… 082
由和到战十年间九次大远征 ……… 085
从漠南无王庭到匈奴降伏 ……… 092
和平波折与北匈奴西迁 ……… 099
南匈奴进入长城后的质变 ……… 105

东胡・西羌・前期突厥诸民族

四至六世纪间新汉族诞生与草原新形势 ……… 116
东胡・乌桓・鲜卑 ……… 119
从鲜卑游牧帝国到投入长城后的北魏 ……… 123
戎・羌・氐・月氏 ……… 130
后汉政治痼疾——西羌问题 ……… 135
草原"朝代"嬗代中的柔然 ……… 141
丁零・高车・铁勒・突厥 ……… 148

汉族中国以西的世界

认识古代"西方"
二千年前汉族世界眼光的扩大 ……… 156
贵霜—大月氏与嚈哒 ……… 164
中亚细亚古代历史的基本认识 ……… 173
中国史料与所指"西域"范围 ……… 177

新疆与河西走廊
沃洲地理橱窗与人种博览会 ……… 186
经济繁荣面下新疆政治的向上 ……… 192
新疆历史命运 ……… 196
河西走廊—吐鲁番盆地 ……… 199

从"通西域"到"西域经营"
中国西方事业起点的"凿空" ……… 204
汉朝的新疆—中亚细亚征服 ……… 208
区域性共同防卫与都护统制体系 ……… 212
"三通三绝"的后汉西域支配 ……… 219
长史统治与高昌国成立意义 ……… 225

考古—古代学上的新疆

- 历史壮观复原与敦煌学 ……………………… 232
- 汉朝西长城制度 ……………………… 240
- 埋没沙中的鄯善王国 ……………………… 247
- 南北道古代史闭幕 ……………………… 258

东西方文化·商品交流的早期形态

- 中国对西方关系从混沌到开朗 ……………………… 272
- 外国通商·外国商人 ……………………… 275
- 世界性丝贸易与国际交通 ……………………… 282
- 古代世界东西大动脉——"丝道" ……………………… 287
- 古代西方的"中国"认识 ……………………… 292
- 中国容纳外来文化的源泉与内容 ……………………… 298
- 中国文化传播西方 ……………………… 308

主要参考书 ……………………… 310

北方游牧势力的冲击

草原游牧社会与其独立文化的形成

游牧民族大跃动的历史意义

传统的中国历史记载，往往使地域范围固定在长城以南，历史的担当者也限汉族。对于长城以北，以及生活在那个区域内的人民，都不过附带述及，这与今日的"中国"意义，便不相当。单单长城以南，习惯上所谓中国本部，以及单单汉族活动，都不足以说明中国历史的全部。构成整部中国历史的空间，必须扩及贝加尔湖以南，以至帕米尔高原以东的全部范围。固然，这些地与人，并非在历史所有阶段都是"中国"或"中国人"，但今日却是。

遗憾的是，这个方向的偏差很不容易纠正。直到今日，即使地理意识上也还留存"本部"与"边疆"的区别。这种区别，站在国家民族立场上，最好尽量避免，十九世纪以来很多的痛苦回忆，实际便都因为外国阴谋家，夸大或强调了中国的地理区别观念，与故意制造中华民族间矛盾所致。一个中国人的立场，中国各部分与中华民族各组成分子无可分割，中国历史最伟大的一面，便是汉族周围异民族因不断接触汉族而与汉族共同组合为中华民族，或者说，共同成为中国人。忽略或歪曲了这些，便无从谈正确的中国历史。

历史上汉族周围异民族接触汉族，北方尤其汇为主流，这种北方为主的情形，正如同古代欧洲历史。五世纪（中国南北朝时）西罗马帝国灭亡以前，炫为文明的罗马人与北方"蛮族"间长期接触与冲突，等于中国汉族之与北方民族。中国北方关系对于中国，较之欧洲文明世界与蛮族，所不同的是结果。欧洲南下灭亡西罗马的北方诸蛮族，随近代民族国家兴起潮流而今日一个个分散与分别成为世界最文明的国家与民族。中国则众所周知，北方民族先是一波一波南下投入汉族浪潮之中，终于举土地与人民，结合为中国与中国人的一部分。

草原游牧社会与其独立文化的形成

中国北方,人与地的由与汉族中国相对立转变为立于中国之内,过程绵亘垂二千年。而其开始接触,则正与汉族以及汉族中国酝酿形成同时。

事实上,纪元前三世纪秦朝汉族大帝国诞生,虽有其自身必然性,北方这股新生力量的刺激,却直接提供为加速助力。同时,汉族也非先存在了民族意识,尔后成立这个民族,同样系因接触北方民族才激发民族自觉,这从汉族形成期早在春秋—战国之交,民族称谓却须北方民族极盛期,随"汉"这个朝代名称而铸定此一事实,便可了解。所以,中国北方民族的出现,对中国历史意义,非只仅仅扩大其意境领域而已,也表现了他们在中国历史上不可漠视的影响力。

中国长城以北,依广阔的戈壁大沙漠为界而分内、外蒙古,自然地理则通称蒙古高原或蒙古草原,与汉族环境的分际标志,正好便是一道自西而东,蜿蜒"万里"的大长城。其中内蒙古在民国时期,先后建置为宁夏、绥远、察哈尔、热河、辽北五个省份。而无论地名如何随居民名称变易,这个区域,自汉族成立以来向为中国历史上非汉族的北方民族聚居之地,则无例外。要了解这些民族为什么会在汉族之外,长时期自成一个文化单元,须先明了其自然条件。

这个区域,地形高度大体在一千至二千公尺之间,因为距海遥远,各方面的潮湿空气都不易到达,所以干燥特甚,大陆性格非常强,多数地区都少雨。全年雨量平均二百公厘以下,戈壁沙漠中尤其年雨量落到五十公厘以下。北部虽因微受北极气候影响而雨量较多,但也不过二百公厘左右。气温变化也剧,冬季严寒,夏季酷热,温度差距经常超过摄氏四十度。库伦(即乌兰巴托,今蒙古国首都)算是蒙古气候最适宜地区之一,年雨量也特殊能到达二百四十公厘之谱,但是,月平均温度的差幅,正月仍在零下三十三·七度,而七月份则十七·一度,每年有六个月以上的气温都低于零度。因此,蒙古大草原的内陆干燥性格,与汉族标准聚居地的海洋性湿润季节风地带,截然不同。

另一方面,一个观念上的认识对历史了解也属重要,便是蒙古(或其前代地名)范围古今不同。今日蒙古,北方以恰克图为尽头,古代却须再往北包括了西伯利亚南部森林边缘的黑龙江上流额尔古纳河(Argun')以西,贝加尔湖（Lake Baykal）周围。这个部分，是十七世纪末、十八世纪初清朝签订《尼布楚条约》与《恰克图条约》时才被分割，而并入了帝俄暨今日苏联领土。但当地居民，迄今仍无可隐蔽的为蒙古人，一类人种、宗教信仰都与外蒙古无异的布里雅特蒙古人。这个地区，今日除直接并入苏俄（Rossiiskaya SFSR）的东半部外，西半部建立为苏联的布里雅特自治共和国（Buryatskaya ASSR）。非仅贝加尔湖一带是蒙古，叶尼塞（Yenisey）河河源地方也是。这萨彦岭（Sayanskii Khrebet），唐努乌拉山（Khrebet Tannu–Ola）中间地的山岳地带唐努乌梁海，尤须迟至民国成立，始自外蒙古切离而变更政治原状，先则成为苏联的土文自治共和国（Tuvinskaya ASSR），以后又并入苏俄为一自治州（Tuvinskaya Avtonomnaya Oblast），这是指现在蒙古的北方。关于其东与其西，同样已被收缩，收缩时期同样是在清朝。确定以蒙古与汉族中国结合，是清朝值得特笔大书的历史贡献，但是，当时蒙古这大片土地并非整体而是分成几个部分与几个阶段，陆续加入中国的，因此，也于同时由清朝给予了前所未有的政治处分。蒙古本无所谓"内""外"，便因这个原因才依南、北方位而区别。东面呼伦贝尔则划归黑龙江将军（今日是兴安省的西部），西面准噶尔盆地又改入新疆。

呼伦贝尔介于兴安岭山地与现在蒙古之间，地形本身便是蒙古高原的一部分，毫无自然标志足资区划，如须区划，应该便是再往东的兴安岭。

准噶尔盆地虽有阿尔泰山蔽障其东北，却是主峰也不过海拔四千公尺，山脉南端且开了个大缺口得以畅通蒙古高原，从海拔五百公尺的盆地中心南北扩散，其边缘迪化、镇西一线，地势都在海拔一千公尺以上。所以，准噶尔盆地的地理特征全同于内、外蒙古，年雨量约二三百公厘，草地丰茂而东西连成一片，也是全年有五个月气温都在零度以下，迪化正月零下十九·三度，七月二十三·九度。并且，从雨量较多而气温差度较小的角度看，条件反而较蒙古高原为佳。这个盆地以西，自斋桑泊（Zaysan Nor）周围，沿巴勒喀什湖（Lake Balkhash）南口直线往南，包括伊什克库湖（Issyk Kul）在内，以抵帕米尔高原的全域，也于十九世纪后半被清朝承认割属沙皇俄国，今为苏联俄罗斯联邦共和国（R. S. F. S. R.）阿尔泰区内的戈尔诺阿尔泰自治州（Gorno–Altay

A. O.）以及哈萨克共和国（Kazakhskaya SSR）、吉尔吉斯共和国（Kirgizskaya SSR）与塔吉克共和国（Tadzhikskaya SSR）的领土。

所以，今日地图上所见的蒙古，只是政治区域而非地理区域，也唯其如此，今日所见的蒙古，并非中国历史上北方民族唯一聚居之地。中国历史上所指北方民族的活动范围，如依清朝初年蒙古人天地为标准，大约在北纬三十七度到五十七度，东经七十五度到一百二十二度之间，亦即东起嫩江流域，西及哈萨克斯坦—中亚细亚，南至长城，北连叶尼塞河上流域与贝加尔湖周围的地域。简单地说，北亚细亚大草原整体。

汉族关于北亚细亚民族的记载，开始于纪元前五世纪末以后的战国时代。在那时，已经很明显能看到一个较之汉族自身完全不同的民族与社会，在中国北方迅速兴起。其特征，一是游牧，一是骑马。以后，中国历史著作如《史记》《汉书》，都曾以郑重的态度说明如何发现这一件大事。事情的严重性，尤其表现在这批人会"骑"到马背上，以及配合骑术而出现机动与快速的新战术、极其锐利的攻势，这是汉族从未见识过的人与事。汉族中国环境内，传统的战争方式非"车"即"步"，对马的经验，从来也不过用以载物或驾车，尽管驾车时可以从一匹马发展到几匹马，却从未想到人可以跨在正奔驶中马匹背上的可能性。而现在，从外面突然而至的人，却实实在在是"骑"了马来。农耕人民的生存，因此立刻受到措手不及的威胁。于是，这一群与众不同的人，被自身也才刚刚成立的汉族，称之为"胡"，一个前所未有的名词。

"胡"这个名词被采用是应当引起注意的。当汉族形成之前，前期汉族诸农耕集团与范畴以外其他人民间，只有政治上部族或"国"的区分，而无所谓民族之别。汉族形成之初，又放眼全是同族，"民族"这一类意识，向来不曾、也无由产生，必须待到骑马人从北方出现，向无民族意识经验的汉人才愕然发觉，"天下"除了自己的文化体系之外，原来还同时存在一种足与自己相抗衡的另一类型文化。代表这类新文化的人，从而也不得不被汉人承认有与自己相对立与相平等的地位——汉人，是我；胡人，是另一个人类集团，亦即异民族。民族间的差异认识，至是开始建立。并且，也连带因此转变了固有的"戎"、"狄"观念，由政治集团称谓一并赋予民族意义。凡在北方或西方出现的任何异民族，区分可为"北狄"或"西戎"，泛称则一律是"胡"。

草原经济·游牧文化的特质

　　胡人，活跃天地在于中国北方可耕地范畴以外的北亚细亚大草原。这个社会，这些依牲畜为生计的骑马人，在大平原上农业社会的汉人眼中，是另外一个世界。这另一个世界与汉人生活迥异到什么程度？以下都是：

　　第一，草原经济的基本是牲畜，牲畜不但可以供给作为主食的肉食，乳供为饮料或制成乳酪，同时，毛、皮还可以利用来制成衣服御寒，加工后的毛毡可以盖搭帐篷居住，甚至粪便，冬天也可以用作燃料驱除寒气。马与骆驼，则交通运输方面的效用尤大。马乳虽薄，但有独得的酸味，也为一般人所爱饮。所以，在草原天地中，虽然谷食较之肉食仍属同等重要，但当必要时，无论衣、食、住、行，却概可从放牧的牲畜身上求得解决，此与农业社会可以专赖素食正相反。同时，货币对于这个社会，可谓毫无功能，对外固有其团体性贸易，但方式概为物物交易。本身社会内部，并无交易需要，彼此都自给自足，对外交易所得物资，注重的则是分配。在游牧社会中，牲畜便是财产，财产标准也全视牲畜而定。尤其是羊，愈多，愈可以自给自足，也愈表示其富足。这种情形，与农业定居社会以庄稼收获为财富标准的观念与实质，实际并无根本意义上的不同，却也便是农业社会与游牧社会区别所在。

　　第二，与农业社会的固定性格恰恰相反，游牧社会特别重视移动。农业社会中，人必须固定在一定的土地上，草原却不然。为了避免一年中特有的严寒与酷暑，牲畜必须有冬、夏两季不同的牧地，人也必须随之在夏季牧地与冬季牧地之间移动，而有冬、夏不同的帐幕驻扎地，每年循环度其游牧生活。更重要的,牲畜完全依赖天然放牧,但没有一片草地经得起长时期利用,这又是所以必须移动的原因。较远的距离,可以移动到数百里以外,甚至更远(猪在游牧社会中所以没有地位,便因为它们与容易移动的原则违背)。土地所有权观念,在草原上因此并不重要,草原人民的生存律在"土地分配＋移动",土地分配而且便以移动为前提。自由移动,才是他们心目中的基本权利,如同定居社会人民要求"安居乐业"。所居住地方,也便是随时可搭、可卸、可迁移的帐篷,或者,用马驾的车辆。

第三,对马匹的重视。草原游牧社会离不开马,也以马,以及使奔驶的马得控制在人手中的骑术为生存条件。否则,大群牲畜成功地放出去与赶回来,以及长距离间的迅速移动,都无法实现。所以,在游牧世界中,只有马与骑术的功能,才能达成草原—牲畜—人之间的联系关系。骑术在农业社会中为未受专门训练者所难做到,游牧世界却是无分男女老幼的基本技术。

第四,社会结构与政治组织,游牧社会因此也与农业社会相异。他们社会结合的纽带是血缘的,构造是阶级性的,性格是保守的。个人自由以社会安定为前提,指导权握在少数上层阶级人物手中。团结、机动与领导,又是其机能特色。大群牲畜的放牧,不可能仅由一、二个人负责,依靠的是团体行动。基于草地分配与移动的需要,大团体又必须服从领导,以及机动散、合。所以,草原社会形态,必然成为金字塔式,组织的基本构成单位是血缘团体的氏族,若干氏族合而为部族,若干部族又相互结合在某一个强有力的领袖,与某一个强有力的氏族领导之下,而形成"国家"整体。生产体系亦同,氏族与其附属的奴隶群,是每一个管理与繁殖所属牲畜的单位。因此,视为财富的牲畜,在游牧社会中,不属于私人而归团体共有。也惟其如此,游牧社会只有团体的富足或贫乏之分,而非个人。但是,游牧社会尽管阶级化,其社会的阶级性格却微弱,成员在原则上有其平等的权利与义务,指导者原则上须经过选举而产生。

第五,草原人民,其各个团体间彼此为了保护牲畜,为了牧地使用与分配的争执,或者,排解移动进行时的阻力,再或者,共同联合防止外人侵袭,战争都随时可能发生,也随时须要防备。所以,游牧生活可说永远便是战斗生活，团体组织与严密的军事组织成为二而一的不可分形态，各团体随时随地是个保持防御与攻击双重戒备的集团。在团体中，任何成员，从幼年便在生活中接受战斗训练，与习惯于突发的战争，男女几乎没有多大分别。草原人民，无论白天或黑暗，风吹草动立即警觉，一声令下，不作有计划的迅速前进，便是有秩序的迅速撤退。这些，完全表现为一种"力"的精神，与农业人民和平相处，所谓"止戈为武"的原则，恰恰相反，先天的战斗性为其民族特质。

第六，草原人民忍受干燥沙漠地带的严寒与酷暑，生活资源仰仗牲畜，牲畜又须不断迁移，所以，他们的生活是质朴的，与农业社会人民过惯的城市生活，全不相符。伦理与法律规范，因此也不能以农业社会的标准衡量，农业汉族道德律不适用于草原社会。草原人民保护他们的游牧财富，思想境地非常单纯，对友忠诚，对敌残酷，只求团体生存而无视个人生命。作战时英勇无畏，以牺牲小我为光荣。这种精神，私有财产制的定居社会人民不容易领略。同时，即使非逢变故而在平时，恶劣的自然环境，对人类繁衍也大有阻力，为维系并绵延这个强有力的团体，他们必须重壮年、轻老弱，而且产生父、兄亡故而子、弟"妻后母，配寡嫂"等等现象。这些现象，到了农业社会的汉人眼中，都成为禽兽行为。

如上这些，都是游牧社会区别农耕社会最显著的特质，而汉人引以为奇的。也唯其游牧世界有如许特质，才能在农业文化之外，自行建立起一条独立发展的路线。当然，所谓游牧文化特质，并非绝对，与农业世界相较，正确说来，只是偏重而已。

骑马·游牧民族的起源

游牧文化如何形成？游牧民族何时形成？是历史解明上一个关键问题。

关于人类文明发展过程，"游牧"可谓最晚成立。人类超越获得经济范畴跃向生产经济，野生动物的家畜化，系与野生谷物栽培化同时。所以，包容了畜牧的有畜农耕，才是最早农耕发生，以及初期农耕文化时代的特色。简言之，畜牧—农耕，并非对立的文化形态。待到动物经济从农耕文化中脱出而形成独立文化路线时，那已不是"畜牧"而是"游牧"，时间也已超越了新石器时代。

畜牧、游牧两个名词的含义，可能迄今还有人混为一谈，其实不是。含糊原因似在通用了一个"牧"字，如果了解畜牧便是"饲养"的同义词，那将清晰得多——或多或少的有蹄类多肉动物，圈在栏里饲养是"畜"，放到野外饲养即"牧"。早期农耕文化，仍可从今日农村中见其缩影，一方面种植，一方面又以饲养家畜（畜牧）为副业。史前新石器时代人类集团经营农业，便也如此。虽然其时的耕或牧，随地区而有偏重。

广大草原地带，除了散在一处处沃洲外，都是山岳、沙漠、林草地。于此地带各地区育成的史前诸文化，其发展阶段固因地理环境而呈现各式各样，但仍系小异而大同。整体而言，草原地带的历史，可分如下几个阶段[①]：

第一阶段——仍固执在以前的获得经济上。但制陶术、石器磨制法、打制石镞、环头石斧等比较容易的技术也已被采用。需要高度技术的彩陶制作，则无缘接受。

第二阶段——生产经济开始，惟狩猎、渔捞比重仍大。同时，铜的冶金术虽已知晓，石器仍占压倒的重要性。

第三阶段——农耕、畜牧已成经济中心，狩猎、渔捞的色彩相对减少。青铜冶金术发明，武器急速发达，车辆也开始被采用。

第四阶段——牧主农副化的方向定型，适合移动性的家畜如马、羊、山羊均已普遍饲养。青铜制武器发达到顶点，文化先进地域且存在了金属细工。政治上也推向部族国家确立的途径。

畜牧占了莫大比重的历史发展加速，在意义上，终于放弃农耕而至第五阶

---

① 角田文卫：《东方文化的传播·草原地带的牧主农副文化》，平凡社版《世界考古学大系》9. 北欧亚大陆·中亚，第38—39页。

段——游牧经济文化与游牧民族完全成立的阶段。

北方草原地带各地区文化，无论欧洲或亚洲，例依如上说明的步骤推展。虽然各地区进度有迟速之分，但迄于纪元前七〇〇年左右，欧亚大陆草原居民的历史，大体上都已步入第四阶段，人类生活方式显著地起了转换。

草原地带游牧文化的形成过程①

	农耕	畜牧	狩猎渔捞	彩陶	素文陶器	磨制石器	冶金术
第一阶段	×	×	●	×	○	○	×
第二阶段	×	○	●	×	○	○	×
第三阶段	○	●	●	×	○	●	○
第四阶段	○	●	○	×	●	●	●

× 不存在　○ 存在，但不重要　● 存在，而且重要

从耕作、畜牧兼业，到放牧逐渐压倒农耕并发展为独立经济的历史推动路线，在亚洲方面，线索发端自中亚细亚考古编年稍迟于南部阿那乌（Anau）文化，纪元前四千年代末以迄前三千年代前半的花刺子模（Khorasm）开而退密那尔（Keltemihar）文化，以咸海东南岸为中心，北及哈萨克斯坦西部，南至土库曼尼亚西北部，再以此范围为据点而农耕、畜牧文化向周围地区扩散。前三千年代中冶金术被采用，此一类型文化便分别发展为西哈萨克斯坦的Saksaulskaya文化，北哈萨克斯坦的Tersekkaragai文化，南西伯利亚的阿发那希爱伏（Afanasievo）文化。接续，便是游牧文化从中亚细亚北部接触北方草原地带的农耕文化中孕育成长的转型期文化，自纪元前二千年代前半迄于前一千年代前半哈萨克斯坦的安特洛诺伏（Andronovo）文化成立②。

安特洛诺伏文化，原系战前于北亚细亚叶尼塞河上流域明奴辛斯克（Minusinsk）地方所发现南西伯利亚初期青铜器文化，年代设定在纪元前一千四

---

① 角田文卫：《欧亚大陆内陆文化的产生》，平凡社版《世界考古学大系》9. 北欧亚大陆·中亚，第4页。

② 安特洛诺伏文化解明，主要取材自香山阳坪：《沙漠和草原的遗宝》，第36—44页（下页附表采自同书第40页）；角田文卫《东方文化的传播·草原地带的牧主农副文化》，平凡社版《世界考古学大系》9. 北方欧亚大陆·中亚，第36—37页。

百至前一千年间。第二次世界大战后哈萨克斯坦与中亚细亚各地展开广范围与有组织的调查研究,特别是一九五三年以后东哈萨克斯坦的深入考察,始知安特洛诺伏文化,中心便在东哈萨克斯坦(指额尔济斯河上流毗连新疆准噶尔盆地部分)。遗物出土也以东哈萨克斯坦为最多,战前的最初发现地明奴辛斯克盆地仅其边缘而已,发展年代最早也须推展到纪元前二千年代前半。至纪元前二千至前一千年代之交,西起乌拉河,东及南西伯利亚,都为这类文化所弘布。这类文化,西方与里海、黑海北方的木椁坟文化间有密接关系,特别是两类文化接触地带的双方面特征混淆,并发生相互影响作用。南方则与阿那乌文化接境。在史前诸文化类型中,似安特洛诺伏文化般广大的分布地域,例子至为少见。

现在,安特洛诺伏文化的遗迹、遗址,已发现村落与坟墓各达百处以上。这类具有丰富考古价值的史前文化展开,陶器与青铜器制作的发达为其特色。文化发展过程与波及地区研究上须分之为四期:

时期 \ 安特洛诺伏文化分布状况	东哈萨克斯坦	北哈萨克斯坦	叶尼塞河上流	中部哈萨克斯坦	外乌拉	西哈萨克斯坦	南方(指天山山脉伸入中亚细亚部分以至帕米尔方面的地区)
第一期(前十八至前十六世纪)	+	+	+	−	−	−	−
第二期(前十五至前十三世纪)	+	+	+	+	+	−	−
第三期(前十二至前九世纪)	+	+	−	+	+	+	+
第四期(前九至前八世纪)	+	+	−	+	+	+	+

安特洛诺伏文化自纪元前十八世纪东哈萨克斯坦最早成立,系依铜、锡广泛采掘开始,得以从原先的新石器文化基础上,跃入金石并用文化。至第二期

为文化形成的定型期，哈萨克斯坦原新石器人急速消灭，退向森林地带经营狩猎、渔捞生活，耨耕与畜牧成为安特洛诺伏人基本经济形态。农具有石皿、石耨、石镰等，家畜则大小有角类及马为典型，但马在当时仅供食用，猪无存在。文化分布范围也自第二期开始扩大。

第三期令人注目的发展，马似乎已最初被人乘用。文化波及区域，依青铜器分布判断，也愈益扩张。但地区扩张相对方面，叶尼塞河上流反从分布地区表中删除，却是本期开始的一大转变。便是说，安特洛诺伏文化发展中，东方文化领域反而相对缩小。叶尼塞河上流自纪元前二千年代之末，已因与黄河流域殷文化关系深切的卡拉斯克（Karask）文化兴起而被替代，所以，安特洛诺伏后期文化，在明奴辛斯克盆地全不存在。

安特洛诺伏第四期文化内容，显著转变是畜牧取代种植成为主要经济部门。虽然重牧、重农的地区偏异颇大，但一般而言，畜牧发达已是文化的全体一致倾向。便由于家畜头数急速增多，赴远方寻求新的以及更理想的草原牧地，因此已属必要。而此问题，也因马被乘用成功而获解决，专门适合于大草原的真正游牧经济，于焉开始。

游牧的发生，从安特洛诺伏文化演进例子可获得明确了解，其发生乃在北方草原沃洲。沃洲面积有限，耕地非常宝贵，当家畜饲养继续发展且数量逐渐繁衍时，对有限度的沃洲耕地显然有害。于是，发现了利用草原，以牲畜放上沃洲周围草原的饲养方法。这种方法，现在小面积沃洲居民尚普遍采行，便是：天明以家畜放往草原或附近山地，黄昏又赶回来。但这种放牧饲养方法有其限度，牲畜数量不能多。而且，固定某一处的牧草也有不足之虞，所以，又有自这一牧地移往彼一牧地，以及夏天向凉爽山地，冬季则赴较暖草原与峡谷移动的必要。纪元前一千年代，游牧专门化，乃自沃洲切断而形成草原独立的经济路线，移动性畜牧生产发达为当时草原上独有的经济形态，历史上专门化初期游牧民族登场。一类适应于纯粹倾向于家畜为中心的、新的、以及初期的游牧文化体系，于西起南俄，东至蒙古高原的广大欧亚大陆草原地带中成立。

前一千年代中期游牧世界建立与游牧民族产生，古代西方希腊、东方中国史料，都有同样趋向的说明。这些古代文明国家的文字记录中，不约而同，都自差不多同时开始,才有关于游牧民族的记载。中国之于北亚细亚,所见便是"胡人"。而在此以前,前汉族诸集团从未经验或见识过类似的事。这可以证明,北亚细亚真正建设游牧文化与游牧经济,上限不可能超过纪元前五世纪——这较西方已稍迟缓。而偕同发现"胡人"的另一大事,堪注意便是骑马。

骑马技术,与游牧生产属于一体两面。注入骑马技术这一要素,才使游牧经济—文化的成立,成为可能。

骑术,乃是人类世界与人类文明史上革命性大事,机械发明以前最大发明之一。即使今日,"马力"仍是动力计算单位。自从骑术使马成为最大动力的获得泉源后,人已可以利用马的速度、灵便,以及人与马结合所产生强力的机动能力,使任何牲畜(包括马群本身)大规模放上草地得到成功,并掌握移动的必要效率。在农耕、畜牧时代,不易管理太多放到草地上的牲畜,是问题死结。骑了马的游牧便不同,大群出现在草原上的牲畜,都可以远近自如地操纵与管理。所以,唯有依赖骑马的功能发挥,游牧经济才得成长,适应于此专门经济的社会形态,才能在草原地带形成,才能建立完全而独立的草原文化系统,而与畜牧有了质的区别,再不能在两者间划上等号。

马的最初家畜化成功,与人类文明间如何关联?原产地在何处?今日都还不十分明了。仅知自文明光源 Orient 发端的初期农耕文化中,农耕以麦的栽培为主,动物则羊与山羊的饲养为主。世界已知最早的农耕文化,北伊拉克的加尔摩(Jarmo)遗迹出土兽骨,羊便占全体的 80%,10% 为猪,其余 10% 合计,才是牛、马、狗之类。而且马在当时,推定尚非家畜而是野生[1]。但待西亚细亚文明波及中亚细亚北方草原边缘时,家畜中移动性最少,而且草原环境也欠缺食饵的猪便被淘汰,替代猪的地位的,已是行动半径大,又适合草原、沙漠自然条件的马与骆驼[2]。

人类利用被饲养的家畜作为运输工具,最早亦非马,而是牛。文明先进地

---

[1] 增田精一:《农耕和畜牧的起源》,筑摩版《世界历史》1. 历史的黎明,第 119 页。
[2] 增田精一:《初期农耕文化的传播》,筑摩版《世界历史》1. 历史的黎明,第 248 页。

带底格里斯、幼发拉底、尼罗、印度、黄河等诸大河流域,都曾广泛使用牛,牛的拉车历史可以溯到纪元前三千年代。前二千年代左右,美索不达米亚亦已存在商队以驴用为输送力的事实。而马以家畜姿态出现,则须至纪元前一千五百年前后。此时,中亚细亚草原始确知有马的饲养。待到马具发明,马的效用发展至供人骑乘的最高境界,乃纪元前八世纪以后。其时,乃有游牧民族诞生。纪元前一千年代中期,与欧亚大陆南部农耕社会判然有别的另一型世界于欧亚大陆北方确立,游牧帝国成立,而古代历史一变。其时,中国正当战国时代。

北亚细亚青铜器时代与"胡人"

游牧经济、文化迟至金属器已普遍应用阶段才形成,是不可忽视的事实,反过来说,游牧路线也必须待到金属器时代才能成立,而且直接便是接受青铜器文化刺激下的产物。骑马起源,使人能坐稳马上的前提在马具。马具的主要制材,其一是皮革,其二便是金属品。游牧温床的安特洛诺伏文化已说明与青铜器文化间密切关系,发达的北亚细亚青铜器考古调查,尤其提供了系统性说明。

北亚细亚青铜器文化,由于分布各地惊人丰富的遗址、遗物,轮廓已描绘得相当清晰,解释上的明确性也有把握。这些考古资料研究结果,学术界分之为如下初期、中期、后期三个时期[①]。

西亚细亚青铜器文化,以中亚细亚为媒介而向北亚细亚传播的方向,系通过里海、咸海沿岸、阿尔泰山地,以达叶尼塞河上流域,在此与原先存在的极

---

① 北亚细亚青铜器文化解说,主要取材自江上波夫《北亚洲史》,第18—21页;苏联科学院:《世界通史》,东京图书版日译本古代2. 第619—620页。

北欧亚大陆新石器文化融合，而出现了亘于明奴辛斯克盆地与萨彦岭、阿尔泰山地密林地带，前述花剌子模开而退密那尔文化扩大波及的后期文化之一阿发那希爱伏金石并用文化。这一类文化内容，仍维持相当程度西伯利亚狩猎、渔捞生活传统，但其同时，也已趋向半定居方式，开始饲养有角类动物，这从羊、牛等遗骸被发掘可推知。简单的折刀与小型装饰物等铜制品，亦在此文化期遗址中发现。但铸铜方法，则当时似乎还不能知晓，如上铜制品疑自中亚细亚流入。

接续，又便是前述与哈萨克斯坦连成一气的安特洛诺伏文化，在南西伯利亚展开。其代表性遗物扁平的短剑与装饰用具类青铜器所示特色，可真正意味青铜器文化在北亚细亚成立。平底瓮形陶器被发现，又反映其向农耕方向发展，古老的渔猎手段，已基本全无痕迹。

北亚细亚初期青铜器时代，便以此两文化类型为代表，尚属青铜器文化开始传入时代。连续的两文化期，大体起自纪元前三千年代中，而终于纪元前二千年代后半。文化主人，同样都是欧洲系人种。

北亚细亚中期青铜器时代，约当纪元前二千年代之末与一千年代前半，经济生活兼为农耕、畜牧。文化分布范围，南自热河蒙古起，西及天山、帕米尔，北及北蒙古、贝加尔湖周围地区，以及明奴辛斯克盆地与阿尔泰山地，而都具有相当浓厚的地方色彩。其代表性文化，一是自阿尔泰山地至于叶尼塞河中流域，前述取代安特洛诺伏文化，而其遗物存在下限迄于纪元前八世纪的卡拉斯克文化。另一则长城地带的绥远青铜器前期文化。

与文化圈飞跃扩大形势相呼应，值得注意是显著的人种交替现象，以及文化内容的转变。考古界对卡拉斯克文化的发掘报告指出，其时文化主人已因与长城地带中国新石器时代人同类的原中国人（Sinide）移住，而原先南西伯利亚欧洲系人种从此消失，卡拉斯克文化便由这些驱逐或同化先住欧洲系人种的亚洲人种所建立。出土遗物如短剑、枪、斧、弯曲的刀子等，都与安阳殷朝文化的青铜制品原型相同，或直接由殷朝移来。殷文化的三足陶器，还超越明奴辛斯克范围而流布到贝加尔湖沿岸，中国最早货币子安贝，也发现于南西伯利亚。而与卡拉斯克文化类似的青铜器，在外蒙古也有发现，可指示如何与黄河流域文化间联系的路线。因此欧洲学者间，盛行南西伯利亚卡拉斯克文化与殷文化有直接关系，便自中国传播而为殷文化或中国文化延续之说。苏联历史家并推测，自纪元前二千年代之末迄于前八世纪游牧文化兴起以前，特殊性卡拉斯克文化成立，系出于后来汉族称之为丁零种族的人之手。而丁零人原住中国北部，又与中国人有近缘关系，向南西伯利亚移住，乃随同借用了中国的各种文化要素，特别青铜器铸造技术得以移殖到南西伯利亚。

长城地带原中国人，核心便是活跃于鄂尔多斯的绥远前期人。其时正当中国史上记载周朝蒙受戎狄侵入之际，所以外国学者相信，以戎狄面目见之于中国历史的，便是这些长城地带当时青铜器文化主人或绥远前期人。同时，也因他们的兴起，而导引北亚细亚青铜器文化进入中期，建立起一个以长城地带为中心、亚洲系原中国人为主体的、广大的、新的文化圈，并且在这个基础上迎接游牧浪潮，北亚细亚青铜器文化再上层楼，进入后期。

北亚细亚后期青铜器文化时代当纪年前五至前三世纪。文化主流仍在长城地带，但已发展为绥远青铜器后期文化。便于同时，广泛欧亚大陆内陆干燥地带，自东而西，从蒙古高原、南西伯利亚贯穿中亚细亚，与欧洲的南俄、乌克兰连成一气，弘布了一系列本质相同的最早骑马游牧文化。北亚细亚自此汇入欧亚大陆干燥地带整体游牧世界，并揭开其游牧历史的第一页。

绥远青铜器文化遗物，属于后期，亦即北亚细亚以家畜为本位而组合的游牧社会，便占压倒多数。而所发现，主体便是镞、短剑、斧、铠甲、兜、带钩，以及镳、马面、铎铃等车马具类。

这类绥远后期人出现于中国历史时，便是胡人。至纪元前三世纪，又有胡人中第一个被冠以特定民族名词的匈奴出现。此时，绥远后期文化也被考古、历史界易称为匈奴文化。

殷文化远播南西伯利亚的考古发现，对中国学术界是个过去未曾接触到的研究课题，但长城地带戎狄—原中国人的学说，则从中国古代文献早已直接得到支持。戎、狄在汉族形成以前，原与前汉族诸集团同居黄河流域，相互间不断侵伐，便是所谓戎狄之祸或戎狄入侵。事实上，戎狄对前汉族诸集团的压迫，严重性远不如他们所受的反压迫。尤其当纪元前八至前六世纪中国春秋时代，他们在汉族酝酿形成期间"尊王攘夷"大纛下，一批批尽行被驱逐出黄河流域，当他们被排挤时的反抗行动，却也由汉族倒反指为"入侵"。这个事实如果认识，则"入侵"意义将清晰得多，戎狄—原中国人的考古学了解，以及当初他们如何与汉族中国人切断关系的背景，也可恍然。

春秋时代结束，戎狄也一时全从中国历史上隐退。这个时期，以及这些在黄河流域汉族环境净化运动中撤退的斗争失败者，便因到达长城地带而成为考古学上的绥远前期人。他们的安全庇护地区已与汉族居住地区隔开，初成立而强盛的汉族政权的威胁宣告解除。迨适时接受并学习自西方传来的骑马游牧技术，绥远前期人于是又发展为绥远后期人。绥远后期人再回头出现于汉族眼前，那已是骑马游牧文化到达高度成熟的阶段，汉族发觉他们与记述他们，也不再将他们看作从前的戎狄，而是另外给予了一个新名词"胡人"。

然而，由"胡人"发展为"匈奴人"的阶段，汉族却又恢复了对他们的认识。所以纪元前一世纪初完成而正值匈奴强盛时代的历史巨著《史记》，所提出匈奴人起源意见，便称之为"夏后氏后裔"，而夏族正是汉族集团的核心或最早前身。

胡人或匈奴，无论是文字记录还是古资料，均证实其与原始汉族间的关系不能否定，但其构成血统，自亦非谓全同汉族。在演成过程中，不可避免地与北亚细亚先住人类、欧洲系人种或西伯利亚森林民族混血。血统及融合程度的差异，又造成了胡人诸集团的分际。匈奴人与活动范围遍及南西伯利亚—萨彦岭南北—阿尔泰山地，前期突厥诸种族，或苏联学者所举证的丁零，都是"胡人"，而突厥与匈奴仍有血统区别，匈奴的直接前身是绥远后期人，前突厥诸集团或丁零则不是。

欧亚大陆游牧文化圈连锁

历史上游牧文化的世界性分布与传播，东起兴安岭、蒙古高原，西至黑海以北俄罗斯草原，是整体的。凡古代世界所有最早的强力游牧民族，几乎在同一时期携手出现，一系列以动物作中心、移动性游牧为本质的文化，都于纪元前一千年代中期以及后半期出现在历史舞台，并以同一历史路线产生与散布。

自东而西，欧亚大陆这同时形成而又本质相同的代表性游牧文化弘布，其地区配列，综合古代 Orient 记录，希腊、罗马古典与中国史书的大体了解，是①：

内蒙古——绥远后期文化；

外蒙古贝加尔地区——丁零文化；

叶尼塞河上流地方——塔迦尔（Tagar）文化；

阿尔泰山地——马依爱弥尔（Maiemir）文化；

哈萨克草原、西天山帕米尔方面——萨迦（Sacae）文化；

西哈萨克里海方面——萨马特（Sarmatae）文化；

南俄——西徐亚（Scythia）文化。

如上一系列内陆欧亚大陆游牧民族全新文化体系的共通性特征，最明显的便是骑马。他们的武器与装备适于马上携带或容易在马上动作。短而强力的弩、轻便的连锁铠甲、短剑，因配挂佩物需要而置于眉部、腰部或膝部的带钩等，普遍发达。

游牧民族持用武器中，特别爱好短剑（径路剑、刀铤）与弩，这与农业社会的中国、西亚细亚或欧洲都不同，定居民族所习用为斧（钺）与长弓。绥远鄂尔多斯出土的铜镞与精锐武器径路剑，式样便与黄河流域所发现的同类器物截然有异，有其独立的技术风格。

古代游牧民族日常用具虽然基于经常移动的原因而显得简朴，但帽饰、耳饰、颈饰、手镯等装饰品，却都是至为豪华的金银珠玉。以至带钩及武具类的刀、剑、甲胄，马具类的辔、鞍等等，也莫不附以华丽的艺术雕刻。他们如此欣赏与懂得"美"，大为考古界惊叹。但最被赞美的，还是有关所有这些艺术

---

① 江上波夫《游牧文化的发展》，平凡社版《世界考古学大系》9. 北欧亚大陆·中亚，第52页。

品的创制技术。无论人身装饰品或马具、武器的附饰品，也无论制作材料为金属、宝石或骨角，镌雕都异常精致，所表现独特的动物形态，成为一大特色。一个个兽形造型，或呈圆形，或反转，或重复，都充满丰富表现力，印象化、具有象征性魅力的动物栩栩如生。虽然自纪元前五世纪进入极盛期的这些艺术作品，都因适应移动生活与避免容易破坏，而所出品均属小型，并无大型艺术品遗留。

游牧生活的战斗性与军事性，从缔盟、宗教与丧葬方面，都可以随处反映。缔盟的双方或多方，须各各刺割自己，流血注入酒中，相互调和而以髑髅杯共饮。此等以敌人头骨为髑髅杯的习俗——内在咒术的力的信仰①，匈奴与西徐亚共通。每年隆重举行天神或军神祭典时，传统例用牛、马（匈奴的习惯是选用白马）为牺牲，并以所捕虏敌人，在神前杀戮奉献，大抵每俘虏百人杀一人②。司祭者巫的地位，在这些信奉原始宗教萨满的游牧社会中为至高，权力也至大。

人死，惯以死者生前日常爱物陪葬，王或贵族的巨大陵墓中，尤其纳入价值巨万的冠服、珍宝黄金制华贵装饰品与用具、兵器、车马具类。活人殉死，也是炽盛风气之一，王者之死，妃妾及近幸侍臣，包括骑士、乐人、厨司等，往往大量从死殉葬。马被绞死殉葬的，经学术发掘发现，其遗骸曾创高达四百匹的纪录（前期西徐亚 Ulskii 古墓之例③）。葬礼进行时又流行亲友自我伤害，如断耳、剪发、伤面、刺腕等，以示对死者哀悼的习俗，也是西徐亚与匈奴同俗④。

团体生活中，游牧社会没有房屋建筑，没有形成村落都市，也毋须经营城郭生活。关于住所，因战斗或游牧时频繁的移动所需，除了所谓"穹窿"的帐蓬之外，在车上搭屋住人，起居作息在内，随时可以装、卸与移动位置的

---

① 江上波夫《骑马民族国家》，第 73—74 页。
② 江上波夫《骑马民族国家》，第 37 页。
③ 江上波夫《游牧文化的发展》，平凡社版《世界考古学大系》9. 北欧亚大陆·中亚，第 56 页。
④ 江上波夫《骑马民族国家》，第 32—33 页、第 77 页。

"住车",也是定居社会引以为新的生活方式。形容这类由部族联合而形成的国家最恰当名词,便是古代中国人所称的"行国"。

"逐水草而迁徙"的"行国"观念,古代东西方定居民族印象中都相同,都依于如上特征,以及不固定在某一土地上的游牧现象而认识。但需注意的,所谓"不固定",系定居社会依于自身标准所作的判定,并不具有绝对意义,然而,却已因此引起对游牧社会的很多误解。基本上的误解之一,认为游牧民族不关心土地;之二,认为游牧民族和游牧地带,定必呈现清一色游牧移动状态;之三,又认为游牧民族不注意农耕,食物专为肉、乳等畜产品,衣物则仅为毛、皮。这些观念,都须修正。

关于第一项观念,与事实正好相反,游牧民族对土地观念与农耕民族同样重视,原因非常简单,有了土地才能游牧。只是,为了避免留在不能再继续使用的草地上,所以他们不注重的是土地所有权,对于土地分配与土地使用权,则绝对不容侵犯,战争且往往由此引起。

关于第二项观念,如果真是终年不停移动,他们具有独特风格的金工工艺品便无从创作。游牧民族所持用青铜或铁制武器,以及寓有丰富动物图案的金、银质艺术性装饰品,过去确被认系出自希腊或伊朗人工匠之手,但现已充分了解,全由游牧民族自身制作。而这些高度技术,便非立于定居生活之下不能表现。

复次,定居问题可与第三项观念的修正,合并再作说明。草原地带实际并不否定农耕,凡属取水便利之处,或者包围在草原中的沃洲上,都有农业,游牧民族于选择比较温暖的谷间放牧家畜时,也一定经营相当程度的农耕。这些,已都由文字记录与考古遗迹分别证明,因此,游牧社会同样需要定居。同时考古调查再有其他很多有关游牧民族定居的例证,游牧民族冬季驻扎地,穹窿外圈,便往往围筑土垒或挖有壕沟,领袖或贵族们的根据地,甚或建筑了永久性坚固城郭。他们的墓地上,又多数百、甚至一千以上坟墓大量集中。这些事实,全能说明游牧民族有一定程度定居性,换言之,他们仍需维持相当的定居生活,并非始终马不停蹄地迁徙。

另一误解是他们衣食专赖牲畜,便也由于他们同样注重农耕而获得澄清。

谷物之于游牧民族，实际与肉类同都是常食。当草原谷物自给不足时，且便以家畜为资本，向邻近定居农耕民族换取谷类。并且除了谷类以外，凡衣料、器具等，都列为向定居民族交易对象。也惟其如此，游牧民族定必与农耕民族发生共存关系，特别是对沙漠附近的沃洲人民。

再一项容易引起错觉的，则是游牧社会财富现象，游牧民族终年处于酷暑严寒中，生活的艰苦固可想象，但如因此连带产生他们定必贫困的印象，便属错误。正常时期，他们非但不穷，反而拥有惊人巨大的财富，并且也是卓越的商业经营者。游牧民族战斗性力量的发挥，一是军事活动，向富饶地带掠夺或压迫四邻服从后征税；二即经济活动，无论掠夺品或征税品，加上自身家畜产品，都被利用作资本，从事周围地区转卖式的通商。

中亚细亚向被称为"亚洲心脏"，属于欧亚大陆中心位置，东北是东方系蒙古—准噶尔，北方是哈萨克斯坦，西北接南俄，西连伊朗，南则阿富汗斯坦，东南又是印度与西藏，条条大路都须通过此地，这一地理上的通衢与产业上广大的丰腴沃洲地区，当游牧势力兴起，便长时期铸定为游牧民族交涉对象，特别是横贯哈萨克斯坦，古代连接欧亚大陆东西两端交通捷径"草原大道"，非只成了东西骑马游牧民族往来移动干线，也因这条国际大道控制在游牧民族手中而他们的商业性格与多角贸易活动机能愈益发挥。这种国际贸易为古代游牧民族带来了经济繁荣，也凭了这份雄厚财力，才能如狂飙似突然在历史上形成一股举足轻重的巨大力量，席卷欧亚大陆内陆世界全域。农耕—游牧两大人类集团的对垒局面由此而形成。

古代游牧民族的社会构造与文化内容，现在研究上已有划时代成果，遗憾的是这些古代游牧民族都没有他们自己的文字，对外交涉场合，概都利用邻近定居民族如希腊罗马人、伊朗人、中国人等现成的文字书写，为自家留下文字记录也因此成为不可能。今日有关他们情况的直接了解，唯一依赖内陆地带考古发掘所残留遗迹、遗物。需要文字资料配合部分，便只能从曾与他们接触的希腊、中国等文明地域诸民族文献中求取。但是，游牧民族的特性是移动，兼并、分裂、再组合等现象成为常态，所以出现于文明世界记录中的游牧民族名称，往往显得相当混乱。古波斯碑文中对于"萨迦"，便存在三种不同"萨迦"名称的区别①。也惟其如此,今日尽管考古人类学相当发达,对于古代游牧民族易于理解部分,仍限于一般共通性征象,以及历史上若干著名游牧民族特例。其他虽然发现具体遗迹、遗物,如需从定居国家文字资料中对证他们到底是哪一支游牧民族,则仍困难。他们彼此间血统关系,尤其迄今难有确切性的结论,也因此引起学术上的分歧。

对于活跃在古代北方草原地带各种民族的人种归属问题加以整理,世界人类学者非不努力,日本学者依近年来若干方面研究结论,归纳之为两大群六类,再依各类人种混血及相混程度而形成种种亚种。所谓两大群,便是欧洲、亚洲两大系。属于欧洲系人种的,分印度帕米尔型、中亚细亚型、安特洛诺伏型;属于亚洲系人种的,分古西伯利亚型、满洲型、亚洲中部型,其解说②:

1. 印度帕米尔型,便是欧洲系地中海人种的东方型。头盖骨属长头型。西徐亚人以及花剌子模、土库曼尼亚、帕米尔等地居民,属此例。

2. 中亚细亚两河型,系地中海人种分支,锡尔、阿姆两河间为分布中心,而及于费尔干(Fergana)、巴特利亚(Bactria)、塔里木盆地诸地。头盖骨属短型。粟特(Sogdiana)人与中国史上的康居人、塞族(萨迦人)、乌孙人[与六混血]、月氏人、嚈哒人等,为代表例。

3. 安特洛诺伏型,中头型。分布在哈萨克斯坦、南西伯利亚、阿尔泰天山地方,以安特洛诺伏文化人为代表。萨马特人系以一为主、而掺杂三的成分。至于早期阿发那希爱伏文化人,则长头型而所属不明的欧洲系人种;卡拉斯克人又是以三为主,而与蒙古人种混血。

4. 古西伯利亚型,其直系便是今日的贝加尔型,以及古代的丁零人。这类古西伯利亚人向西伯利亚西部、乌拉地方、欧洲极北部移动,又与欧洲系人种混血而构成乌拉型。匈奴人即以四为主,而六为副的混血型。北匈奴的一部分又在欧洲混血,其他一部分则在中亚细亚与二、三混血,终至原来的"匈

---

① 香山阳坪:《沙漠和草原的遗宝》,第96页。
② 角田文卫:《内陆文化的展望》,平凡社版《世界考古学大系》9. 北欧亚大陆·中亚,第8—9页。

奴人"了无影踪。叶尼塞河中流域与吉尔吉斯居民，亦即中国史上坚昆人，则三为主，四为副的混血型。

5. 满洲型，分布于中国东北地方、苏联沿海州，以及朝鲜等地。东胡、乌桓、鲜卑、濊貊等，均其例。

6. 亚洲中部型，其人居住于蒙古、准噶尔一带，柔然即其例。现代的蒙古人、布里亚特蒙古人等，亦然。六与四混血的匈奴人，当进出阿尔泰山地并大量注入当地属于三的原住民血统时，乃形成南西伯利亚型（突厥系诸族）。南西伯利亚型诸族，到纪元后六世纪而有爆炸性大发展，自此塔里木盆地与中亚细亚居民，无不突厥化，进而又伸向小亚细亚。但帕米尔高原东部，则突厥人并未侵入，所以，当地的塔吉克人，至今仍为比较纯粹属于二型的人种。

如上是截至目前，对欧亚大陆古代游牧民族血统关系最有系统的一份整理表，但其价值颇为有限，与历史发展的实际既不尽相符，解释又自存矛盾，对匈奴人与突厥人的说明都是如此。乌孙、月氏、嚈哒人等，又与今日被世界史学界共同认为翔实的中国古代文献记载相冲突。于萨迦人与萨马特人所作的分析结论，亦与学术界多数人士主张直属祖先同系安特洛诺伏文化人的意见相冲突。

所以，关于北亚细亚古代游牧民族人种问题，在尚无为学术界一致接受的证据以前，最妥当态度，毋宁应依据考古资料参证我们自己的文献记录。

古代游牧民族最早出现于文明世界面前的，是西徐亚人，当时他们以黑海北岸的各个希腊殖民都市保护者自居，自希腊输入金银宝石类装饰品、象牙细工与金银器、陶器、酒类等，输出谷类、黄金、皮革、奴隶等，与希腊发生经济上的共生关系。因此古代世界定居民族最早接触他们，并震惊于他们巨大压力的，便是希腊人。由希腊人笔下所知的世界性游牧文化，也便被欧洲历史界以西徐亚文化泛称，西徐亚民族的文化被认为古代世界游牧民族文化的典型。

关于西徐亚人的故乡为何处？尚不明了，一般认为他们是伊朗系民族，最早被伊朗高原农耕民族驱逐，之后才从伏尔加河中流域移住北高加索与南俄罗斯的草原地带。以南俄为中心，自纪元前六世纪起是其大活跃时代。所以西徐亚人分布于黑海沿岸遗物的代表性年代划分，纪元前六至前五世纪属于黑海北岸与其支海亚速海（Azovskoye More）一带的，称前期（Kuban河亚速时代）。待他们受到同为伊朗系的东邻另一支游牧民族，原住西哈萨克斯坦以至乌拉河的萨马特人自东压迫，西徐亚人步步沿黑海北岸第聂伯（Dnepr）河流域退缩时的纪元前四至前三世纪，系中期（聂伯时代）。在领域已推展到黑海的萨马特人继续追击下，西徐亚人逃入克里米亚半岛（Krymskii P-ov）而结束其历史，时当纪元前二至前一世纪，则为后期（克里米亚时代）。

关于萨马特文化，从考古学上遗迹、遗物研究，人类学者对埋葬人骨调查结果，近年已确认这一系统民族的最古骑马游牧文化，系纪元前六世纪至前四世纪，自居住顿河与伏南加河中间草原地带，称之苏禄马特（Sauromathai）的游牧民族所成立。迨纪元前四世纪迄纪元一世纪而活跃于自乌拉地方以至黑海北岸，包括纪元前四世纪后向西移动并合西徐亚人的南俄领土在内。这一广范围内的骑马游牧民族，一概总名为萨马特人。最后阶段迄四世纪，又改以萨马特诸部族之一阿兰（Alan）人泛称萨马特系游牧民族。所以，因领域与年代关系，萨马特文化编年须区分为：苏禄马特期（纪元前六至前五世纪）、萨马特前期（纪元前四至前二世纪）、萨马特中期（纪元前一至后一世纪）、萨马特后期或阿兰期（纪元二至四世纪）等四文化期。当萨马特人西进至黑海沿岸，且以此为文化分布中心地时的萨马特前期文化，其文化圈内尚呈地域性的多样性状态。须政治、军事大同盟达于隆盛期的中期文化时代，才出现文化上强烈统一倾向。到后期阿兰人发展为强大势力，其有力的代表萨马特全种族时代，文化上乃完成统一化。也惟其如此，古代中国人对"萨马特"无所知，"阿兰"却著名于中国史料中。

当西徐亚人被萨马特人赶入克里米亚苟延残喘时，西洋史上正值日耳曼人出现的时代。萨马特人西移，遂与日耳曼人接触，其一部分人伴日耳曼人进入西欧，留居原地域的阿兰人，则于四世纪时为新自东方侵入的匈奴人征服，而结束其历史。

关于萨迦文化，是纪元前七世纪以后西天山（新疆外侧）、帕米尔地方诸文化的总称。可有前期（纪元前七至前五世纪）、中期（纪元前四至前三世纪）、后期（纪元前二至前一世纪）三期区别。中期开始，始有鲜明的骑马游牧民族化色彩，自此他们的足迹遍及中亚细亚。中国古代史上的"塞种"或"塞"人，指的便是萨迦人，而于西天山维持游牧传统的，又是与南西伯利亚关系为深，中国史料中著名的"乌孙"，所以日本史学界也常以萨迦文化易名塞乌孙文化。

关于北亚细亚各地域早期游牧文化①——

南西伯利亚明奴辛斯克地方的塔加尔文化与阿尔泰山地的马依爱弥尔文化，差不多同于纪元前六世纪开始成立，它们在本质上又是相类似的文化类型。塔加尔文化编年有第一期（纪元前六至前五世纪）、第二期（纪元前五至前四世纪）、第三期（纪元前三至前一世纪）或前期（即第一期）、后期（即第二、第三期两期）的区分。但其居民饲养马匹，以及游牧民族化而游牧式部族国家的出现，则须第二期以后，特别是至第三期始行成立，换言之，系后期文化时代之事。文化主人，堪注意又已非与先前存在近似原中国人的卡拉斯克人相同，而属于欧洲系人种。马依爱弥尔文化较之塔加尔文化，仅有地方性的不大的差异：

其一，塔加尔人兼又从事农耕的性格突出，考古界颇多于河谷间发现当时灌溉设施的痕迹，而马依爱弥尔人的居住地方，却是马、牛、羊等家畜骨骸与鹿、狼、狐、兔、貂等野兽骨骸及鱼骨都有出土，足以证明其文化内容包含了狩猎、渔捞成分，特别便以毛皮兽的狩猎为重要生活手段，这是由阿尔泰山中生活环境所形成的。

其二，马依爱弥尔文化仅相当于塔加尔文化的第一期与第二期。与塔加尔第三期文化的年代相当，阿尔泰山地又兴起另一文化类型——帕士依尔依克（Pazylyk）文化。

帕士依尔依克文化，系因东部阿尔泰（阿尔泰山脉北侧鄂毕河上游地区）

---

① 取材自江上波夫《游牧文化的发展》，平凡社版《世界考古学大系》9. 北欧亚大陆・中亚，第64—71页。

的帕士依尔依克古墓群而得名，年代亘于纪元前三至前二世纪间。其独特的文化特征为流行空想型怪兽式样，例如有翼怪兽图案的羊毛织物之类。葬式尤为奇异，须自死者头部取出脑髓，切开胴体抽掉内脏，再以干草等塞入内部，缝合皮肤制成木乃伊。陪葬骏马种类非只土产蒙古种，也包含西方产的栗毛雅利安马。中国产的丝织品与青铜镜、波斯产的绒缎、印度产的贝，多方面外国产品都曾在坟墓中被发现。这类文化系何人所创，有谓马萨及太（Massagethai）人，但迄未肯定。日本学者则以为属于与丁零同系的坚昆人。纪元前二世纪，这一地区已因匈奴勃兴而并入匈奴文化圈。

明奴辛斯克地方接续塔加尔文化的，是纪元前一至纪元五世纪的塔希梯克（Tashtyk）文化。其墓群发掘表明，特征为盛行死者脸上套以石膏仿真面具的习俗，并爱用桶、杓、盆等木器。考古界调查结论，认为此类文化系在先塔加尔文化基础上，受匈奴文化与汉族文化强有力影响而成立。其人，才是中国历史上的"坚昆"民族，当地因匈奴人统治而受中国汉朝文化要素莫大影响。此一文化圈内中国风格建筑的代表，为苏克拉斯诺雅尔斯克（Krasnoyarsk）区内的哈卡斯自治州（Khakas A.O）行政中心阿巴坎（Abakan）市附近的一处考古遗迹，考古界指为李陵邸宅遗迹。也惟其如此，明奴辛斯克地区这类继续塔加尔文化的后继文化，实因匈奴领土扩大到叶尼塞河下流始形转变，最初便属于匈奴文化范畴，须纪元二世纪匈奴人分别南迁与西移，其独立的地方性才强烈呈现。

与塔加尔文化相并行，年代、文化内容也相同的西徐亚式骑马游牧民族文化与西徐亚风格动物图案，同样见之于由贝加尔外蒙古卡拉斯克青铜器文化直接演进的色楞格河谷及土拉河中流域等地。对于其时贝加尔外蒙古地区文化，学者们以所居住民族为丁零，而名之丁零期。

以鄂尔多斯为中心，于长城地带广大范围内所发现的青铜器文化，总称之为绥远青铜器文化或鄂尔多斯青铜器文化。而如前所述，有前期、后期两期区划，遗物出土又以属于后期的占绝对多数。迨匈奴以内蒙古为中心而大活跃时代来临，匈奴前期文化便与绥远青铜器后期文化一脉相承展开（纪元前三至前二世纪）。自匈奴领导中心由阴山山脉边缘移至漠北后的纪元前二世纪末起，迄于纪元后一世纪末，转移为匈奴中期文化。其代表是土拉河畔诺颜乌拉密林中坟群，因此而考古学上的匈奴中期文化，亦称诺颜乌拉文化。其文化波及范围，又因丁零、坚昆被征服而扩大，包括贝加尔湖以南与以西的南西伯利亚全域，漠北丁零文化被取代。再到匈奴分裂南、北，北匈奴文化便进入后期（纪元二至三世纪），最终结束了匈奴在北亚细亚的历史。

如上一系列以西徐亚文化泛称的早期游牧文化，因地区、民族的不同而形成地域性，如丧葬制成木乃伊等个别特征的由来固不易明了，但共同原因仍可予以解明。其原因是：共通的游牧文化体系独立发展以前，原已先受先进农耕文化影响，此其一；其二，所受影响，又因所接触先进文化地区对象的不同而不同。换言之，游牧文化定必受外来因素影响，而东西游牧民族于接受外来因素时，也随不一致的影响来源而发生若干变化。因此，本质尽管统一，所含成分彼此间不尽相同，包括其共同特征的程度差别。惟其如此，共通性的游牧文化，便必须割裂为各个有力的地方文化，萨迦文化中，以其人与伊朗最为邻近而伊朗文化分量特重；西徐亚文化又以与希腊人有密切关系而大量吸收希腊文化成分；在北亚细亚，黄河流域汉族文化因素又是游牧文化滋润泉源，绥远青铜器后期文化则受战国式铜器文化强烈影响[1]。

因之而形成共同特征相互间的差异，例子之一是头盔，伊朗浮雕上所见萨迦战士的盔饰，较蒙古高原发现匈奴人像所戴为高。匈奴人的弓，如今日所发现，迄于西迁欧洲道上所遗留，形式仍保留所蒙受汉式长弓影响，而较西徐亚人或萨马特人所习用的短小弯弓为长[2]。使用攻杀的月氏王头盖骨为髑髅杯饮酒，乃著名的匈奴故事（《史记》大宛列传），但西徐亚人战场上斩剥敌人首级头皮，用为马勒等的习俗，于匈奴人间却无存在的证据[3]。再如匈奴人独创的矢镞"鸣镝"，系于旷野作战时发射，作为攻击目标信号之用，以后盛行于北亚细亚所有骑马民族间，西方却无此传统，记录中从未得见。

基于此，整体性游牧文化圈可比喻为一个大圈圈，而大圈圈又是由一个个

---

[1] 江上波夫《北亚洲史》，第23页。
[2] 伊濑仙太郎《世界文化交流史》，第67页。
[3] 文艺春秋版《大世界史》9. 护雅夫《绢之道》，第88页。

地方文化的小圈圈连接形成。这一系列带有地方色彩的游牧文化圈，结成了广泛欧亚大陆草原地带骑马游牧民族与游牧文化连锁。他们在纪元前一千年代后半已尽行登上历史舞台，每一个民族都有其惊人的发展效率。

含有重大意义的游牧文化圈连锁的连接体，便是横亘欧亚大陆，世界史上著名的最早国际交通线草原大道。游牧民族控制这条国际大道，对沟通东西文化，贡献极大。将之誉为古代世界东西方间文化的媒介，实非过当。

中国历史演进的双轨性

游牧势力一经兴起，便如澎湃怒潮般不可遏止。周围定居民族固然对游牧文化的形成有其影响，但待游牧文化独立成长，却倒反也对定居民族文化发生反影响。骑马技术便是震动全人类的世界性学习项目，其影响的意义，不下于第二次世界大战后各国竞试核子爆炸。在于中国，当汉族面临这股自草原加压而来的巨大力量时，第一个反应，亦即感到必须立刻学习如何适应。纪元前五世纪中晋国分裂形势确定之初，赵襄子攻灭劲敌之一智伯而以其头颅为饮器，已明显见到汉族如何感染了西徐亚—胡人风俗。马上战斗技术与陪伴发明的马具类，自此迅速导入黄河流域。纪元前三〇七年赵武灵王胡服骑射是个著名的故事，但这个故事说明，这已不是汉人追随胡人步伐的开始，而是胡化运动高潮，所以苏秦游说六国，已有赵、楚各万骑，燕、魏各六千骑的介绍。汉人学习胡化，堪重视又须连带转变一部分根深蒂固的定居生活习惯，便是所谓"胡服"，一种与传统汉式宽袖长衣迥异的服装，配有革带与革制长靴的窄袖短装。还有带钩的使用，年代属于战国以前的中原坟墓中，从无此类带钩出土。铠甲也是，汉族或前汉族向来习惯所用为笨重的皮甲（犀牛皮），战国以来才改用铁制甲胄。还有，艺术上动物与骑射狩猎图案的传入。军事学内容也随之剧变，战斗主力由传统的战车变为骑兵。骑术使攻击力增大，也唯有骑术才能在短时间内集中兵力,而运动战与机动突击,均非旧时军事思想,乃是全新的战术。

所以,战国铁器文化固然影响北亚细亚游牧文化,但"胡化"也对战国文化产生冲击,汉族已处于胡化不足以抗拒游牧民族的境地,赵国的带头,又因了此一国家的地理位置与标准胡人根据地鄂尔多斯最接近。这个现象具体说明了一项事实:当此时期,胡人游牧文化非但已能与汉族文化立于对等地位,并且还使文明的汉人在某种情况下不得不低头。虽然最早的汉族,也因此而受惠,得在接受刺激下推动汉族文化再向上与再进步。到汉朝,匈奴文化中大量容纳汉朝文化要素,却又因匈奴世界性活动,而汉族中国得被援引,第一次在历史上参加了更广大的世界圈。

汉族定型并建设统一性民族国家的差不多同时,草原上最早的匈奴游牧国家也正在形成,这是对中国历史的关键性认识。而且,值此世界性游牧文化泛滥北半个欧亚大陆之际,汉族即使不遇到匈奴,也定会遇到其他游牧民族。恒久上演的"长城内外抗争剧",自此揭开了第一幕。比匈奴历史更早的羌族,与匈奴同时的东胡,继匈奴而起的突厥等等,又从而交替代表北方,与汉族共同演出,成为中国历史的主角,奠定了以后二千年中国历史双轨性基础。定居社会与草原社会,农耕文化与游牧文化,一方面并行成双轨发展,一方面又相互不断冲突与融和,交织构成了迄于十七世纪清朝的全盘中国历史内容。

这种情形,正便是亚洲历史的缩影,而其答案须从地理形势求得。

今日历史地理学者翻开亚洲地图,习惯以亚洲东北部堪察加半岛尖端,与阿拉伯半岛西南端相接,斜向划一直线,而区分亚洲为两大部分。直线以南,包含中国东部与南部、朝鲜半岛、日本列岛、中南半岛、印度半岛,以及菲律宾、印尼诸岛。直线以北,包含西伯利亚、蒙古、新疆、中亚细亚、西南亚。这南、北两大地域并无适当名词可以赋予,一般称前一地域为 A 地域,后一地域为 B 地域。

A 地域便是地理学上的湿润地带,这个地域,年雨量最低也在五百公厘以上,最高可达数千公厘,且存在世界最长的河流。土地表面多耕地与森林,主要栽植的植物为稻,家畜则为牛。

B 地域系与 A 地域强烈对照的干燥地带，心脏区在中亚细亚。除里海与埃布尔兹（Elburz）山脉间的细长带形平原，河川纵横，雨量多，同于湿润地带而多水田，形成干燥地带中的特殊地区以外，其余地区，年雨量均在五百公厘以下，甚至二五〇公厘以下。沃洲、草原、沙漠间杂（西伯利亚则森林）。主要栽培植物为麦，家畜则为羊。

如上简单说明的亚洲两大地域，因自然条件差异，人类经济基础暨生活手段，以及社会，文化各方面都发生差别。所以，亚洲历史便形成这两个地域长时期的个别发展，而中国版图兼有 A、B 两地域，也铸定了相同的发展路线。要一直待到清朝极盛时代，政治上统一成功，而长城内外之争与中国历史的双轨性，才告一总结。

长城内外的对立

两个世界的分隔标志

耕地—草原的不同，地理因素，以及农业固定性与游牧移动性的不同社会性格，形成了古代相互对立的两个世界。横在两个世界之间的，则有一条非常明显的人为界线出现，便是迄今仍能见到的"万里长城"。

长城，人类文化史上最伟大工程之一，今日仍旧以五千四百四十里的长度，自海洋向西蜿蜒直达甘肃、新疆交界，差不多横断大半个北方中国，代表了中国雄伟而巨大的力量。只是现在长城的位置，较最初建筑线已向南移动了很大距离。今日的长城，多半系十四世纪到十七世纪间明朝所造成或修补的，从面临渤海湾的河北临榆山海关起，到甘肃酒泉嘉峪关为止。秦朝于纪元前三世纪统一中国后的早期长城线，较之今日，要向北推展到相当遥远。以东段长城而言，今日最突出部分是喜峰口和古北口，都在河北省境内，秦朝长城却须再往北，伸出到热河省中部赤峰县，差距几乎将达纬度两度。考古学的调查报告述及明大长城东段最初位置说：

> 自撒水波土城始，蜿蜒西北行，显然有一条黑布带痕迹，盖即古长城壁也。北台子西山地斜面之长城壁，用石砌成阶级式，底宽六米突，最上层宽二米突，残高二米突，长约二百米突。如此作成者，水地屯北山腰，老爷庙山地上皆是。登山后，山顶为广平高台，地皆土壤，遂以土筑墙，宽约二米突，普通残高一米突，因风沙移动关系，北面低而南侧高。如此于山顶上过郭家湾、西山湾、后窑子，达平地，痕迹难辨。至老爷庙西，又复登山，经夏家谷至杨家营子后山，莫知去向。但其下城址与望楼址，仍西向连续。筑造方法，系用板筑。斯坦因调查沙漠中汉长城壁，有板壁痕迹，故此地亦不能例外也。且老爷岭西山顶长城壁上，间有望楼地址，

高同北台子西山者连续三处，一径三米突，一径四米突，一径二米突，上新积石鄂博，其下旧迹可寻，于附近拾得绳纹、蛇腹纹瓦及袋状铁斧残片等。此等望楼，即古烽燧址，乃警报之所，明矣。

今日长城调查明了部分，约五十里，其东，似向敖汉旗小河沿行去。近年新惠既出土多数刀钱，夏季又于小河沿，曾采集灰陶多片，半两钱一件，可为长城行经之证。其西向，乡民云大庙娘娘庙，仍有土龙，盖入围场县。昔年驹井氏既于张家口发现古长城，更加今日之发现，推测长城或自山西大同至张家口，越围场，达赤峰，经敖汉旗，抵开原，止朝鲜北部。

赤峰长城之停山临河，其时代盖自燕、秦至汉（半瓦当、铜镞、蕨手纹圆瓦当、袋状铁斧等皆可为证），一如文献所记。（佟柱臣《赤峰前汉前土城址与古长城》）

东段如此，北方正面部分变动更大。秦朝长城线沿黄河外侧，现在长城则退缩为陕西与绥远的省界，中间相隔了整个鄂尔多斯草原，其事实为中外历史学者所周知。

便这样，从秦朝与其事业继承者汉朝的早期长城线上，以后诸朝代先是动摇，继则往南移动，才成为如今日所见的长城。而且，构筑的材料也古今不同，今日所见为砖造或石砌的双层长城，古代却用土质的版筑，所以古代长城亦称为"塞"，"出塞"便是出长城的解释。虽然无论长城用土造或砖造，坚固的程度相等。

长城的最初性格——国境线

长城工程的艰巨为可想而知，问题是：为什么要兴筑这道城墙？对于这个问题，很多人都会提出公式化的一个答案："秦始皇造长城以防胡。"外国学者的看法也相同，他们接受了古代罗马人为防御北方蛮族而自纪元八三年以后，陆续建筑从梅因兹（Mainz）沿莱茵河至多瑙河上游的长城系统（Line System），而以中国大长城与之相比拟。

然而，这个答案与中外学者的另一个共同的问题：长城非秦始皇所"造"，不过他在统一中国之后，以战国北方诸国原已分段建筑的城墙连贯起来而已。长城既非秦朝始建，则长城作用如解释为防胡，时间上也应往前溯向分段建筑的战国，而非秦朝。

战国列国间普遍流行系列性筑城运动，系在纪元前四世纪前后，当时这项运动的突然兴起，各国都显得特别热心，而且时间上也正随着北方胡人开始出现之后。但是，胡人出现地区限于北方，战国时代的筑城运动，却须注意非北方汉族国家特有地方现象，此其一；其二，北方国家且非率先领导，反而还是追随了内地国家才筑城。《竹书纪年》与《史记》记载列国筑城年代：最早是齐国，纪元前四〇四年以前便开始（自今平阴县黄河边经泰山之下，横断今山东省境而至高密附近海岸的全线，则纪元前351年完成），依次是中山（纪元前369年），魏西长城（纪元前359年），魏南长城及韩（郑）长城（纪元前356年），赵南长城（纪元前333年），燕南长城（纪元前311年以前），楚方城（河南省鲁山附近，纪元前299年以前），纪元前四至前三世纪之交及其以后，才是秦长城、赵北长城、燕北长城的陆续出现。齐、魏、韩、楚都无胡人威胁，燕、赵南长城显然又非对胡，则所谓长城防胡，意义上并不相符。

在如上情形之下，只有一种解释为合理，便是说：长城系战国列国出于相互间对抗需要而构筑的大规模防御工事。这些防御工事存在于北方的，对象便非汉族国家而转向为胡人。依此了解，可明了当初建筑长城，本质上并不含有偏重防胡的意义。而且恰恰相反，长城还是汉族自身间基于相互对抗需要的产物。

北方长城较内地长城开始构筑年代要晚到一个世纪之久的事实，史学界往往容易忽略，事实上，这却是交代史实的关键，至少说明了当时汉族眼中的敌人，主要还是汉人自己。尽管早在纪元前五世纪北方已有足使汉人惊讶的胡人出现，也逼迫汉人放弃一部分传统文化而非学习胡化不可。但是，胡人压迫的危机，却未令汉人恐惧到必须建筑一道坚固防御工事抗拒的程度，相反，这个时期所见的胡汉斗争，胡人侵略汉人，还不如汉人侵略胡人严重，"胡化"最热心的赵国，大将李牧便曾制造一次战役杀戮胡人骑兵十余万人的惨烈场面，北方诸国于战国后半期开拓的新领土，也全夺自北方胡人。赵国取得阴山—黄河间走廊地带的"北河"之地，以后于秦国进行"中国"统一战争期间虽回复胡人支配，但待统一成功而秦朝大帝国建立时，这一地区不但立即再被收复，更在卓越军事家蒙恬指挥之下，连同夺取了胡人发源地的整个鄂尔多斯或当时所谓"河南"与今日的河套。这种汉族对胡人当时压倒性的军事攻击力，乃是必须注意的事实之一。

之二，又须注意北方列国北长城的兴筑，都是合并夺自胡人新领土的直接后果。《史记》匈奴列传说明：

> 秦昭王（纪元前306年—前251年在位，秦始皇的祖父）时，义渠戎王与宣太后乱，有二子。宣太后诈而杀义渠戎王于甘泉，遂起兵伐残义渠（戎）。于是秦有陇西、北地、上郡，筑长城以拒胡（战国秦国位置，正确说来应是西方，所以秦长城虽沿秦国北方而筑，仍在赵国北长城之南，而略呈平行状。两国新领土与两国长城间，尚夹有继续控制在胡人手中的河南地）。而赵武灵王（纪元前326年—前295年在位）亦变俗胡服，习骑射，北破林胡楼烦（胡）。筑长城，自代并阴山下，至高阙为塞。而置云中、雁门、代郡。其后燕（昭王时代，纪元前312年—前379年在位）袭破走东胡，东胡却千余里，（燕）亦筑长城，自造阳至襄平。置上谷、渔阳、右北平、辽西、辽东郡以拒胡。

这种新领土—北方长城—郡县制的不可分关系，较内地长城（包括赵、燕的南长城）之单纯为筑城行动，不附带新的政治处分与国土扩大部分均系夺自非汉族，意义为显然不同。而且，内地长城深陷各国国境之内，北方连亘的长城，无例外都须到达新领土尽头才出现。所以，战国筑城运动实际可分前后两个阶段，前一阶段亘于列国之间，后一阶段专在北方，秦朝统一"天下"

后的大长城，亦即追随了后一阶段长城性格。《史记》《汉书》两段有关秦朝的记载，读后可使长城与领土问题相关联，必须合并了解的印象，愈形深刻：

> （始皇）二十六年（纪元前221年）地东至海暨朝鲜，西至临洮、羌中，南至北向户，北据河为塞，并阴山至辽东。……三十二年（纪元前215年），始皇乃使将军蒙恬发兵三十万人北击胡，略取河南地。三十三年（纪元前214年）西北斥逐匈奴。自榆中并河以东，属之阴山，以为四十四县，城河上为塞。又使蒙恬渡河取高阙、阳山、北假中，筑亭障以逐戎人。徙谪，实之初县。……三十五年（纪元前212年），除（驰）道，道九原，抵云阳，堑山堙谷，直通之。三十六年（纪元前211年），迁北河榆中三万家。（《史记》秦始皇本纪）
>
> 秦始皇遣蒙恬攘却匈奴，得其河南造阳之北千里地……名曰新秦。（《汉书》食货志注引应劭曰）

以上说明，如用现代语注释，便是汉族北方领土到秦朝统一大帝国成立而再扩张，所扩张领土合称"新秦"（或"新秦中"），而分为四个地区：

其一，河南地，今日的鄂尔多斯，亦即战国时代秦与赵国新领土"北河"或"北假中"之间楔入部分的胡人地区。

其二，河南地以西，黄河外侧的南北向狭长地带，沿河伸展连接北假中。

其三，北假中，又名北河，系河南地北方黄河外，阴山以南的东西向狭长地带。战国时代，此一地区原已被赵国占领，并为赵北长城西段所在地，但未置郡县。战国末年经胡人夺回后，秦朝再行收复，始建郡县。

其四，战国燕国新领土造阳地区以北，西接北假中。

而无论"新秦"的任何一部分，跟随这个地区的军事占领，定必是郡县制度剑及履及，以及长城线确立，所谓"城河上为塞""筑亭障"。特堪重视的，又是国有大道"驰道"兴建，与向长城地区新建郡县大规模移民，所谓"徙谪实之""迁北河、榆中三万家"，与郡县—长城建设同时进行。

由于这些，可以明确认定，秦朝长城的建筑，不过新领土建设政策整体的一个环节,政治上意义远超过军事。如果单单依于军事立场,所注重便应是长城地区的武装部队如何调配,而非移民。移民的前提,为基于和平繁荣理想,一种平时性的民政工作,较之设定在随时准备迎接战斗目标上的军事部署,措置恰恰相反,否则,连续输送非武装的平民前往,非但不智,且为不可思议。换一个方向说,如果长城作用仅在防御,则原属胡人的占领区中,多一分汉式民政推行,定必多破坏一分军事指挥的完整性,这是非政治家、军事家也能判明之事。

所以,北方长城,作用自始非只消极面的防御,而另有其更主要的积极原因才兴建。这个原因,须从长城为什么构成为北方新领土,以及新领土为什么开辟和为什么建设而得知。那便是汉族势力继续膨胀之下,汉式农耕环境扩大与净化趋向的再延长。汉族从游牧胡人手中夺取土地,是为了这片土地适合于农耕,这片土地既加入农耕中国,便拒绝胡人再予游牧化,拒绝部分必须有个标志,这个标志,便是长城。长城在一系列建设新领土措置中担当的任务,也即在此,而代表了汉族巨大的压制和吓阻力量,一种向胡人警告止步的指示。换言之,站在汉族片面与主观立场,用人力划出与强制对方接受的一道汉胡国界或国境线,而非纯粹的国防工事或国防线。国境线虽非不能兼为国防线,长城的本身也不可否认必带军事色彩,但至少当时长城的要塞性国防线意义,已隐蔽在国境线性格背后。前引《史记》匈奴列传两见"拒胡"字句,"拒胡"(拒绝胡人)迥非后世所谓"防胡""御胡"的示弱性可比拟,这是个充满了骄傲与自尊的字样,与秦始皇本纪中"斥""逐"相呼应。最初的长城,便这样拒绝和阻断了胡人——军事的,也是政治的。

长城国境线性格,战国时代后半列国分段建筑的北方长城已经具备,到秦朝汉族大帝国建立而愈突出与明朗。

秦朝是中国历史上革命、毅力、效率和进取的代表性朝代之一,也是充分表现汉族诞生期勃发朝气的伟大时代,非常重视国境观念,是其特征。秦始皇五次巡行全国,刻石讴歌皇帝丰功伟业时,国界四至往往陪伴镌以明文,如:"皇帝之往,存定四极",以及"六合之内,皇帝之土。西涉流沙,南尽北户,东有东海,北过大夏"。意思是说:一统的完成,国家东、南、西、北四个方向，都已到达了"极"。四极之中，两个方向有海洋作为自然界限，另两个方向，便以长城——人为的国界线为界。

秦朝大长城，这条略呈弧形而划定当时汉族意识中"中国"与"非中国"界限的大工程，主持者便是蒙恬，他是攻占鄂尔多斯草原的最高统帅，以及郡县与移民政策的执行人。

一般观念，向来认为大长城非秦朝所"造"，只由秦始皇命令蒙恬，将战国北方列国独立的城墙连贯起来而已。其实不然，《史记》蒙恬列传的一段记录可以参考："秦已并天下，乃使蒙恬将三十万众北逐戎狄，收河南。筑长城，因地形，用制险塞，起临洮，至辽东，延袤万余里"，可知确确实实具有新造意味。秦朝本身的昭王时代长城，因当地已成内地而废弃，其余也随西、北国土的再扩大，而自赵、燕长城原址向外迁移，迁移部分的长城，便全出自新造。详言之，战国北长城，依《史记》匈奴列传所记载，秦自陇西（今甘肃临洮）、北地（今甘肃环县）至上郡（今陕西绥德）；赵自高阙（今绥远五原县西北黄河外侧，阴山山脉西部乌拉山边），沿阴山至代（今察哈尔蔚县）；燕自造阳（今河北赤城）至襄平（今辽宁辽阳），再伸展到朝鲜半岛，便是《史记》朝鲜列传所指出："自始全燕时，尝略属真番、朝鲜，为置吏，筑障塞。""塞""障塞""城障"，与"长城"都是同义词。而秦朝统一性大长城所经过路线，却多数与上述秦、赵、燕长城原址无关，这是必须辨明的。

秦朝长城线位置，今日已能考定：西方起自临洮（今甘肃岷县），沿黄河上游支流洮水向北到金城（今兰州）时，改沿黄河外侧到高阙（阴山山脉西端），包抄鄂尔多斯草原，顺黄河支流五加河（即所谓"北河"）外侧及阴山南麓而东，至滦河（古代濡水）上游上都河处，今日察哈尔多伦附近，改沿热河山地北麓续向东，经辽河河谷渡鸭绿江（古代马訾水）进入朝鲜半岛，终止于大同江（古代浿水），以后汉朝在朝鲜建设郡县时的遂城县碣石地方。全线的兴筑时间，系自"略取河南地"第二年，秦始皇三十三年（纪元前214年）开始。

如上路线而与战国时代相较，其差别为容易明了。大长城西段，即沿北流黄河的一段，全行新筑，东段较燕长城"造阳"一带，距离也相差达千里。秦朝长城与战国长城能相符合的，全线仅只三处：其一是阴山"高阙"一线，亦即秦朝长城沿袭战国长城最明显的一段（赵长城西段）；其二即今日发现长城遗址的围场、赤峰一带（燕长城中段，但上节所述，因日本人在张家口发现古长城遗址而推测围场、赤峰长城系自张家口、大同而来，则非秦朝长城线而为其前的燕国长城，或其后的汉朝长城线，见下节）；其三则朝鲜半岛域内的长城尽头处（燕长城东方终点）。

长城起或止于朝鲜半岛，须作补充说明。关于秦朝长城东方尽头或起点，《晋书》地理志乐浪郡条曾明记："遂城，秦筑长城之所起"（遂城，《汉书》地理志乐浪郡条作"遂成"，《后汉书》郡国志乐浪郡条同系"遂城"），《史记》燕世家司马贞索隐引晋朝地志《太康地记》的补充说明："遂城县，有碣石山，长城所起"；清朝顾祖禹《读史方舆纪要》山东（九）外国附考朝鲜之部平安道粘蝉城注；又标示其位置："遂成废县，在朝鲜平壤南境。"今日西安博物馆收藏宋朝书物《华夷图》，标明连续的凸字形长城线起点，正是这个位置①。所以日本学者间，对此秦朝长城极东起端地点，有平壤东南方，今日黄海道遂安的比定，指其地恰当平壤平野与汉城方面汉江流域与其北临津江平野的分水岭意义，正合自然境界②。但包括更多日本学者在内的一般史学界，往往仍然误认为止于鸭绿江边，误解由来，当在史料谓秦朝长城"起临洮，至辽东"一词，且对秦朝辽东郡缺乏认识所致。须了解，朝鲜半岛境内建郡系由汉朝开始，也因此才使辽东郡范围限于鸭绿江以北，秦朝以及战国燕国辽东郡范围，系泛指辽河以东与鸭绿江以南。以汉朝以后的辽东郡印象衡量以前，容易发生偏差。但是，也由于这条自北而南，中分朝鲜半岛北部的长城线可认定：无论燕国或秦朝，半岛支配圈尚只限于西北隅。总领半岛北部与中部，须待设郡时代的汉朝。

雄伟的秦朝大长城，乃是汉族人定胜天的战斗精神结晶，凭双手与决心，

---

① 文艺春秋版《大世界史》3. 植村清二《万里长城》，第155页。
② 依矢野仁一《满洲史》，平凡社版《世界历史大系》11. 朝鲜满洲史，第218页。稻叶岩吉则以长城位置（燕国障塞）截清川江而设定之于大同江之东，见《满洲发达史》第11页；昭和四二年初版发行文艺春秋版《大世界史》3. 植村清二《万里长城》第157页（以及第54—55页长城位置图）的说明又是平壤附近左折至海。

创造并达成了"极"的构想。大长城的所以为"极",正因为国界恰恰符合自然地理。从大体而言,汉式农耕事业已到达很难利用的真正草原为止。长城以外,断然放弃,长城以内,便是被圈定可供农业发展的所有土地,这些土地,秦始皇和他的政治家们确认必须统一划归"中国"。全面隔断草原—耕地的万里长城,也便代表了农业汉族最大限度利用空间的界线。

长城的建造,既表示那些土地应该保持在汉族所认定的"中国"以内,以供汉族利用,则相对而言,也便具有其他土地汉族不该涉足的意义。事实上,长城之为"极","极"的本身意义,便代表了限制。所以,长城的作用是双重的,非只对外,同时也具有对内性。关于后者,便是设定了一道汉化极限,一方面,限定农业社会最大限度的活动范围,凡汉族一律必须居住长城以内,私越长城线,罪名等于叛离中国,惩罚可能非仅仅判处徒刑;另一方面,也为汉族定型后所建立的统一农业社会新秩序,设定一个界限。四"极"观念所以被秦朝重视,长城所以必须陪伴新领土扩大而立即重建,与统一政治的建设都有关系,四极以内,必须车同轨、书同文,相反,这些也以至于"极"为限。秦朝长城国界线意义,从这方面而强烈表现。

后代人所以相信秦朝长城防胡,最大原因可能受了见到如今日真正"防胡"作用的长城影响。事实上,古今长城,不但位置不同,性格也在变迁。长城防胡这一答案,如果用来说明后代长城的效用,可谓正确,但如用以解释长城的起源,以及建筑长城最初的用意,那便不恰当了。换言之,长城"防胡"的作用是以后才转变而成的,当初并非如此——秦朝与秦朝以前不是,汉朝也不是。

汉朝攻势长城与后代防御长城

长城之作为国界线,其性格至汉朝仍然明朗,这从汉朝政府与匈奴间往复公文的内容可明示。文帝对老上单于的复文："先帝制，长城以北引弓之国受令单于；长城以内冠带之室朕亦制之"（《汉书》匈奴传上），便确切说明了两国间系以长城为国界。一直到匈奴已经服从汉朝的纪元前后，乌珠留单于致平帝的文书中，仍还重申这层意义："孝宣、孝元皇帝哀怜，为作约束，自长城以南天子有之，长城以北单于有之。"（《汉书》匈奴传下）所以，无论秦、汉，长城的国界观念同样发达，汉朝长城也便直接继承自秦朝。

但是，秦汉间长城继承，并非一成不变，须注意还是经过修正了的。为什么修正？关系到纪元前二○二年汉朝建国前后国际局势的推移。

秦朝二世而亡，锋芒和强盛有如彗星般一掠即逝。相对的草原方面，匈奴却正如旭日升空，在秦朝过渡到汉朝的汉族中国动乱期间，所有丧失的游牧土地，所谓"新秦"，迅速回到匈奴人手中。加以汉朝初年北方汉族将领频频叛变倒向匈奴，局势严重到汉人连企图退缩维持战国赵、燕北长城一线都不容易，所以《史记》匈奴列传有"（单于冒顿）南并楼烦、白羊河南王，悉复秦所使蒙恬所夺匈奴地者，与汉关故河南塞，至朝那、肤施，遂侵燕、代"的叙述。匈奴绝对优势逆转的关键年代是汉武帝元朔二年（纪元前127年）。这一年，汉朝反攻再夺下河南地，才使长城线恢复推展到秦朝原址，便是《史记》匈奴列传所说"缮故秦时蒙恬所为塞"。然而，如果注意匈奴列传的另一段记载："汉亦弃上谷之什辟县造阳地以予胡"，可知即使至此阶段，秦始皇事业的中段长城还是变了形，造阳以北地区已被放弃，由今日多伦地方退到赤城县。换言之，改依了原先燕长城的界线。这是汉朝长城比较秦朝长城不同的第一处——这一段长城，便是热河赤峰长城考古所引述张家口的一线，张家口即与赤城县相近。同时，也是现在长城与古长城线唯一符合之处，所经过赤城县北方的独石口，成为现在长城全线北方最突出部分。

汉朝较秦朝长城位置不同的第二处为东端起点。当武帝一代，汉朝势力续向鸭绿江以南伸展而完成半岛北、中部统一支配时，乐浪等四郡开辟，汉朝领土于是东向面临了日本海。这个形势，使当初圈划半岛西北一部分领土的秦朝长城，失却了国境线意义。所以，汉朝半岛势力的跃进，相对现象，反而是长城线的撤出半岛。自纪元前二世纪末以后，汉朝长城的东方起点或终点，已从原先秦朝长城线缩回鸭绿江以北，自今日辽北省昌图县到吉林省桦甸县的一段，也便是后来半岛四郡之一玄菟郡转移到今日安东省境后所见的"玄菟长城"。如《三国志》魏志东夷传所记："夫余在长城之北，去玄菟千里"，此即改与东夷诸族分界出汉朝长城新起点。

秦汉长城线的第三处不同，也是最大的不同处，在于西方。汉武帝规复河南地后，对匈奴次一步制裁行动是占领河西，以及控制西域各国。因此一道完全脱离秦朝长城范畴而以全新姿态出现的西长城被兴筑。纪元前二世纪末与前一世纪初之间，随军事行动开展而这一系列长城工程，自金城（今甘肃兰州）、令居（今甘肃永登）方面向西延伸，横贯今日甘肃全域与新疆东部，历史上有名的玉门关和阳关出现，便是此期间的成果。现在长城大体沿袭其原线，只是西端以敦煌为中心的东、西部分，已被切废。被切废的这段"敦煌长城"，以及自敦煌向罗布大道延长入新疆的亭、障系统，均有遗址、遗迹发现。

汉朝西长城的增筑，对长城意义转变的关系至为重大，自此而长城显著增大其国防线效用。敦煌长城或汉朝西长城，本质上便是军事开展的产物。掩护行军、切断匈奴—羌族间联系、控制新疆和保护中国—西域间交通安全，主要作用全在于战略性，此其一。其二，长城工事的非限于主线，由线而推展到面，这一特色也以这一段战略长城为最明显。驻防部队瞭望哨性质的"亭"，更多和更远脱离主工程，被广泛分布到长城线左、右、内、外。《史记》匈奴列传有段说明："（太初三年）汉使光禄徐自为出五原塞数百里，远者千余里，筑城障列亭至庐朐，而使游击将军韩说、长平侯卫伉屯其旁，使强弩都尉路博德筑居延泽上。"这一类部署，分明已造成长城即要塞的格局。

同时，汉朝西方新领土越出长城线以外的现象，也与国境线长城大相异趣。国境线长城的位置必须在领土边缘而非领土以内，换言之，长城线与国境线相符合，附带的意义，又是长城以外无汉人。而敦煌长城，北则居延亭障的配列，以及居延有名的受降城建筑，可以使汉族部队由甘肃通过宁夏，沿额济纳河一直推展到漠北，西则自玉门关顺着世界史上著名的丝道北线至于天山，所在皆布防驻屯，国土边界已遥遥超越于长城线以外。这种情形，与秦朝长城，区别极大。

然而，尽管汉朝西长城与秦朝长城间已有区别，尽管西长城已非国境线性质，却仍然不能与"长城防胡"这个论调混为一谈。因为，这一段长城所代表的精神是积极的、进取的，非只不是防御，相反还是执行前进政策的工具，是战略性的攻势长城。

长城何时成为一道如今所见似全然防御性质的工事？答案是至四世纪末南北朝形成前夕、北魏建国时才有迹象。距离二世纪末汉朝统治开始崩溃，中间相隔整整两百年。

这中间两百年是中国历史上少见的长时间大分裂和大动乱时代。一世纪以后，因汉朝对匈奴斗争获得全面性胜利，而后汉—魏—晋政府采取了长城开放政策，允许服从与愿意接受保护的游牧民族移居到长城以内。这个事实使长城原系代表国境而非后此心目中的国防线的观点更获得支持，否则，开放长城，引进外人来到国防工事背后，将无法解释其理由。到"五胡乱华"，也便由这些因移住长城以内而转变了生活习惯的原先异族而后来又是被同化者，领导割裂北方中国，在黄河流域分别建国，其时长城在中国史料中未再被重视。待长城历史中断两个世纪而再被重视，便已是大动乱近尾声，四分五裂局面初步被合并为南北对立的两个政权时代。再出现的长城，材料已改用砖，所扮演的角色，也全然成为"防胡"了。

《魏书》下列几段记载，如广阳王深传："（深上书言）昔皇始（纪元396—397年）以移防为重，盛简亲贤，拥麾作镇。"地理志肆州注："天赐二年（纪元405年）为镇。"太宗纪："泰常八年（纪元423年）二月戊辰，筑长城于长川之南，起自赤城（宣化附近），西至五原，延袤二千余里，备置戍卫。"可知北魏新筑或修缮旧有的长城线，位置虽然大体与汉朝长城相当，然而，也有明显的差异。所谓"拥麾作镇"，即沿长城线地区局部军事统制，在这广大的范围内，郡县制度废止，军政合一，方面统帅"镇将"成为区域内最高权威。这个制度的成立，使四世纪末至五世纪初的期间，陆续出现布列于东起今日河北滦河，西迄今日乌拉特五原县一带，北魏有名的御夷、柔玄、怀荒、抚冥、武川、怀朔六镇。郡县与长城城墙间相隔如此一个特殊化区域，长城才实际赋予了防御责任。长城六镇配置完成，长城工事又经太武帝于纪元四六六年征发十万民众，以国都平城（大同）为中心，自上谷沿黄河大事修筑并加固。这个阶段，长城国境线的性格虽仍存在，与秦、汉时代倒反过来，已为强烈的国防线意味所掩盖。

转捩自此开始。以后历代可查考的大规模长城兴筑记录为：

——北齐文宣帝，纪元五五二年，筑自黄栌岭北迄社平成的长城。

——同，纪元五五五年，又征发一百八十万人，筑夏口（今居庸关）至恒州（今大同）长城。

——隋文帝（纪元581—604年），征发十五万人筑朔方至灵武长城。

——炀帝又动用一百多万民工，筑榆林至紫河长城。

从如上记录，可明了长城线正从北魏的位置上逐渐动摇。唐朝皇帝兼具天可汗身份，对外性的长城为无意义，历五代至于辽、金、元异族统治时代，长城又成为无用之物，因此著名的《马哥波罗游记》中，未提及有关长城之事。而到明朝驱逐蒙古人，却又受蒙古人严重威胁时，便又感到必须依赖长城。也因为依赖长城的程度加深，长城军事需要加剧，于是出现了如现在的长城——一道大幅向南移动，且无须与国境线合一，而全出乎"防胡"要求的消极与被动性国防线长城。

非地方行政常制郡县而采取区域性的军事管制，以及国界—长城工事一分为二，乃是国境长城线转化为国防长城线时，明显的区别所在。当十五世纪明朝主权确定从热河中部（大宁三卫）与鄂尔多斯撤出，长城现在塑定。最早已立于长城以内，历史上最成熟汉族环境之一的辽河平原或"辽东"广大地域，便因长城线南移后，与黄河流域间仅靠太过狭窄的山海关走廊联系形势为不利于防守，而被断然划出了长城线，孤立于山海关以东，并且与正面长城地区，当时沿袭北魏六镇式的"九边"，同样设定"卫所"统治体制。长城国防线意义，可从上述辽东这个例子清晰表现，便是说，为了适应长城防守的需要，即使最主要的汉族郡县区域都可以放弃在长城以外，这与秦汉国境线长城时代相较，志趣的不同可见。但也唯其辽东的自长城内其余汉族地区隔离，到十七世纪清朝，终于造成这个地区非列入"本部十八省"的事实（明朝辽东、山东同属一省），十九世纪列强觊觎中国，接受的印象，也便是辽东系"关外"而非"中国本部"。

长城的命运，因此关系历史现象说明至为重大，也综合代表了长城内外两个不同世界间社会、经济、政治、军事等国力条件消长的弧形曲线。

长城工事南移，站在防御立场是正确的。最基本的理由，缩短补给、运输路线，可以使戍守长城时，人力、物力供应都便利得多。这样的设计，才能充分发挥"防胡"作用。这也便是为什么长城性格转变为守势或防御时，长城线必须陪伴向南迁移的原因。

二千年间，定居社会汉族与游牧民族胡人的斗争，便这样长时间展开于长城内外，不论国境—长城线时代也罢，国防—长城线时代也罢。

游牧主动与其外向性

民族与经济、社会类型的差异，与地理因素息息相关，转换环境，往往等于俗语所说"脱胎换骨"。所以，原先是某一类民族，不可能永远是某一类民族，如果他们从草原迁居耕地，或从耕地移殖草原的话。

基于这项了解，可以发觉，凡在中国历史上出现而与汉族曾在长城线上接触的游牧民族，几乎都须分为两个阶段，其一，成长在草原上的时代；其二，投身入农业定耕地带的时代。而待到第二个阶段时，他们不但不再代表游牧势力，而且实质上已被吸入汉族范畴。历史上与汉人展开斗争的游牧对手，也因此必须限定在前一阶段，而不能包括第二阶段。

游牧民族如何移住汉族环境而变质，亦即如何由第一阶段转进第二阶段？早期与后期历史现象并不相同，转变关键与共同前提都在于跨越长城线，而跨越的方式，早期与后期有异。在于早期，五胡中任何一"胡"的通过长城，都不是凭武力优势，而是在效忠汉族的誓约下和平达成的。经过汉族生命力最旺盛期的唐朝，情形便有明显差异，北方民族尽管仍因移入长城而丧失游牧性并变为汉族，移住的方式，却一律出现为大举侵入与征服。

所以，长城内外的斗争，游牧民族优势须至后期才明显，早期并未存在这种感觉，呈现的是力的均衡现象，但是，即使早期，斗争主动也把握在游牧民族手中。至为容易认识，最初是游牧民族出现在汉人面前，而非汉人出现到游牧民族面前，虽然自此一千年中斗争的胜利面归于汉族，每一斗争阶段也都以游牧民族投降汉族为结束，斗争的引起，却每一次都是前者而非后者，即使投降或妥协，其事仍由游牧民族决定，这些都是主动的表现。也惟其游牧民族潜在这股主动力量，后期方能升级为明显的优势，合主动—优势—征服而为一。所以，游牧主动，对历史的解明作用是相当重要的，而主动所以造成，则游牧民族本质上便具备了这方面条件，换句话说，有其不得不然的理由——他们相与表里的战斗性与外向性。

游牧民族战斗性是最突出的一面。游牧生活必须移动，移动本身便是战斗，而推动游牧民族战斗性表现，又是所附着的外向性。换言之，游牧社会有其非向自己世界以外发展不可的内在条件。

草原游牧经济特质，原与定居社会经济仅有偏重之分而非绝对，吸收自身社会以外的物资，因此在草原上非但不能拒绝，反而成为普遍的社会现象。尤其贵族们的消费欲望，与定居社会生产的奢侈品有过接触以后，便被刺激起来。相对方面，游牧经济自身生产而超过饱和点时，过剩的牲畜与毛、皮等也必须脱手，否则反成为社会发展的阻碍。这便形成了一种情形：定居地带可以与草原隔绝，草原上的游牧社会却不可能与农业定居社会切断联系，必须与之发生经济上的往来关系。也惟其如此，使游牧社会对定居社会有显著的依存倾向，依存方式，正常途径便是贸易。这是欧亚大陆泛游牧经济文化圈共同现象，非独中国历史上的游牧民族为然。

史学界向来怀疑，游牧生产社会凭了什么才能成为基础深厚的先进农业社会的对手？强力游牧国家成立，其社会力量泉源又在哪里？单靠游牧经济，显然不够构成到达如此境地的条件，那么，定必附加有新的经济面。但这新的经济面又是什么？谜底今日已完全揭晓，"游牧生产＋X＝发展"这个公式中，

X所代表的，便是对外贸易。游牧民族以他们自己生产的家畜与附属产品，以物物交换方式，换来各种物资，除留供自身消费之外，剩余的商品又用以转卖。这样反复循环，使欧亚大陆东西两端的商品都能相互流通于市场，游牧民族则居间以收中继之利。利润愈高，贸易圈与贸易规模愈扩大，游牧社会财富也愈聚积。另一方面，他们以武力保护贸易，贸易发达又反过来培育了他们武力的愈益壮大。强大游牧国家的迅速崛起与惊人效率，没有例外全出乎这种模型。同一原因，所以游牧国家，民族也定必具备强烈的商业性格。

例子见之于中国的，早期典型便是匈奴。他们以蒙古大草原为活跃中心，贸易对象包括周围其他游牧民族、森林狩猎生活者、沃洲农业人民，而最主要的，便是丰裕农产地带的汉族中国。汉族产品如谷物、丝织物、工艺品等，是当时匈奴社会所不可缺少和大量被充作转手贸易的资本，这也被文献和考古资料所证实。

游牧民族与周围定居地带间的交换式贸易，只是他们取得所需要物资途径的一种，如果交换所得不能满足其欲望，或者自己缺乏可以交换的商品而仍须满足物质欲望时，途径立即会转变。转变的形态，便是掠夺，一种更为直接的取得手段。

定居社会对游牧民族最深痛恶绝的，莫过于这种掠夺行为。无论东方或西方，游牧民族因此都被目为侵略者或野蛮人。但在游牧社会立场，则贸易与掠夺，对于"取得"的意义并无实质区别。两者一样重要，一样必然，一样基于非向外发展不可的社会需要，仅在和平或战斗方式上表现不同而已，两者是一体两面的。匈奴之与汉族中国，一般都知道有所谓"互市"，系出于草原与定居社会双方政府的约定，一般会设定贸易开放地点。汉朝初年著名战场之一的马邑（山西朔县，当时属雁门郡），同时也便是主要互市地点之一。古代中国游牧民族的通商与掠夺，便这样不断更番交替于长城内外。

学者间且因而有以游牧社会此等特性与国家成立契机相结的意见提出，认为原所孤立与分散的氏族与部族，便以贸易、掠夺的效果而协同团结，有必要加以组织化。特为富强的氏族与部族长，也因而被推为君主，所以游牧国家形成，与贸易、掠夺为存在因果关系①。

侵略性掠夺，正因为与贸易相偕呈现为游牧民族外向特性，所以匈奴以来二千年长城内外长期斗争中，游牧民族始终站在主动地位。游牧骑兵凭了他们的机动与速度，一次有力的突击，无须占领，只是迅速攻击与迅速撤退，屠杀、破坏和带走俘虏及其财产，已使措手不及的被侵袭地区相当时间内难以恢复元气。而定居社会要发动侵入草原的反击与远征，却不能那么轻而易举。

纪元之初，划分汉朝为前后期的短暂新朝皇帝王莽，发动十二位将军分道远征匈奴时，奉命出征的将军之一严尤，当时曾上书指陈这个计划难以行得通的理由："比年饥馑，西北边尤甚。发三十万众，具三百日粮，东援海代，南取江淮，然后乃备。计其道里，一年尚未集合，兵先至者聚居暴露，师老械弊，势不可用，此一难也。边既空虚，不能奉军粮，内调郡国，不相及属，此二难也。计一人三百日食，用糒十八斛，非牛力不能胜，牛又当自赍食，加二十斛，重矣。胡地沙卤，多乏水草，以往事揆之，军出未满百日，牛必物故且尽，余粮尚多，人不能负，此三难也。胡地秋冬甚寒，春夏甚风，多赍釜鍑薪炭，重不可胜，食糒饮水，以历四时，师有疾疫之忧，是故前世伐胡，不过百日，非不欲久，势有（力）不能，此四难也。辎重自随，则轻锐者少，不得疾行，虏徐遁逃，势不能及。幸而逢虏，又累辎重，如遇险阻，衔尾相随，虏要遮前后，危殆不测，此五难也。大用民力，功不可必立，臣伏忧之……"（《汉书》匈奴传下）这是篇长城斗争史上富有参考价值的文章，所分析的动员、后勤补给、运输、地理气候影响下生活习惯不同、行军与战术运用等五"难"，明晰刻画了为什么汉族多数时间只能处于被动的客观条件。这些条件，迄于现代交通发达时代以前，一直成为汉族难以克服的问题。

汉族对草原的军事行动，非只实行不易，效果尤不容易显见。构成游牧社会整体的人与牲畜财产，全具有机动性，远征军到达以前早已四方散开，远征军撤离后再行聚拢，遭遇时又因已化整为零而损失轻微，非如农业社会的人与财产都固定在土地上，受到蹂躏时损失惨重。所以，除非汉族在国力充实时

---

① 护雅夫：《匈奴游牧国家的兴亡》，诚文堂新光社版《世界史大系》8. 东亚 I，第 288 页。

期，而于情报封锁、间谍利用、敌情判断、战略与战术运用等各方面又都配合得当。否则，汉族部队在草原上徒劳往返，便是失败。惟其如此，汉族非迫不得已，或着眼于定居社会更大与更久远的经济利益，通常都不肯轻易投下这笔资本。

汉族军队长征草原既不易，又不符合经济原则，于是，他们在与草原的斗争中，多数时间宁愿立停在长城线上以逸待劳。汉族这种立停主义，可能也便影响了认为长城自始与"防胡"有关观念的所以成立。

与耕地相斥的草原历史路线

汉族非必要时不越出长城线，但草原的地理条件永远是其最大限制，尽管远征军一次又一次深入草原，却没有一次能作较长时间的占领，更不必想望统一耕地—草原，或移民往北尝试汉化草原环境。惟其如此，汉族登上草原之后，即使一切顺利，处理方式也不出两途：歼灭敌人主力与作一次全面性扫荡，驱逐游牧民族往更远处，占领便告结束；或者，在军事优势下，压迫游牧民族投降，服从汉族中国领导，占领也告结束。

游牧民族方面，无论早期投降式进入长城，或后期从侵入发展到征服，其移住长城之内的事实则一，而待到进入长城与人数比他们多过数十倍的汉族共同生活，遭遇命运也相共通。最初，必须放弃部分机动性，以及修正固有游牧经济社会形态来学习汉化，才能适应汉族环境。以后，待不断调整经济机能与生活方式至完全适应汉族环境时，他们也已全行丧失机动能力而成为农耕汉族。这条历史轨迹几乎成为公式化，几乎可以适用于任何附庸游牧民族或征服游牧民族。所以，游牧民族进入汉族中国，结局如同汉族登上草原，不发生什么决定性影响。

游牧民族移住汉族中国过程中，堪注意是被放弃与空虚了的原居住草原地区，立刻会有另一批移动性游牧民族填补。或者说，另一类新的游牧民族开始活跃于草原。这种草原主人递棒或接力式出现与嬗代，正代表了游牧历史一大特征，与定居社会的朝代嬗代为同一意义。但古代游牧世界主权授受转移的新陈代谢研究，却不能如对定居社会的顺利，今日给予学术界相当困惑。

前来后往游牧民族的种类以及相互关系，首先便不易肯定，经过几次移动或征服、通婚或混合，民族血统系谱的辨明，已是棘手问题。而且，游牧集团政治形态，往往发展为某一部落领导的征服姓氏部族大联合，混血范围因此愈为扩大。再当联盟领袖死亡而继位者无力约束联盟成员，或者，领导氏部族间自行内讧，或者，遭遇无可抗拒的天灾或外来巨大压力时，联盟都会立刻分裂，支配集团本身也会散成一个个小部落。一个时期之后，再由新出现的强有力统治者与统治集团重行组合联盟，再组合的成员可能仍如旧日，也可能加入新的分子。如果仍由旧联盟支配者小部落之一统一本族，并进而联合其他分子，那便是复兴；如果由参加的新分子领导，或者原属旧联盟的另一成员部族崛起成为领袖，那便是一个新的"朝代"。一个时期之后，又再解体，又再开始另一次新的组合与新的循环。游牧民族组合再组合，游牧世界以外的人不容易觉察与区别，于是民族血统以外，又再增加了大联合成分与性质辨明的困难。游牧政治集团又无国家或朝代的正式名称，定居社会用以称呼的，因此只系所认识当时联盟领导集团名词以一概全，这种情况，可以最早雄长飞扬于大草原上的匈奴为例证。"匈奴"只是代表性名称，本族之外，凡属匈奴游牧大帝国联盟成员：突厥系诸民族、东胡系诸民族、西方系的塞种、今日藏族前身的羌族，还有投奔草原胡化了的汉族，都划一被称为"匈奴"。这些部族当匈奴强盛时代，全体被"匈奴"这个名词所概括，唯有他们参加联盟以前，以及匈奴衰退、联盟破坏，他们自身的民族称谓才被认识。以后匈奴人一部分投入长城之内，一部分西迁欧洲，这些都不可能全属匈奴本族，留在草原上的匈奴人与原匈奴联盟其他会员民族，或其他新自草原以外加入游牧阵营的民族混合，尤属必然。史料中便有十万余落匈奴人（也非必全属匈奴本族）参加鲜卑集团的记录，自此匈奴草原历史中断，匈奴民族名词，倒反便被鲜卑与其他同时期诸民族所替代。"新"民族中具有匈奴人血统为不言而喻，但血统上如何调整，则不可知。

惟其如此，要确认草原游牧民族间如何分？如何合？完整系统恐怕非历史界在可预见的期间内能拟定。愈增加困难的，游牧民族本身都没有历史记录，迄于目前，了解的都只是大概。同时欧亚大陆游牧世界有其整体性，自西而东，或自东而西，任何一地区的局部形势，推进或撤退，都容易影响全体。历史时间愈往后移，关系也愈复杂，说明愈增加困难，这是草原历史所以只能较定居社会简单的一大原因。

但不论如何，草原游牧民族演进的整体性历史路线，则是具体而清晰的：一方面，本身的新陈代谢，波涛起伏不停；另一方面，与定居社会间的相互排斥以及不断斗争。从中国历史说，当匈奴联盟解体，便会有草原侧翼的东胡系鲜卑与草原背后的突厥，相继兴起接收草原，接替游牧政权，使汉族北面，不但整个都是敌人，也恒久都是敌人，而接触的地点，则是万里长城。

长城地区尽管恒久是个战场，不是汉族越出攻击草原，便是游牧民族突入侵略汉族中国。但无论长城的出或入，却都不具有决定性。汉族不可能在草原上定居，游牧民族进入长城内便会被同化，汉族仍然是汉族，草原游牧民族则是一波之后又一波，两个世界始终对峙。十三世纪统一欧亚大陆的蒙古人，虽也一度统一中国耕地与草原，结果却是失败。这种局面的结束，须待长城历史届抵二千年的十七世纪来临。而终止斗争并统一长城内外的，主角既不是汉族，也不是草原上游牧民族，乃是接近耕地，同时也接近草原，对双方都有相当认识和经验的中国东北境内满洲人，虽然满洲人最后同样逃不脱汉化的历史命运。

匈奴—北亚细亚大风暴

匈奴雄长的世界意义与其汉族依附性

纪元前一千年代中期，蒙古高原逐渐形成游牧社会，与酝酿建设国家体制的气运，到纪元前三世纪末，终因匈奴旋风式兴起而在亚洲最初出现强力的游牧政权，同时也屹立为世界史上第一个控制力及于广范围的游牧大帝国。"西徐亚"的名词虽然最早代表了游牧文化，但西徐亚诸部族分布范围仅及黑海北岸，从未如匈奴统一北亚细亚，抑且控制中亚细亚的发达巅峰。匈奴此一强盛的征服性草原国家到纪元一世纪末衰落，四世纪从中国历史上消灭，转移到西洋史再掀巨大波澜后，五世纪又自西洋史中退隐，前后大体七百年存续期间，无论对汉族中国或世界，都产生莫大的影响。

匈奴的统一北亚细亚与建设强盛游牧国家，对汉族而言，构成了从所未有的严重威胁，某一个时期内，外交、战争，甚至内政，一应全依匈奴动向而决定。但匈奴兴起的历史意义，非仅止此，他们的强大，以及旺盛的历史生命力，暨与游牧文化圈诸民族间的连锁活动，更越出了中国历史范围，写下世界史的辉煌一页。他们在欧亚大陆北方广大游牧天地的世界性潮流中，发挥了带头作用。因其动态而变化世界历史内容的，至少有过两次：匈奴勃兴初期，向西驱逐月氏，月氏再向西驱逐白肤色人种而在中亚细亚成立贵霜王朝，因贵霜王朝与佛教关系的结合，佛教传播运动乃得广范围展开，这是匈奴所推动的东西民族连锁移动，而民族移动又推动世界性文化弘布的第一次。第二次则在匈奴东方势力衰落之时，匈奴挡不住来自长城以内的巨大压力，向西转进，而在欧洲掀起空前的大风暴，建立起一个领土东起里海，西至莱茵河，南跨多瑙河，北抵丹麦，兼有欧、亚两洲而支配中心在于欧洲匈牙利草原的征服大帝国，压迫日耳曼诸种族在其兵锋之前连续向西溃退。日耳曼人大移动，又直接导引了西罗马帝国覆亡，但日耳曼诸族本身，以及连带追随移动的斯拉夫诸种族，却也因此得自行建国，脱离"野蛮人"生活而进入文明境地。同时，匈奴人狂飚似来往于欧亚大陆北方，以及掌握国际交通线，又拉拢了古代世界相互隔阂的东方与西方文明地带，汉族中国因了他们才认识西方，并跻身世界圈。因此，中国历史上的匈奴，无论其盛或衰，对于古代世界与古代人类文化，都是一件大事，都具有无比重要的贡献，并非仅仅强盛时代加之汉族中国或古代欧洲的军事优势震慑而已。

另一方面，游牧社会对定居社会经济与文化的依附特性，匈奴也是强烈具有代表性的一个典型。匈奴支配阶级乐于汉式生活，非只当时中国文字记录曾予详载，今日发达的考古学研究同样可以证明①。

当匈奴前身胡人绥远后期文化时代，其金属器如西徐亚式三翼镞、短剑、錾、西徐亚铜镀、西徐亚风格动物饰板、小刀、铜斧、头盔、铠甲、马面、铎铃、革金具、带钩、圆镜等，固直接与外蒙古丁零文化、南西伯利亚塔加尔文化、阿尔泰山地马依爱弥尔文化、天山帕米尔方面萨迦文化等存在亲缘关系，另一方面，便已受汉族中国战国式文化莫大影响。而蒙古利亚与南西伯利亚匈奴青铜器、铁器时代遗迹、遗物探查，尤其说明游牧社会繁盛时代愈受定居汉族文化与经济侵蚀的事实。这个时期，也便是匈奴—汉族间接触交涉最频繁时期的汉朝，或纪元二世纪末以后，考古学上接续匈奴前期文化，文化弘布圈脱出绥远范围，已笼罩北亚细亚全域的匈奴中期文化时代。

一九四〇年叶尼塞河上流域阿巴坎附近发现汉式土壁、瓦等建材建筑的巨大宫殿遗址，中央大房舍与中庭，附属甚多较小房舍，内有保温设备的汉式屋内火坑。遗物则阳刻"天子乐未央、千秋万岁当"字样瓦当，与木扉的铜制兽环等残存。这在匈奴时代遗迹中为最引起研究兴趣。宫殿之非匈奴本族贵族所有，而是匈奴联盟中胡化了的某一汉族高官邸宅已被判定，外国学者指为李陵所居②。

从考古学的遗物、遗迹研究匈奴人习俗，特别重要的是氏族墓地，历年发

---

① 匈奴文化考古解说，主要取材自江上波夫《游牧文化的发展》，平凡社版《世界考古学大系》9. 北欧亚大陆·中亚，第69—71页。

② 江上波夫，同上第68页。

现阿尔泰山地与唐努乌梁海的古墓群，木椁、木棺中，动物图案的金属制品，绒毡与绢布、漆器、铜器、黄金饰板等外国产品与汉式珍贵遗物同时并存，都给予考古界深刻的印象。

上述例子之外，北亚细亚最闻名的匈奴时代学术考古，是一九二四至一九二五年苏联人柯兹洛夫（P. K. Kozlov）领导下的调查团，在蒙古高原色楞格河上游库伦以北约七十公里处，亦即库伦—恰克图大道以东七公里地方的诺颜·乌拉（Noin Ula）山麓所展开对匈奴中期文化具有代表性的墓群调查。墓群发现计三处，坟墓总数二百二十一座，年代以出土漆杯之一铭有建平五年（纪元前 2 年，前汉之末王莽执政时代）字样，可考定为前后汉之交与王莽新朝，匈奴一度中衰后复兴的纪元前一世纪至纪元一世纪这段繁荣期间。这些坟墓出土的遗物，被认乃考古学上最丰富、最有价值，也是对匈奴研究最具代表性的实物资料。

诺颜·乌拉墓制，构造上分高冢坟、小圆坟、地下式横穴坟三种，高冢坟的木椁构造类似阿尔泰帕士依尔依克古墓群所见，木棺式样呈四角形，亦存绘有彩画的汉族中国制漆棺，以及内置金银饰版。墓中发掘现经移置博物院陈列的大量棺椁装饰品与副葬品中，除了代表骑马游牧文化的青铜制、铁制武器类、皮制鞍敷等车马具类、马靴、貂皮外套、柔而纤细的毛皮等服饰类以及家具类，并牛豹格斗等西徐亚风格动物图案的匈奴土产金属工艺品，以及骑马人物像、动植物花纹等西域所产呈现希腊图案、伊朗图案的华丽羊毛织物，绒毡、帐幔等，为游牧民族商业性格的特征表现以外，便是大量存在的汉朝制品与其模仿品，如汉镜、汉式铜器、五铢钱，以及双龙文玉饰、铸刻中国篆文的玉印、玉具，写有中国隶书的漆制墨盒、刺绣卷云及骑马仙人等图案与"新神灵、广成寿"等隶书的丝织品锦、罗等，全是汉朝当时通用之物。而墓壁的以缎铺镶，棺中镶金达一个制钱厚，又可知这些贵族们生前生活为如何豪华与奢侈。活人殉葬，则仍保存了匈奴传统习惯，每个墓中二女、六女、八女以至三十个女性不等。从如上诺颜·乌拉有组织的古墓群发掘结果，可以证明，在纪元前后，匈奴文化之如何浸润汉族中国文化，以及经济上附存性的强烈程度。

外贝加尔地方色楞格河畔的 Ivolga 城塞址，与诺颜·乌拉文化属同时期。其土垒与壕沟有四重，内中大小建筑物颇多发现，包括似为贮藏谷物用途的仓库，以及锻冶铁器之所而具需用的炉址等。西徐亚风格动物图案金具与颇多汉朝耳杯、甑、钵等汉族中国风格的遗物，同时出土。

匈奴人的汉族财富观念与汉式生活，渐渐终由上层阶级浸透到一般人民，普遍放弃了战斗性与移动性固有生活习惯，而偏向定居生活的爱好。从蒙古高原数量众多的汉朝式样陶器被发掘，可获得汉族文化如何猛烈侵入与普及匈奴领土全域的实证。到这个阶段，从"文明"标准言，游牧民族的匈奴是进步了，游牧文化特性却渐渐因此萎缩。游牧文化圈固然一定受到周围定居民族文化的影响，但后期匈奴的情形，则显然超越了容纳限度，而全然倾向于文化上的外国依存，以及出现经济上汉族寄生者的姿态。一世纪末后汉时代一波一波匈奴人愿意以及希望被移住长城以内事实的造成，便是如此转变下的发展。时间愈久，所受汉式文化腐蚀作用愈强烈，匈奴自身社会愈发生本质上变化。经汉族中国魏、蜀、吴三国分立而至五胡乱华，煊赫雄飞的匈奴民族终被吞没在动乱大浪潮中，真正变成了汉族。

固然，转变期间也有一部分具警觉性的匈奴人，那便是纪元九一年被汉朝远征军击溃后向西移动的北匈奴，亦即五世纪时震慑欧洲的历史上最后一波匈奴民族。一九三八至一九三九年考古界在东经七二度二五分与北纬四二度三〇分处，坦罗斯河（Talas R.，中国古书中的都拉水）畔发掘所得古墓群，原被推定属于纪元前一世纪匈奴第一次分裂期间的北匈奴郅支单于时代所遗，现则修正为第二次分裂之初，北匈奴向哈萨克斯坦方面大移动期间的纪元二至三世纪遗迹、遗物。其意义，便代表了匈奴后期文化。墓群副葬品以木制品及陶器为丰富，陶器带粟特、伊朗色彩，衣服则汉族中国产丝绢仍属重要。所以，二世纪左右转移到达西部天山时的匈奴人，匈奴中期文化再转换后期文化时，除了同时又已接受中亚细亚文化影响之外，继续残留浓厚汉族文化色调。也就是说，脱离了汉族中国政治军事影响的匈奴人，文化上仍难摆脱根深蒂固了的汉族文化影响。

非惟西迁初期，以后北匈奴愈往西移动，至脱离北亚细亚地理范畴阶段，尽管他们与留在东方的定居性本族（南匈奴）生活上已有区别，但从西进沿途，自伏尔加河下游、北高加索、克里米亚，以至多瑙河流域匈牙利地方，今日考古界发现的，却仍然是匈奴文化中脱离不了所挟带汉式文化色调，而多汉期、汉式模仿品遗物①。所说明的事实：后期匈奴人对汉族文化强烈的依存性，仍然也显然已没有能力消除。

北亚细亚最早的统一

国家成立以前，匈奴的前身被汉族称之为"胡"，但胡人非专限匈奴前身，而是汉族对最早骑马游牧民族的泛称。骑马游牧文化与胡人兴起以后，活动范围迅速遍及蒙古高原。纪元前五世纪，亦即战国时代前半期，正值汉族中国展开统一事业之初，匈奴前身的"胡人"，突然出现于汉族眼前，并与当时北方诸汉族国家发生中国史上最初的农耕·游牧间冲突，赵、秦诸国也不得不因而分别从本身文化作若干程度的"胡化"，以适应对抗条件。虽然在这两个世界间压力与反压力冲突的第一回合中，胜利非属于游牧民族而属于自南向北扩张的各个汉族国家。

转机曙光初露于纪元前三世纪。胡人中最标准的一支，原自鄂尔多斯北渡黄河，以归绥、包头为活动中心，继因这片黄河倒 U 字以北与阴山以南的走廊地区为赵国攻占，不得不越过阴山山脉向北再进入草原深处时，这个胡人集团渐渐在强力领导下，完成了民族大团结与国家建设，名称也由早期的"胡"确立为具有新意义的"匈奴"，虽然这个不雅名词是否汉族有意选择的音译为不知。"匈奴"一词文雅与否无关重要，重要的是这个国家的新兴锐气，他们把握当时战国汉族各国忙于阋墙之斗的机缘，轻易便恢复了原被赵国所占领

---

① 伊濑仙太郎：《世界文化交流史》，第66—68页。

"北河"的支配权，使与被切断的故乡鄂尔多斯广大土地再度连成一气，并即以鄂尔多斯—阴山为最初建国的地域。

在这个阶段，游牧国家的强大武力虽已形成，但从匈奴最初国家领土范围可知，匈奴并非北亚细亚唯一游牧民族，长城以北也还未发展到全域一家的境地。所谓"嬴秦之世，三部并强"，匈奴东方有东胡；西方自今日宁夏、甘肃以至塔里木盆地之东，则有经营塔里木盆地特产品软玉与汉族中国所产丝绢中继贸易而发达的月氏所居住；北方自北蒙古地方以至南西伯利亚，又是后来演进为著名突厥（土耳其）族的前期突厥种族游牧地；贝加尔湖一带为丁零（突厥族直系祖先），叶尼塞河上流域为坚昆（原始吉尔吉斯族）。前期突厥诸族当时尚未显现历史分量，东胡与月氏的势力却都足与匈奴对抗。所以，匈奴初期的历史发展方向，因左、右都受到阻碍而处于最不利的被夹击地位。到汉族中国统一于秦朝，匈奴立即再增加一个最大敌人，才行夺回的"北河"迅速又被秦朝攻占，甚至失去鄂尔多斯，国境退到再以阴山山脉为南界。这时，正当匈奴第一代单于头曼的时代。

秦朝始皇帝去世的次年（纪元前209年）是个重要历史年份。在于汉族中国，大革命的熊熊火光从这一年燃起，支解了秦朝帝国。在于草原，伟大的游牧领袖——冒顿继位为匈奴第二代单于，从此揭开了统一北亚细亚游牧世界，以及创造草原上空前惊天动地事业的序幕。

冒顿单于的发迹是首可歌可泣史诗，这个头曼单于幼子的英雄事迹，也被附带了传奇性故事：最初，他曾被他父亲头曼送往月氏作为人质，当月氏人将对他不利时，他却能在被监视之下，凭了机智与勇气，夺得一匹好马脱逃归来。这件事使他受到本族拥护，由此被他父亲拔擢为"万骑"级的指挥官，以后发展，便都显出冒顿不同寻常的领导天才了。他对培养部属胜利信心与命令的绝对服从，几乎不择手段，作战时指挥进击与合围的"鸣镝"便由冒顿发明，《史记》匈奴列传的记录是："冒顿乃作为鸣镝，习勒其骑射，令曰：鸣镝所射而不悉射者，斩之。"试验中，在鸣镝信号箭下牺牲的，一次是他自己的爱马，一次是他自己的爱妃，其间，几个犹豫不忍下手的亲信勇士都因此被处死，令出必行的训练完全成功。纪元前二〇九年的一次出猎中，鸣镝攻击目标终于指向了他的父亲头曼，冒顿自己也从而登上单于大位。

冒顿单于，这位中国历史上最出色的草原英雄之一，发挥惊人军事天才并开创了伟大事业，这就是征服东胡。当北方游牧世界三足鼎立时代，东胡可能最强盛，也以优越感而疏忽对冒顿野心的警觉。冒顿又尽量鼓励并利用东胡自大心理与骄傲弱点，东胡王对冒顿一再需索爱马、爱妃并获得满足之后，当再要求匈奴割让土地时，一次突然而至的大袭击，使东胡毫无还手力量，立刻便被征服。自此向南自汉族手中夺回鄂尔多斯，向西驱逐月氏和胁迫诸羌服从，向北则合并浑庾、屈射、丁零、坚昆、薪犁诸族。再向西，又压迫中亚细亚游牧民族与塔里木盆地三十多个沃洲国家全行归于匈奴支配之下，势力急速自吉尔吉斯草原伸向咸海、里海，并控制了东西文明地带间的交通要道，建立起世界史上空前煊赫的第一个游牧大帝国。当时中国史书对匈奴这种西方支配势力的说明是：自乌孙以西至安息，匈奴使者只须凭单于一纸证明，便可以在任何地区接受招待和自由取得所需马匹，任何国家不敢违抗命令（见《史记》大宛列传）。欧亚大陆北方最早一次的游牧大同盟于是成立，而这个游牧大帝国是在数年间一气呵成的。

这个阶段匈奴领土四至，以今日的地理名词说明，东起兴安岭与呼伦贝尔、西达哈萨克斯坦以及天山地区的全地域、北迄南西伯利亚、南跨长城地带。他们以阴山山脉北面为支配中心，从沙漠以北注入贝加尔湖的鄂尔浑河、土拉河流域为支援根据地，统一了北亚细亚的草原整体。匈奴游牧大帝国如日中天，展开了冒顿—老上—军臣三代单于一个世纪的黄金时代，也因此而在与汉族中国的两个世界斗争中，扭转了最早的不利形势，并站到压倒优势地位。当时，汉族中国正是楚、汉之争以至汉朝初年的这段期间。

汉族对匈奴勃兴的反应，最堪注意当是触发了从所未有、以民族为区别的敌体感觉，《史记》与《汉书》所谓"南与中国（诸夏）为敌国"，便承认了另一个与汉族（诸夏）自己全然不同，且足与汉族立于对等地位的社会—文化体系与国家的存在。汉朝皇帝虽然贵为天子，也不得不在两国来往公文书中，依匈奴习惯称呼匈奴元首为单于。这些公文书固定格式的起头，大体是："皇帝敬问匈奴大单于无恙"，匈奴单于致汉朝皇帝，则"天所立匈奴大单于敬问皇帝无恙"。所谓"单于",乃是"撑犁孤涂单于"简称,而撑犁孤涂单于的意义,则《汉书》已有解释:非只"天子",并且还是"大天子"。汉族中国而有"敌国",敌国元首地位而与中国元首相等,这在秦朝以前,都是没有前例可循之事。

汉朝汉族眼中的匈奴,是怎么一个民族与国家?以下便是《史记》匈奴列传所提供的资料:

> (胡人时代)各分散居溪谷,自有君长,往往而聚者百有余戎,然莫能相一。(匈奴时代)其畜之所多则马、牛、羊,其奇畜则橐驼、驴、骡、駃騠、騨騱。逐水草迁徙,毋城郭常处耕田之业,然亦各有分地。毋文书,以言语为约束。儿能骑羊,引弓射鸟鼠;少长则射狐兔;用为食。士力能弯弓,尽为甲骑。其俗,宽则随畜,因射猎禽兽为生业,急则人习战攻以侵伐,其天性也。其长兵则弓矢,短兵则刀鋋。利则进,不利则退,不羞遁走。苟利所在,不知礼义。自君王以下咸食畜肉,衣其皮革,被旃裘。壮者食肥美,老者食其余。贵壮健,贱老弱。父死,妻其后母,兄弟死,皆取其妻妻之。其俗有名不讳,而无姓字。
>
> 然至冒顿而匈奴最强大,尽服从北夷,而南与中国为敌国。其世传国官号乃可得而记云。(《汉书》匈奴传:单于姓挛鞮氏,其国称之曰撑犁孤涂单于。匈奴谓天曰撑犁,谓子曰孤涂,单于者,广大之貌也,言其象天单于然也)。置左右贤王(左右屠耆王)、左右谷蠡王、左右大将(《后汉书》称左右日逐王)、左右大都尉(《后汉书》称左右温禺鞬王)、左右大当户(《后汉书》称左右斩将王)、左右骨都侯。匈奴谓贤曰屠耆,故常以太子为左屠耆王。自如左右贤王至当户,大者万余骑,小者数千,凡二十四长,立号曰万骑。其大臣皆世官。呼衍氏、兰氏,其后有须卜氏,此三姓其贵种也。诸左方王将居东方,直上谷以往者,东接秽貉朝鲜、右方王将居西方,直上郡以西,接月氏氐羌;而单于之庭直代、云中。各有分地,逐水草移徙。而左右贤王、左右谷蠡王最为大(国),左右骨都侯辅政。诸二十四长亦各自置千长、百长、什长、裨小王、相封、都、尉当

户、且渠之属。岁正月，诸长小会单于庭，祠。五月，大会龙城，祭其先、天、地、鬼神。秋，马肥，大会蹛林，课校人畜计。其法，拔刃尺者死，坐盗者没入其家，有罪小者轧，大者死。狱久者不满十日，一国之囚不过数人。而单于朝出营，拜日之始生，夕拜月。其坐，长左而北向。日上戊已。其送死，有棺椁金银衣裘，而无封树丧服；近幸臣妾从死者多至数十百人。举而常候星月，月盛则攻战，月亏则退兵。其攻战，斩首虏赐一卮酒，而所得卤获因以予之，得人以为奴婢。故其战，人人自为趋（趣）利，善为诱兵以冒敌。

于纪元前一世纪初完成的《史记》与一世纪时的著作《汉书》，所介绍都是盛世匈奴，这些依于实际了解而留下的记录，以及另所报导纪元前二世纪前半，匈奴第二次痛击月氏，月氏溃退迁移伊犁河谷之役，老上单于以月氏王头盖骨为酒具等有名故事，都与考古界学术发掘结论相同，内容也可相互印证。这些中国史料都是研究匈奴必读的最珍贵文字资料，而对匈奴人生活、社会、政治组织的了解，主要必须依于中国史料，今日也已被世界历史界共同承认。尤其是汉朝人记录匈奴，立场大体都能客观，为值得欣慰，纪元前一世纪的著作《盐铁论》论功篇中一段，便是这方面言论的代表："匈奴……法约而易辨，求寡而易供。是以刑省而不犯，指麾而令从，嫚于礼而笃于信，略于文而敏于事。故虽无礼义之书，刻骨卷（券）木，百官有以相记，而君臣上下有以相使。"

婚姻·军事·经济·精神生活

在汉朝人对匈奴深刻认识中，甚为看不惯而予指摘的，是其社会习惯，诸如"父子同穹窿而卧"、妻后母之类。依汉族观点，这些都野蛮、不道德，以及不合乎文明社会伦理规则。其实,汉族伦常系以自身为准,文明社会生活标准又以生活余裕为前提,不能与匈奴游牧生活战斗化、简单化、机动化的有其必然性相提并论。所谓"穹窿"的住居用大车便依此需要而制作,这些车用六匹马拖拉,以木为墙,以羊毡为底,顶上覆盖天幕,等于定居社会的不动产房屋,只是可以随时拆卸和装搭,适合于移动方便。一旦战争发生,这些供人住居的"房屋",立即可以大量改装为作战用车辆。平时则一家人起居作息都在其内,"父子同卧"因此也成为不可避免之事。父、兄死,子、弟接收除了生母以外的父兄配偶(嫂婚制),又是游牧文化圈共同而普遍的婚姻特征。在内陆干燥地带中,非如此不能保持人力资源,这是一种天经地义而又顺理成章之事。所以,匈奴婚姻状况与社会规律,实际反而较文明汉人要合乎自然法则,有其值得尊重之处。

构成游牧民族婚姻制度全貌的另外方面,汉人却并未反对的,是姊妹婚制(姊妹同嫁一夫)、一夫多妻制与外婚制。内陆世界姊妹婚制与一夫多妻制,乃是嫂婚制延长,人口繁殖特殊需要的理由,才能解释为什么他们流行这些制度。惟其一夫多妻,所以也无所谓"妻""妾"之别,以视汉族名义上一夫一妻,男子却以贪图个人逸乐而纳妾,纳妾又代表财富或社会地位的意义,判然有异。外婚制限定婚娶对象出于本氏族范围以外,则与汉族的"同姓不婚"婚姻法并无不同,只在游牧民族方面,防止近亲结婚子嗣智力低劣流弊的作用,已被更重要的政治上目的掩盖,即:利用姻戚关系,达成强化氏族间相互援助的效果。汉朝史书中所指匈奴"贵种",便都是与单于所属挛鞮氏连接惯行婚姻关系的特权氏族,单于与其子女,以与这些姻族间交换出嫁与迎娶为通常。有名的汉朝和亲公主王昭君,在嫂婚制习俗下续配复株累单于所生二女,长女嫁须卜氏,次女嫁当于氏,这两个氏族,即特定单于姻族,以及传统上后妃出身的贵族氏族。非只外婚制,凡一夫多妻制、嫂婚制、姊妹婚制等一切游牧婚姻法则,实际或多或少都对姻族协力的加深与加广,发生作用。匈奴式游牧民族婚姻制度,因此与他们氏族制社会形态正保持了密不可分的关系,血缘共同体为基盘的氏部族联合体,依于婚姻纽带而维系休戚与共的命运。

匈奴人生活质朴,维系社会秩序的法律与审判制度,因此也显得甚为简单,并无条文约束,全依习惯法而作口头判决。刑罚也不过毁伤刑的"轧"、本人与其家属没为奴隶、死刑等三种。他们的游牧移动性,使得不可能如定居社会般采用徒刑处罚,甚至系狱待判决的时间,最长亦不超过十天。特堪注意,系他们对私自械斗的惩罚特重,原因不外珍惜劳动力与战斗力,在一个战斗性团体中,破坏团结是最不可恕的罪行。

匈奴社会中,平时生产阵营中每一壮丁,战时都是战斗单位中的强劲骑兵。他们的军制采十进法,每十骑一什长,十什长一百长,十百长一千长,千长以上又是兵团最高组合的"万骑"二十四长。左右部诸王将的各个部族长,便分别指挥这些数千至一万以上数量不等而通称"万骑"的大兵团骑兵。十进法原为最原始,却也最简捷的编组方法,最能适合匈奴社会,与他们旺盛的斗志、精练的骑术相配当,发挥的攻击力量便锐不可当。这便是匈奴人口数字尽管较汉族少得多,却能在纪元前三世纪末秦汉之交以后一个世纪间严重威胁汉族的缘故。当时汉朝一位有名的政论家贾谊向文帝上书中有段话:"匈奴之众,不过汉一大县,以天下之大困于一县之众,甚为执事者羞之"(《汉书》贾谊传),正说明了两个世界斗争高潮中汉族的窘状,以及匈奴为何以少制众的军事优势现象。

匈奴大规模掠夺战,大体都在秋、冬之际展开,趁月色正盛突然来临。他们作战,非常注重谍报,往往选择敌方兵力单薄,或防卫上有某些弱点之处,长驱直入,暴雷般迅速进攻,也可以疾风似的迅速撤退。突袭、迂回战术、侧面或背后钳形包抄,以及战场上机动散合的指挥调度,最是熟练,他们的狡智与诡计,可谓已达极度应用的境地。诱敌中伏,又是匈奴擅长的战术,当略夺得手被汉兵追击,或汉朝大军主动远征时,他们往往退入草原地带沙漠深处,利用地形,包围敌人。

关于匈奴军事战斗力,汉朝与贾谊同时代而稍后的另一位政论家晁错,曾以之与汉族自身作一比较性的检讨:"今匈奴地形、技艺与中国异。上下山阪,出入溪涧,中国之马弗与也;险道倾仄,且驰且射,中国之骑弗与也;风雨罢劳,饥渴不困,中国之人弗与也:此匈奴之长技也。若夫平原易地,轻车突骑,则匈奴之众易挠乱也;劲弩长戟,射疏及远,则匈奴之弓弗能格也;坚甲利刃,长短相杂,游弩往来,什伍俱前,则匈奴之兵弗能当也;材官驺发,矢道同的,则匈奴之革笥木荐弗能支也;下马地斗,剑戟相接,去就相薄,则匈奴之足弗能给也:此中国之长技也。以此观之,匈奴之长技三,中国之长技五。"(《汉书》晁错传)三与五长技比较,与贾谊同为汉族主战派激励士气的言论。却也明显承认,汉族擅长的不过步战,所凭也只高度文明产物的"坚甲利刃"。关于机动性、马上骑术与行军力的持续,还是不如匈奴。能与匈奴决胜的最主要资本,结果在晁错这份上文帝书中,便成为"与数十万之众,以诛数万之匈奴,众寡之计,以十击一之术也"。战争胜负,并非人数上的加减乘除可以计算,晁错这一主张提出,实际只说明了汉朝初期,在匈奴对策上已一筹莫展。

匈奴强大战斗力造成原因,与他们阶级性的社会结构有密切关联。游牧匈奴在阶级制度之下,奴隶被大量利用于生产,包括放牧、农耕、手工业以及家内劳役等。经济上的劳动力既转由奴隶分担,匈奴自由民因此得偏向于专门性战斗的一面。

广大奴隶群在匈奴社会中,被否定其人格而成为财产的一种。供应来源,第一,自由民犯罪,连同家属被降为奴隶,所谓"没入其家"。第二,战争中卤获的俘虏,匈奴人对定居社会城邑乡镇的破坏与掠夺,目的非只物资,还包括了人民,这些人被掠往草原,作用便在充当奴隶供劳役。第三,循商业途径,如同货物般买卖而得。第四,压迫处于其势力范围内的周围异民族以上贡方式奉献奴隶,或竟直接征取。关于后数种方式,可参考《后汉书》南匈奴列传的一段记载:永初四年(纪元110年),已服从汉朝的南匈奴叛变再被敉平,汉朝命令南匈奴履行的义务之一,便是以所钞略汉民男女,以及羌人所略夺汉民而转卖予匈奴的,合万余人,全数归还汉朝。则可以了解,一直到后汉时代,匈奴国家秩序败坏之际,还存在直接掠夺与向周围民族勒索或进行奴隶买卖的事实。

匈奴奴隶阶级除了如上四类产生由来以外,另一类型,又是透过征服手段而对殖民地人民的压榨。新疆三十六个沃洲小国受匈奴右部(西部)日逐王隶下僮仆都尉支配,这些国家被允许内政自治,却无帝国联盟成员的资格,只是匈奴本族一部族的殖民地,而在畜牧或农业收成之后,迫其以所生产的毛、皮、布、谷物，或其他贡纳，最重要又是当地的矿产，以及铁器等手工业成品。从僮仆都尉的设置以及"僮仆"字义，可明了新疆人民虽非直接沦为匈奴奴隶，也已是半奴隶的性质。

匈奴支持阶级社会的经济基础，以及对奴隶劳动力的分配，游牧生产固为主要，却非唯一生产项目，农业同样普遍。汉朝史书中，便往往有匈奴闹饥荒与"谷稼不熟"的记录。谷物而且明显还是匈奴的重要战略物质，寘颜山（今杭爱山）赵信城所囤积粟类数量之巨，从汉武帝元狩四年（纪元前119年）汉朝部队最大规模一次漠北远征，十万人以上"得（赵信城）匈奴积粟食军。军留一日而还，悉烧其城余粟以归"（《史记》卫青霍去病列传）的事实可知。匈奴领土中盛行农业，北蒙古与南西伯利亚居民经营部分的定居生活，以及黍为匈奴人主要作物，这些在中国史料都有相关记载，考古学资料也可证明。劳动的担当者，则奴隶之外，自动移民至匈奴领土上的汉族农耕人民又是一大主流。

游牧民族本质上必然带有浓厚商业色彩，因此匈奴人的国际贸易非常发达，当时东西方的贸易权便控制在他们手中。从蒙古草原越阿尔泰山，西经哈萨克斯坦，沿咸海、里海以北入南俄罗斯—乌克兰草原，历史上著名横贯欧亚大陆北方的交通干线"草原大道"，便因匈奴人活跃而其开辟[①]。但匈奴或其他游牧民族，他们固以沟通东西方市场商品的有无而获巨利，却非以货币作交易媒介，只以原始商业经济的物物交换方式进行，并且呈现转手交易的中继贸易性质。转手的货物，限于便利输往远方，以及能获得最大利润的珍品，又容易想象，所以，都是各国特产品。从汉族中国输入的例子，便是大宗丝绸、丝织物、酒类和精美的装饰品。

冶金与手工业发达又是匈奴产业堪注目处，蒙古高原所发现令人惊叹臻于高度发达境地的匈奴时代各种武器类遗物，最能说明匈奴人金属品制造技术，青铜制小札编辍而成铠甲（但仅贵族用以护身，一般战士所着仍是革制短甲），以及特为爱用，名之为"刀鋋"或"径路剑"的短剑（与西徐亚与古代

[①] 文艺春秋版《大世界史》9. 护雅夫《绢之道》，第33页。

波斯以 akinakes 为名的剑同形，所以学者间解释"径路"一词由来，曾提出便是匈奴语 kinak 音转的意见①）等都是。而且，考古界一般的意见，匈奴人铁器制造的知识，流布范围还比青铜器广泛得多，铁屑的发现于聚居地便是证明。但从中国史书中新疆诸沃洲国家很多"山有铁""自作兵"等记载，可知匈奴金属矿产原料的取得与铸造业中心的建立，乃选择在新疆殖民地，这便是匈奴为什么必须牢固控制新疆，使之直接附属于本族的原因。事实上，新疆沃洲对于匈奴，意义还非只成为匈奴冶金工业区，以及武器供应的兵工厂而已，几乎已是他们最主要的物资综合补给站，僮仆都尉驻准噶尔盆地直通嗒里木盆地的天山南麓焉耆、危须、尉犁三个小国之间，征发三十六国亘于农、牧、工、矿各方面的产品，以及草原大道之外的沃洲大道上商业利润，构成匈奴经济面不可缺的一环节。惟其如此而当以后新疆统治权自匈奴转移到汉朝，匈奴立即会陷入经济困境，步上衰运。

　　匈奴人精神生活，主要显现于他们原始宗教的萨满信仰。从宗教演进史而言，世界一切宗教的开端，全人类最早而共同的信仰，乃是万有崇拜与泛灵信仰（Animism），萨满教便与之最有密接关系，在于蒙古高原，这种信仰须待后世喇嘛教传入以后才被替代。萨满教集幻术与咒诅于一炉，崇拜自然神灵，没有教主，除咒诅外也没有成文法典，宗教的成立象征与权威，惟依司祭者"巫"而表现，巫被称为"萨满"（Shaman），所以这种原始性宗教也被名之为"萨满教"。萨满教非如后世宗教的修造寺庙或教堂，仅只竖立石质"鄂博"（Obo）为祈祷用象征性的"神"，西伯利亚、明奴辛斯克盆地所发现卡拉斯克文化期石人以及叶尼塞河上流域，阿尔泰地方，西北蒙古的突厥时代石人都是。绥远（后期文化）出土青铜制柱状的奇怪人物，则系特殊材质的同性质习俗，匈奴沿袭此一传统②，汉武帝河西之役，战利品中的休屠王祭天金人（《史记》卫青霍去病列传）即此。萨满或古代中国文献中所称的"胡巫"，在日常生活方面与一般常人无异，降神时才表现其神秘性的一面。此人披着特制

---

① 江上波夫《骑马民族国家》第 76 页。
② 护雅夫《游牧国家的君主们》，平凡社版《世界考古学大系》9. 北欧亚大陆·中亚，第 150 页。

的法衣，戴兜鍪（遮面铜帽），当他呼号跳跃而陷入昏迷疯狂境界时，便被指为神已降临的征兆，此时萨满所说，都代表了神的训示。占卜休咎，拔除邪祟，医疗疾病，祈愿人、畜增殖与幸福，以及预言战争吉凶，都须依萨满作法祈祷而行。萨满以一身而兼司祭者、医者、预言者三种身份，其社会地位的重要与崇高，可以想象。

古代匈奴，从文献中记录他们祭祀的神统为祖先①、天神地祇、日月星辰，以及单于朝拜日，夕拜月的习惯。一年三回全族性定期大集会必行祭祀，祭与政治密切结合，又反映了萨满教对匈奴社会的意识支配。同时，匈奴君主称为单于，其由来，固然可能受了汉族"天子"称谓的影响，但更可能的，应该还是出于他们固有的萨满信仰，视单于为与诸神相并的"天"的代表者意义。

匈奴以如此一个强大民族、国家而没有文字，仅如史记所谓言语约束或《盐铁论》所谓刻骨卷木，处于以言语、符号代表文字功用的阶段，这是古代游牧民族共通现象。十三世纪蒙古人建立"元朝"国号以前，元世祖至元六年（纪元1340年）颁行"蒙古新字"诏说明："我国家肇基朔方，俗尚简古，未遑制作，凡施用文字，因用汉字及畏兀儿字以达本朝之言。"匈奴时代，大体也是如此。与外国交涉场合，依今日东、西方学者研究，用的便是汉字。《史记》有关汉人投降者中行说的一段记载："教单于左右疏记，以计课其人众畜物"（《史记》匈奴列传），可理会到匈奴支配阶级与单于宫廷中，有一部分人因投向匈奴的汉人传授而能使用汉字，或者，直接由汉人担当专门性文书工作。

游牧封建与单于继承法

建立在游牧经济社会基础上的匈奴国家与其统治方式，乃是一种特殊形态

---

① 匈奴人以祖先为主神，也被指系受中国文化影响的结果，见江上波夫《北亚洲史》，第35页。

的"游牧封建"。单于是全国最大权力的象征,至高无上,立于统制网中心与封建金字塔的顶端。单于以下,便是依于单于分封而领有分地的诸王、将,分别在本领域内有其完全的统制权,社会结构中,这些王、将也便是各个部族的部族长。部族长以下为氏族长,依于诸王、将的自由意志而受命赋有裨小王等名号,乃是再低一层的小领主,亦即氏族社会基层单位。所以,匈奴游牧封建金字塔,简言之,便是以固有的氏族社会部落组织,牢固附着于封建的从属关系上而形成。

接受单于分封的匈奴本族诸王,还须区别为不同的两类。第一类是单于出身氏族诸王,即:属于"王"级的左右贤王、左右谷蠡王等"四大国",以及属于"将"级的左右日逐王(左右大将)、左右温禺鞮王(左右大都尉)、左右斩将王(左右大当户)等"六角",这十个"王"定额不变,而且必须挛鞮氏血族的单于子弟始具备担当资格。第二类分封对象,则广泛及于其余匈奴氏部族领袖,名目繁杂而不定额,但依汉译,一律称为"王",非如挛鞮氏族尚有王、将的等级区别,此等第二类诸王著名于中国历史上的,如分地夺自月氏,后来又转为汉朝领土的河西走廊昆邪王、休屠王,以及纪元前一世纪后半,策动左部王将联合拥立呼韩邪单于而导引匈奴大分裂的姑夕王,大分裂下又为呼韩邪单于策划投降汉朝的呼韩邪岳父呼衍王、左伊秩訾王兄弟等,都是。两大类诸王,性质等于汉族中国封爵所谓同姓与异姓,一般政治地位,第一类同姓诸王将都较第二类异姓诸王为高。尤其四大国在匈奴统制体系中为最具权威的特殊化集团,其原因,由于单于继位人选,原则上自四大国选择的机会较"六角"为优先。

无论同姓或异姓诸王,依分地分居左右部,所以匈奴国家的行政区划,便是以本族领地分为东(左)、西(右)、中三大部分。中央心脏地带指自绥远、察哈尔以北,由单于直接领导。单于帐幕驻扎地则绥远东部阴山北麓,称"单于庭",单于庭正确位置,大体与战国赵国以来云中郡治或今日归绥县隔阴山南、北相对。左贤王以下左部诸王将分地在单于直辖地以东,热河、辽北以北;右贤王以下右部诸王将分地在单于直辖地以西,绥远西部以北以及新疆准噶尔盆地。

左、右部同姓、异姓诸王，在国家的军事指挥系统上称为"万骑"长，二十四长即二十四个兵团。每一兵团固非划一配置一万骑兵，但数千至一万余的平均数仍为万骑，于此，匈奴盛时，他们本族的总兵力，可以推算出为二十四万人左右，中央单于亲卫军在外。妇女加一倍，老弱、孩童再加一倍，匈奴人口，也可得估定，大体约八十万至九十万人，与汉朝当时所称不过汉一大县或一郡的人口数字，以及"以故冒顿得自强，控弦之士三十余万"（《史记》匈奴列传）的记录，堪称相当。

左、右部被分封的领主们，与中央政府的官方联系，通常依于一年三回的定期集会，地点都在单于直辖领土之内的特定不变场所，由国家元首单于亲自主持。这三次例行常会——

每年第一次在正月，诸王及其隶下全体氏族首长，大会单于庭，向单于朝觐及举行效忠仪式，然后祭祀，政治意味特为浓厚。

第二次在五月，大会龙城，祭祀匈奴民族的共同祖先、天、地、日、月、神、鬼，偏重于宗教性祭典，也等于汉族天子祭宗庙的意义。"龙城"当今何地？历史界颇多猜测。而今日了解，便在单于本据，匈奴政治中心的单于庭所在地，因而以"龙"为称，"龙城"也非实有其"城"，乃单于帐幕附近，依傍自然林木，以树枝或柴木搭筑，专为此项最隆重祭典设立的圣所与祭坛①。堪注意系特别建筑"龙城"为祭场的"龙"的思想与传统，与汉族意识非只相同，而且，龙还是惟汉式社会才有，独特的虚无飘渺神化了的动物。匈奴人怎也具有这种思想？乃是个颇有趣味且值得研究的问题。可能的说明，便是前述匈奴人与汉族最早为同一祖先，后来虽因游牧、农耕不同发展分隔成两支民族，却仍残留了原先共通文化的痕迹。

第三次集会在秋九月，大会蹛林。蹛林意谓神灵所降临的树林，地点仍系单于庭所在，秋季又是人壮马肥的收获季节。所以，这次祭典含有明显的经济意味或丰年祭性质，与春（政治）、夏（宗教）的严肃性集会不同。蹛林之会以白马为牺牲，与神同乐，展开赛马、角力等竞技，欢乐融融。同时，检讨全

---

① 江上波夫《北亚洲史》第33页。

国性经济现状与富力，调查全国人口与牲畜的孳息数字，祈祷明年畜产愈益繁殖与人民生活愈益幸福。

一年三次常会的特定目的虽不同，但都以构成匈奴国家的全氏族长参加为义务。如有某王或某些王将故意规避，或竟拒绝出席，事态便严重了。这被视为对单于含有重大敌意，也意味了团结的被破坏，以及国家已陷于分裂。

常会闭会期间，如遇重大国事须讨论，如单于缺位待递补，或计划发动某一全面性军事行动等，则随时召集临时氏族长会议。

匈奴国家元首单于的继承，唯一仅挛鞮氏冒顿直系子孙为条件，非如汉族皇帝再须限定嫡长子，所以，没有绝对的继位次序，继位者也不可能出现如汉族中国"冲龄登基"的现象。单于继承程序，例须召开氏族长大会，经过提名、表决、通过的手续，才被一致承认为合法。而氏族长大会的决定次代单于，考虑因素大体如下：第一，继承人声望、领导能力，和对同姓、异姓诸王将的影响力；第二，前代单于个人遗志；第三，继承人生母的氏族出身，必须为呼衍氏等几个挛鞮氏的特定姻族，非此不在考虑之例。惟其如此，可知权力原则，才是单于大位继承的基本选择标准。以匈奴强盛巅峰期后诸单于为例：第五代伊稚邪单于为第四代军臣单于之弟，原左谷蠡王；以后两代传子；第八代呴黎湖单于又是第七代单于之叔（亦即与第六代单于同为伊稚邪单于之子），原右贤王；第九代且鞮侯单于又是第八代单于之弟，原左大都尉；第十代狐鹿姑单于与第十一代壶衍鞮单于分别为前代单于之子，一为原左贤王，一为原左谷蠡王；第十二代壶间权渠单于为十一代单于之弟，原左贤王；第十三代握衍呴鞮单于则第七代詹师卢单于后裔，原右贤王。以上几代单于，除少数例外以外，都以四大国之一升任，而四大国的继承顺序，却无严格限制。

氏族长会议对单于继位的决定有其权威性，前代单于生前的个人意见，仅只供参考。显著例证，可视纪元前一世纪初匈奴第十代狐鹿姑单于的产生，狐鹿姑以且鞮侯单于长子与左贤王资格，得父遗命推荐为次代单于，但选举结果，却由其弟左大将（左日逐王）继承，僵持之下，幸左大将退让，狐鹿姑也以左大将递补自己原任左贤王之位，并保证继承次代单于为交换条件，其弟任左贤王后不久又即去世，才平息了族内反对气氛。但狐鹿姑去世前后，却再临到一次打击，当他病危时，贵族阶层态度已明显表示拥护其异母弟左大都尉，狐鹿姑母后暗杀左大都尉，狐鹿姑遗命推荐同母弟右谷蠡王，氏族长召开大会表决，遗命推翻，选出的则是狐鹿姑本人的儿子左谷蠡王，即壶衍鞮单于。

与前代单于遗命不必一定遵守的现象相对，后妃的态度与发言立场，对次代单于产生反具有关键影响。在游牧社会一夫多妻制度下，后妃无所谓正嫡，凡匈奴单于之妻一律称"阏氏"。但是，阏氏出身氏族却大有区别，凡能得继位单于的，必限于姻族阏氏之子，而其他氏族出身阏氏之子则否。同时，前一类阏氏，对军事关系与任何国家大事，都有其发言权与发言力量。狐鹿姑母阏氏杀左大都尉已是个例子，狐鹿姑死后，氏族长大会选出第十一代壶衍鞮单于，也是壶衍鞮之母颛渠阏氏竭力主张的结果。以后颛渠阏氏与第七代单于子孙，当时的右贤王私通，右贤王又因此得被继立为第十三代握衍朐鞮单于。

于此，对匈奴社会、政治关系，可获得一综合了解，虽然由于匈奴已建立国家组织这一事实，而胡人时代氏族—部落政治，所谓部落"莫能相一"的氏族社会典型特质丧失，父家长式的酋长不但发展为具有强制权力的君主，其产生也自各氏族互选的方式固定为一氏族世袭，权威性而代代由挛鞮氏继位的"单于"出现，表现为氏族社会演进到末期状态的代表性现象。但反过来说，其社会结构基础仍在血缘的结合，由血缘集团氏族结合为部族，部族再依封建方式维系部族联合国家体制的构成。同种族一致服从的单于，手续上仍须经过氏族长大会同意才能产生，女子社会、政治地位也仍能与男子相等。惟其如此，匈奴社会的氏族制本质，还是明显的，这是匈奴国家、政治形态第一个特征。

第二个特征由中央—地方事务及担当人的分配而反映。中央最煊赫的贵族为呼衍氏、兰氏、须卜氏诸氏族，这些氏族，都是单于后妃（阏氏）出身的异姓"贵种"，单于本人出身的挛鞮氏反而不参加中央为值得注意。特具重要性的职位左、右骨都侯，例由这些单于姻族担任。这个职位，专司外交、司法，以及依左、右区分，分别监督封在左、右部的单于同姓或异姓诸王将，为单于近侧最亲贵人物，权责等于汉朝丞相，影响力甚且及于单于嗣位，第十九代乌累若鞮单于之立，便出于王昭君女婿右骨都侯须卜当的意见。

于此可了解匈奴国家统制力基盘，并非仅建立在挛鞮氏一个氏族，而是挛鞮氏、异姓姻族两个集团共同形成。这两个系统的根干——特权氏族，依于相互间结合的血缘关系，一方有其各自独立而地方性的军事与财政权，一方有其中央性而统一的对外交涉与对内一般行政处分权，共同对单于负起辅助责任，以及发挥国家支配强力的合作与协力效能。而单于则一方面以挛鞮氏诸首长分别配置于左、右部，一方面又以姻族代表自身监督左、右部，牵制双方，维持个人集中权力的成果与权威。

匈奴国家体制的第三个特征：其氏部族联合体的构成成员，非只匈奴本族，也包容与编入了周围诸异民族在内。因此，正确地说，匈奴游牧大帝国是以单于氏族挛鞮氏与后妃出身氏族的呼衍等诸"贵种"为根干，一方面团结同种族诸氏部族，一方面又联合更多非匈奴种的氏部族，建立对具有共同游牧本质诸种族的政治上强力支配关系，而发展成为如今日所谓联邦、联盟式大同盟帝国。这种方式，实际也便是古代游牧国家体制的一定规范。

加盟诸异种族，多数系冒顿—老上时代被挛鞮氏所征服，或认与匈奴联合有利而自动参加，他们的社会形态与匈奴本族无大差别，也同样拥戴单于为最高领袖与国家元首。单于"天子"身份，因此成为双重，一是本族，一是容纳了异种族在内的联盟全体。

异种族诸氏部族加盟匈奴帝国后，主权者单于便以原先不相统属的部落归纳编组而分封，赋予各个"王"的称号与权能，以服从匈奴领导并提供军事、经济上协力为义务。这些"王"，可能便以该种族的部落酋长加封，也可能因单于信任宠幸，而授予一个与该种族风牛马不相及的人。关于后者，很多投奔匈奴的汉朝大将便是。他们在草原上获得土地、财富与封王优待之例，如卢绾"东胡王"、赵信"自次王"、李陵"右校王"、卫律"丁灵（零）王"等即是。这类异族诸王，数字增减并无一定。

唯其单于统治下匈奴帝国的构成，有同姓—异族，本族—异族双重区分，因此他们的统制网也呈现为层层向内收缩，最外围为全体联盟成员，次一层则匈奴本族，最内圈的核心又是挛鞮氏族与其姻族。

这种方式的国家构成，显然有其弱点，当遇有内在或外来对匈奴国家不利的因素时，非匈奴种族很容易便会退盟或叛离。核心支配阶层如起内讧，尤其连匈奴本族的团结都会解体。纪元前一世纪中是第一次，从五单于并立到东西匈奴分裂。东匈奴呼韩邪单于投降汉朝以后，虽然仍能领导族人统一与复兴匈奴帝国，但再隔一个世纪，大帝国南北分裂与第二次崩溃，便无可挽救他们的噩运了。

两次因核心分裂而导引匈奴国家瓦解，选择的外援都是汉朝，这与他们的加速汉化，大有关连。代表性例子，乃是单于继承程序的修正。

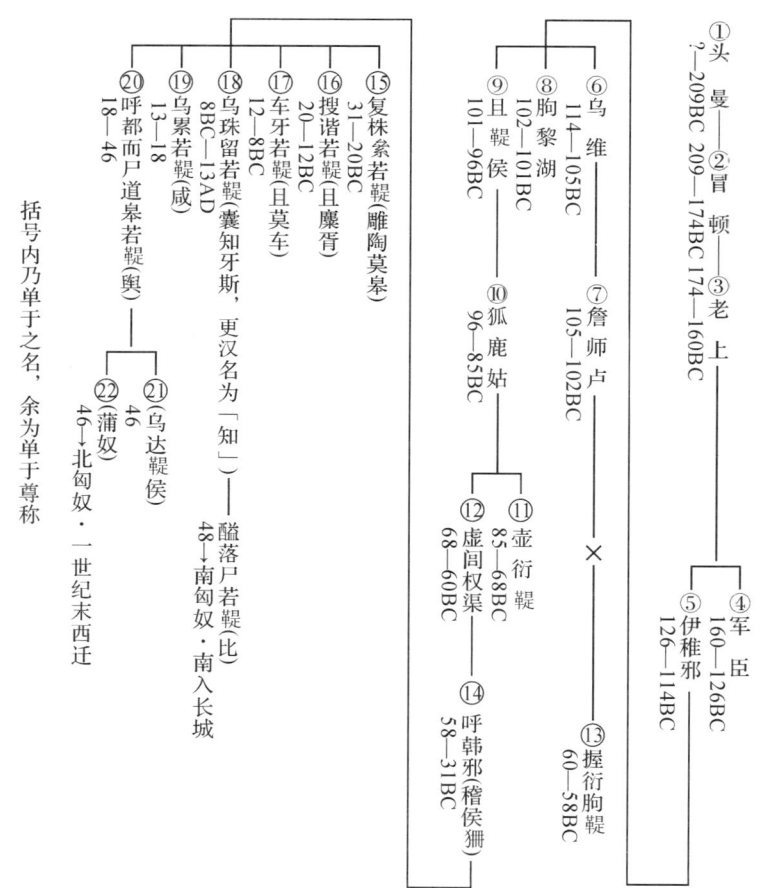

括号内乃单于之名，余为单于尊称

单于继承法新的转变，起自最早结束汉朝与匈奴斗争的第十四代呼韩邪单于，他六个相续登上单于大位的儿子，除了其中之一例外，都以左贤王为继位台阶。左贤王的职位，甚至一度改称"护于"，所谓"其尊其贵，次当为单于"，已显然蒙受汉族皇位继承法影响，而以左贤王视同汉朝太子，储位思想逐渐发达，虽然氏族长大会仍保留了推举的形式。也惟其如此，"四大国"间开始产生等级差距，趋向发展到后汉，匈奴第二次大分裂后的南匈奴时代，便再固定为"贵者左贤王，次左谷蠡王，次右贤王，次右谷蠡王"，如《后汉书》中南匈奴传所记载了。其时，每一次新单于登位，也每一次必随同调整诸王人选，和预定下一次继承新的次序，较最初与标准的单于继承习惯，相距愈远。

所以，对匈奴历代单于世系的研究，一般也限于匈奴南北分裂的两个半世纪间。一世纪后半以后，南匈奴仅只汉朝庇护之下没有国土的寄食附庸，算不得独立国家。

匈奴联盟中的汉人集团

当匈奴与汉朝对立时期，有一项非常普遍的现象，便是匈奴人与汉人间交互投奔。汉朝当时史料，偏重于匈奴人归附的记录，汉族自身越出国境奔上草原，除了某些著名将领以外，往往含糊其词，似乎不愿意讨论这个事实。但尽管汉朝讳言其事，仍有若干线索显露。举一个例——

《汉书》李陵传说明：匈奴人最敬畏而誉之"飞将军"的名将李广之孙李陵，富有祖父遗风。一次战役中，他以五千骑越过沙漠而北，虽被单于亲率八万骑兵围击，仍能毙敌一万多人且突围，以后再苦斗八日，终因等候汉朝援兵不至，投降匈奴。这种情况在汉朝法律上本不构成罪大恶极，但相隔一段时期后，李陵留在汉朝的家属却突然被汉朝政府处死，因此李陵才决定反抗汉朝，并牵引出他"留胡节不辱"的好友苏武，在被匈奴扣留十九年释回时，与李陵相互赋诗惜别的可歌可泣故事。汉朝政府为什么杀李陵家属？《汉书》李陵传仅指出是情报错误，误认投降匈奴而"教单于为兵，以备汉军"的都尉李绪为李陵，以及冤狱发生时"陵曰：乃李绪，非我也"愤然抗议的简单记载。但也幸有这些简单记载，否则后世人无从知悉有李绪其人向匈奴靠拢这回事。汉朝都尉职权与地位都非低小，尚且隐讳，其余逃亡匈奴的可知。

与上述相类似，文献记载中不详其来历而出现在匈奴的汉将，如"长水虞常"等，又往往散见于若干列传中，此其一。其二，每一次汉朝将领投向匈奴，都会带领一批汉人前往，例如"（卢）绾遂将其众亡入匈奴""卫律所将降者"等，史书中并未抹杀。其三，汉朝无论当匈奴尚在敌国时代，或呼韩邪以后转变为属国时代，都曾一再重申"匈奴无入塞，汉无出塞"，和"有降者不得受"的约束。王莽执政，且有详细的"四条"颁布，命令匈奴："中国人亡入匈奴者，乌孙亡降匈奴者，西域诸国佩中国印绶降匈奴者，乌桓降匈奴者，皆不得受"（《汉书》匈奴传下），汉人继续不断逃亡匈奴的趋势，可以想象。

在汉人投降匈奴成为普遍现象中，例外的代表性人物是苏武。汉—匈交涉，双方外交使节原都带有间谍作用。苏武出使至匈奴被扣留，以及被放逐到了丁灵王卫律封地域内，当时称为"北海"的贝加尔湖畔，便因他在单于庭牵涉一项策反案件。他于李陵投降前一年的武帝天汉元年（前100年）抵达匈奴，昭帝始元六年（前81年）被释回，留胡十九载而全节归汉，其坚强不屈意志，自此名垂千古。

事实上，游牧民族传统向无种族歧视心理，他们只有"敌"与"友"的区别，同一异民族，敌对时屠杀，站在同一阵线则为兄弟，匈奴对待汉人便也如此。所以俘虏与投诚，待遇判然有别。对于汉族有力、有地位人士投降，尤非只欢迎而已，单于如何尊重他们，从无不任为大臣或封王可以得知。这些背叛汉朝的有名人物，最早出现于记录的是纪元前三至前二世纪之交，汉朝初建国时代的韩王信，此人虽然不久便在一次对汉朝的攻击中阵亡，未在匈奴发生影响力，但由其开端而陆续抵达草原的，却都与单于长期保持了密切与圆满的合作。一方面，单于重用他们担当军事与政治顾问，相对方面，他们也为改造匈奴军队，以及协助完成匈奴统治制度的组织化，而提供经验，这是不能以价值衡量的贡献。唯一在匈奴未得好收场的投降大将是汉武帝姻亲，因征服中亚细亚大宛国而赫赫有名的李广利，但他的被杀，却是汉人投降集团自相倾轧（与卫律）的结果，在他未死以前，同样得到单于优厚的礼遇与亲信。

汉人在匈奴，以后甚至可以造成左右匈奴政局的现象。狐鹿姑单于之死，氏族长大会选出第十一代单于壶衍鞮，便由于因奉派出使匈奴而与匈奴勾结，终至投奔了匈奴的汉人卫律，策动狐鹿姑颛渠阏氏争取的结果。五单于并立的大分裂局面中，其一乌籍单于，又是李陵之子所拥立。呼韩邪单于结束匈奴与汉朝对立形势以前，匈奴对中国"和"或"战"的外交政策制订，都受到这班叛国汉人的决定性影响，也唯有他们才最了解汉族与汉朝政府内情。因此他们在匈奴，已成为如何选择最适当时机与最适当方式，为匈奴从汉朝博得最大经济利益与满足财富欲望的决策人，这又是匈奴单于为什么重视与重用投降汉人的另一个原因。

同样的理由与同样的情形，投降匈奴人之于汉朝，待遇也相同。归附了汉朝的匈奴贵族所携来优秀骑兵，便自武帝时代开始，经编组为所谓"属国胡骑"。胡骑被纳入国家常备军"八校尉"，八校尉中长水校尉与胡骑校尉所率领，主体即匈奴骑兵。匈奴人的任用于政府中担任公职，还附有一则历史上有名故事，纪元前八七年武帝逝世时，受遗命被托付在嗣位幼主昭帝成年前共同代行皇帝权力的三人，为首的武帝后辈亲戚霍光之外，其一便是归化匈奴人金日磾（降汉休屠王之子）。尚在敌国时代，而以敌国降人寄付政治上最高权力，似乎不可想象，但在汉朝，便有这种一视同仁的胸襟，正如同匈奴。

但是，汉—匈相互重用归化人，对彼此社会内部的影响却大不相同。汉族社会不因匈奴人加入而发生变质，相对方面，匈奴人私人财富积蓄观念的养成，以及代表农业定居社会特征的"城"与殿堂等汉式精神与物质文明、汉式生活习惯，可以想象，都系随了包括高级将领、专家与知识分子在内的汉人一批批登上草原而移植到匈奴。匈奴"城"的见于中国史料，便有颓当城、赵信城、范夫人城等，虽然实际可能都只汉族社会"堡"的性质。

汉族文化浸透匈奴社会，主要责任还在匈奴上层支配阶级，他们乐意汉式物质生活与享受，才通过加入匈奴社会的汉人群导引匈奴文化变质，这些汉人自身则无意损害游牧文化传统。于是，一项颇有趣味的现象乃在草原发生：匈奴贵族向往汉化，加入游牧社会的汉人反而以游牧文化维护者姿态，竭力阻止趋势的发展。这种现象，早在汉朝第三代皇帝文帝与匈奴第三代单于老上时代，已经存在，当时随和亲公主入匈奴的不满分子宦者中行说，便是忠于匈奴传统最著名的例子。在《史记》匈奴列传记载中，可注意他如何在单于庭词锋咄咄，驳斥出使匈奴的汉朝使节所谓匈奴陋习的精辟辩论。另一段他对老上单于相当沉痛的劝告，匈奴列传记录说："初，匈奴好汉缯絮食物，中行说曰：匈奴人众不能当汉之一郡，然所以强者，以衣食异，无仰于汉也。今单于变俗好汉物，汉物不过什二，则匈奴尽归于汉矣。其得汉缯絮，以驰草棘中，衣袴皆裂敝，以示不如旃裘之完善也。得汉食物皆去之，以示不如湩酪之便美也。"然而，劝告并未得到效果，由单于以及匈奴贵族们带头，"好汉缯絮食物"的不祥之兆开端以后，愈到后来愈难摆脱汉族物质诱惑，匈奴文化与匈奴国家崩坏，危险信号自是升起。

战争与和平

巨大游牧压力下的汉朝和亲政策

当纪元前三至前二世纪之交,北亚细亚内陆地带完成统一的主权支配之时,汉族中国也随楚—汉之争结束而再度统一于胜利者汉朝,长城内外两个世界的对立形势,使因两大帝国相继成立而愈形明显。

激流对冲的最初形势显然于汉朝不利,遭受全国性内战破坏的社会秩序须待重建,若干政治上矛盾未能解消,疲敝的民生等待复苏,而当时汉朝所遇见的匈奴人,却正是匈奴势力发展到强盛曲线顶点的时代。

当时,不但匈奴已尽有秦朝长城线以南的绥远与察哈尔,而且,连汉朝最前方山西、陕西北部地区局面也非常不稳。汉朝统一中国之后第三年(高祖七年,纪元前 200 年),与匈奴间第一次正面大冲突爆发,从河南迁镇山西太原(当时的太原郡为韩国)又徙治马邑(山西朔县)的韩王信突然叛变,高祖率领三十万大军驰往镇压,冒顿单于也统兵接应韩王信。匈奴前哨一经接触,连续佯退,高祖亲自指挥的先头部队过于迅速向北推进,便在到达平城白登山(山西北部大同东)时,落在背后的主力被切断,匈奴骑兵四面如潮涌至,密密层层包围高祖与他的亲卫军七天,因了陈平"奇计",才得从极端危险中脱出南返。这是汉朝第一次,也是最严重一次蒙受匈奴诱敌战术的打击。

陈平用的什么"奇计"?历史上向被认为疑问,实则对《史记》匈奴列传的记载毋庸怀疑。如果对匈奴后妃随军出征与后妃有军事、政治影响力量的游牧民族传统习惯能够明了,那末,匈奴列传指汉朝因厚贿单于阏氏,而得任由高祖从包围圈有意松懈的一角逃出这节说明,可以相信为接近事实。虽然书中关于如何贿赂阏氏成功,以及阏氏如何说服单于的经过描写,似乎出诸猜测。

平城之围的教训,使汉朝反省到自身国力,确乎不能与当时惊人强盛的游牧优势相抗衡，于是乃有对匈奴和平国策的确立。以"和平"为标的的外交政策具体实现，便是纪元前一九八年第一次和亲公主派出，下嫁冒顿单于。与此相当，又是汉朝必须下定决心，以及长期对匈奴骄慢无礼的态度予以容忍为原则。《汉书》匈奴传上曾载高祖、惠帝父子相继去世后，高帝吕皇后摄政时期（纪元前188—前180年），答覆匈奴冒顿单于国书的一则故事与国书内容：

冒顿致吕后："陛下独立，孤偾独居。两主不乐，无以自虞。愿以所有，易其所无。"

吕后覆冒顿："年老气衰，发齿堕落，行步失度，单于过听，不足以自污。弊邑无罪，宜在见赦。窃有御车二乘，马二驷，以奉常驾。"

汉朝政治家值得赞美处是其稳重、理智而不冲动，冒顿单于无礼到正式公文书中竟对吕后出现轻佻下流字样，汉朝却仍笑脸相迎，赠与礼物。当事件发生，大臣们会商对策时，稳健政治家主张诛杀轻率发言和被激动的主战军人领袖樊哙，理由无非便因十多年前平城之围余悸犹存。忍辱负重，才能在敌强我弱的形势下，避免汉族生灵涂炭。也惟其汉朝政策的坚定不移，以后才能在匈奴冒顿、老上以及军臣三代单于的黄金时代，大体上都维持汉朝—匈奴间和平局面。

和平局面能长时期维持，和平政策能长时期执行成功，须重视政策中作主干的"和亲"。除了最早高帝之于冒顿之外，以后文帝之于老上、景帝之于军臣，也都曾以宗女为和亲公主下嫁。和亲到后世汉族自尊自大以及男女关系神秘化以后，似乎被认为是件不很体面的事。其实，以婚姻表达国与国之间的亲善与友谊，无论中外，古代君主国家全都相同，即使现代欧洲，也仍流行国际间王室联姻。联姻对于古代部族联合式游牧国家的构成尤其重要，他们政治组织维系的基本力量之一，便是婚姻，氏部族与氏部族间嫁女或娶妻，全附有政治上协力作用，至少代表了相互信任。延伸至于敌对双方的汉朝与匈奴，也是这层意义，建立婚姻关系，等于表示敌对时代过去，携手言和的阶段已经来临。所以，尽管汉朝初年对匈奴种种忍让，和亲这回事，却从无被侮辱的感觉，而堂堂正正列之为一系列和平亲善行动的中心环节与出发点。

在匈奴方面，和亲也不含有侮辱汉朝的意识，以匈奴自身而言，便向无妇女与异族结婚的禁忌。张骞、苏武等被扣留的汉朝使节与官员,便都曾在匈奴娶妻生子。背叛汉朝投降匈奴的将领,当他们到达草原时,匈奴单于对待他们第一件大事,也是为他们成立家庭,李陵、李广利且都娶的是单于本人的女儿,这种情形,与汉朝和亲并无实质不同。所以,和亲在匈奴的立场,相反还是尊重汉朝,而且必然经过郑重考虑才接受,因为附着于和亲的,他们必须放弃对汉朝物资取得最简捷途径的掠夺,这对匈奴不可谓非牺牲。他们愿意接受和亲建议,是为了符合婚姻表示诚挚友好的游牧传统,但如何透过婚姻约束而仍满足物质欲望,却不能不在事先提出条件,以为补偿。

  汉朝和亲,因此便在这方面显现了与匈奴习惯的政治婚姻不同之处,系同时兼具了政治的、经济的双层意义,所谓"和亲纳币"是也。公主下嫁时固然付出大量嫁奁与赠与,以后每年又须以定额的丝绢原料、丝织品、酒、米、其他粮食之类无价供应匈奴,国境边缘若干场合也陪伴开辟为定期性互市场。简言之,以经济上的赠与、通商,交换政治上的和平保障,其枢纽则是和亲公主。和亲效果是显然的,汉朝当时人已认清"侵掠所获,岁巨万计,而和亲赂遗,不过千金"。则和亲设计人无疑是位出色的政治家,他能懂得游牧民族重视婚姻关系的心理而加以利用,也无愧为富有艺术性的高度外交技术运用。和亲政策成功,堪认定系战场以外的汉朝一大胜利,以及对敌关系从被动转换为主动地位的关键。

  惟其和亲能以少许代价收得莫大政治利益,所以汉朝当时,对象已非只限匈奴,之外还有乌孙,纪元前一世纪后半匈奴从汉朝敌国降为属国时代,和亲也同样继续。迄于十世纪唐朝覆亡,宋朝继五代建国,和亲才成为历史陈迹,在此以前,一贯是汉族中国和平外交约束游牧敌人最有效率的手段。和平或战争,征象便是和亲持续与否。如果匈奴(或其以后游牧民族)拒绝和亲,两国边境必将爆发战争;如果和亲而单于(或其后的可汗)未能约束本族骚扰汉族中国边境,汉族中国也以"绝和亲"相胁,这些例子之开,都在汉朝。汉朝初年,也便因此能与匈奴和平共存六十多年,偶然发生的不愉快事件也能顺利解决。

由和到战十年间九次大远征

匈奴当冒顿—老上—军臣祖孙三代单于时期,成为亚洲最强盛的大国,称霸东方一个世纪,"匈奴"这个名词,一时代表了权力与荣誉。然而,这一颗光芒万丈的巨星,最后终被汉朝照耀人类世界更澈亮的光明所掩盖。

转变的明朗化在纪元前二世纪后半,汉朝第五代皇帝武帝之初,与匈奴第四代军臣单于末期。当时,汉朝已经过半个多世纪稳健政治家们长期执政,国家统一性渐渐强化,社会财富大量聚积。汉朝这种因安定、繁荣而茁壮的情况,与匈奴统治者反因和平而沉湎于逸乐,正好成为正负数加减的强烈对比。

转变发生在汉朝武帝时代,一方面固因内蕴因素积聚已到达饱和状态,另一方面,也是武帝时代具备了转捩的条件。中国有句成语:"时势造英雄,英雄造时势",武帝与他的大臣们既是时势创造的英雄,也是创造时势的英雄。

历史记载称武帝雄才大略,汉朝中国当他在位时跨入极盛时期,汉朝的政治、经济、文化各方面模式,都在这个阶段塑造定型,汉朝也从他手上建立世界性地位。征服匈奴事业自此时起步,正代表了推动"武帝时代"的显著征象。

从纪元前二○○年高帝白登之围以来,到纪元前一四一年武帝继位之初,汉朝对匈奴还是继续采取守势。如《汉书》匈奴传上所说:"武帝即位,明和亲约束,厚遇关市,饶给之。匈奴自单于以下皆亲汉,往来长城下",两国间显得熙熙攘攘,可视为汉朝守势外交稳定六十多年和平局面的写照。然而,"和平"究竟只是比较性,所谓"小入寇,边无大患"。边境上小规模冲突仍不可避免。老上单于与军臣单于初立时期,且都发生匈奴骑兵大举侵入汉朝国境,以致京师宣布戒严之举,虽然事态都能解决,和平常有被破坏的危险终是事实。尤其令人念念不忘与恼火的,是白登之围以来,匈奴单于的气焰万丈,以及对汉朝态度的骄恣。当武帝决心与匈奴决裂时,这些都被引用作为了借口。

自"和"到"战",下大决心非轻而易举,决策当局的慎重为可以想象。武帝继位后第六年(建元六年,纪元前135年),第一次大规模召开御前会议商讨是否扬弃和亲政策,便被否决。两年之后第二度再公开辩论,经过五次申说理由,五次反驳之后,赞成用兵的意见才被确定采纳。于是乃有这一年(元光二年,纪元前133年)有名的马邑诱敌,一反过去消极的警戒态度,而主动引诱匈奴人大举入侵,汉朝则埋伏三十万步兵与骑兵,准备围歼。这个计划结果虽因被匈奴识破而未成功,但两项目的已经达到,第一,因此激怒匈奴,宣布"绝和亲",以绝交责任推卸于匈奴,激发汉族敌忾同仇的心理;第二,试验成功汉族已有面对强敌的胆量与勇气,转变了向来恐惧匈奴的观念。

事实上,当汉族以容忍心情维持和平的时期,对假想敌的将来必然决裂,早已在想象之中,只是不能确定何时决裂而已。因此,准备也早在和平时期已经着手,对匈奴与本国战斗力、国力总和的不断评估、敌情研判,一旦决裂时如何应付的对策设计等,都从未放松。最重要的,是战备问题。汉朝初年迫使政府必须妥协与和平,正面防线拉得太长,都须配置守军,也显得兵力不足,巨额军费支出与加强边防军力,又在刚接收支离破碎残局时为力不从心等,都是原因。但最主要的,还在缺乏如匈奴一般的机动骑兵,以及马匹。六十多年和平时期,便被充分利用于改善迎接战斗的条件,战略物资储备是努力方向之一,提倡养马又是另一个重心。经过武帝祖、父文帝—景帝两代,全国养马已蔚成风气,仅仅政府官马统计,便繁殖到四十万匹的数字。武帝继位之初,民间养马运动尤其至于"众庶街巷有马,阡陌之间成群"(《史记》平准书)的盛况。战马供应来源充沛,使大规模骑兵部队的编组、训练与发展成为可能,该便是武帝改于变"和"为"战"的前提。

同时,须注意汉—匈对立期间一项容易忽略的现象:匈奴热心于吸引汉人归附,汉朝同样欢迎匈奴人来奔。《汉书》功臣表的记录:武帝继位最初廿年,以功勋封侯三十二人中,匈奴人投降者竟占了十八人之多,数字超过汉族自身。这固可解释为对匈奴征伐已展开期间的特殊现象,但武帝之父景帝时代,亦即汉—匈和平共存期间,十八位功臣侯中匈奴人仍占其八,则汉朝如何鼓励匈奴人来归为可知。所以当时的情形，是匈奴利用汉人对付汉朝，汉朝也利用匈奴人对付匈奴，和平期间边境间歇性若干次冲突，双方便都各有本族人参加。这些投奔汉朝的匈奴人，在帮助汉朝了解匈奴的功效上，都曾提供最大价值。汉朝所欠缺的，已只是实际进入情况时的克敌信心，而试探性马邑诱敌的结果，正解消了这项疑虑。

经过马邑事件，先发制人是匈奴，但历次都因汉朝严密的防守而在边境被阻挡了回去。马邑诱敌之后第五年（元光六年，纪元前129年），汉朝在炽烈的战斗意志、富裕的国库财政，以及充分的人力资源支持之下，终于轰轰烈烈展开了建国以来无前例的第一次大反攻与大远征，汉朝—匈奴间全面战争爆发。

战幕拉开之前，汉朝军事部署，系依匈奴领土分左、中、右三部分统治的形势而定。向来的经验，汉朝边境受匈奴侵掠之害，以单于直辖地的中部对面为最频繁，也最烈，左部并不主动出击，在中部采取行动时配合助攻，右部则匈奴最富庶地带而成为人力、物力补给基地。换言之，匈奴骑兵进出汉朝领土的惯常战略，往往是左部牵制，右部支援，而中部主攻。所以，汉朝统帅部当纪元前一二九年远征军第一次越过边境线时，下达的命令也是向中部攻坚，从上谷、代郡等分四路自察哈尔、山西、绥远出兵，猛扑匈奴心脏地区，图速战速决，击溃单于主力。但结果并不理想，除了侧翼自上谷出察哈尔，担当遏堵匈部左部策应任务的卫青一路胜利推进以外，正面作战三支部队全行失败，其中一路甚至全军覆没。于是再有次年（元朔元年，纪元前128年）的接续第二次发动总攻击，卫青从雁门出兵，另一路李息部队由代郡支援，登上草原后也因不见敌踪，无功而返。两次得不偿失的挑衅行动，反而招致了愤怒的匈奴，在连绵四五千里长的战场上变本加厉袭击报复。汉朝边境，自此几乎没有一天安宁。

汉朝扭转历史的大搏斗，展开于全面战争高潮掀起后第三年和第三次出征，时间是元朔二年（纪元前一二七年），效果为收复"河南地"。扬眉吐气的原因由于统帅部已经变更战略，明确以急急乎求解决匈奴单于主力为失策，避免再与中部硬拼，先集中兵力打击匈奴力量泉源的右部。战役由匈奴攻击开始,汉朝在左、中两部坚守与佯攻,却以骑兵主力迅速西移,卫青、李息两个兵团大迂回作战,沿黄河自东向西急进,通过绥远中部后,南下贯穿宁夏而达甘肃东南部,完成鄂尔多斯包围圈,压迫匈奴分封在当地的楼烦、白羊两王,向北溃退到阴山以北,未及随同撤离的牛、羊、马百余万头尽被俘获。秦末动乱期间沦陷匈奴以来近八十年的"河南地"(鄂尔多斯或河套)全域,一举收复,使汉朝领土增加了朔方、西河两新郡,以及原秦朝云中郡与九原郡易名的五原郡。这是汉朝对匈战争空前第一次大胜仗,也是生死斗争中第一回合的胜利。汉军勇敢、镇定,以及旺盛的攻击精神,都在这一仗中发挥无遗。

配合军事胜利,汉朝政略运用也大获成功,那便是有名"断匈奴右臂"的"张骞通西域"事业。张骞奉派寻求西方强国夹击匈奴,正好于汉朝收复鄂尔多斯次年返国。他的西域之行,开阔了汉族眼界,使历史上的汉族中国与西方间开始有形联系,触发汉朝自此对西方国家的外交活跃。

相反方面,对于匈奴,纪元前127年可说是厄运的开端,"河南"战役已是个大打击,更不幸是接着军臣单于之死,因大位继承而引起弟与子之间的内讧。内讧结局,军臣之子失败,南奔汉朝接受庇护,匈奴核心统治集团团结力,开始呈现衰退。

到元朔五年(纪元前124年),汉朝乃在匈奴连续三年不断的猛烈攻势下,第四次大举反攻。作战计划仍是依循修正了的新战略,箭头指向右部,由卫青统率四将领,于"河南地"新开辟的朔方郡集结十余万骑兵出发,越过阴山,急袭匈奴右贤王。另从东面热河方面的右北平郡分兵,牵制匈部左部,切断单于的增援。汉朝右翼骑兵以最高效率行军,深入匈奴境内六七百里时,匈奴右贤王竟未发觉,一夜之间,大帐突被重重包围,匈奴部众不战而溃。惊惶中右贤王个人虽能突围逃脱,部下裨小王十多人、男女一万五千余人、牲畜数十万头,尽被俘获,汉朝自身可说并无损失。卫青便因这一役而在大捷凯旋归途中,受武帝命,由车骑将军晋升大将军——汉朝特设的第一个战时全权军事最高统帅。

袭击匈奴右部成功,汉朝乃尝试一鼓作气摧坚,准备与匈奴主力(中部)展开决战。因此紧随便于第二年(元朔六年,纪元前123年),连续发动第五、第六两次大远征。春,大将军卫青会合六将军,分中、左、右、前、后五个兵团,总共仍十余万骑,齐出汉高祖时晋、陕、绥交界区新设的定襄郡,但此次仅是试探性质,所以一度斩首三千余级后,便退入边境,在定襄、云中、雁门重行部署与整备兵力。夏,大攻击开始,六将军十余万骑从定襄正面,直指匈奴军事指挥中心单于庭。但这第六次攻势,当汉朝先头部队刚接触匈奴防线,左贤王增援部队已经驰抵,于是,阴山主脉地区惨烈混战开始。一昼夜间,汉军杀敌一万九千余人,而自己的前、右两个兵团也全被消灭,一个将军自战场只身逃归,一个将军投降匈奴(便是成为单于智囊之一的赵信)。这一战役,原拟对付本部,结果却成了汉军与匈奴左部间的决战,匈奴主力仍为完整与强大,左部并未击溃,汉朝获得的是一次大挫败。

阴山会战的教训,使汉朝决心在已见功效的西战场上,对右部再作彻底性摧毁。退入国境的部队经过整编、补充,和再训练之后,摒弃被认已显暮气的卫青,起用便在阴山会战崭露头角和功冠全军的青年将领霍去病为指挥官,于元狩二年(纪元前121年)一年中两次硬仗,春、夏连续锐利的右部攻击,这便是汉朝第七次和第八次出征。春季攻势系由陇西郡所在的甘肃省出国境,在匈奴防军顽强抵抗下步步推进,沿河西走廊越过张掖、山丹县北的焉支山,一直到达酒泉附近而结束战争。第八次攻击实际由敌对双方同时发动,拉开的战线,空间也东西广达数千里,匈奴单于由中央猛攻代及雁门两郡,汉朝方面则张骞、李广出右北平牵制匈奴左部,霍去病主力部队出北地,向西北推进到宁夏西北的居延海(今日蒙古语戛顺诺尔,Gashun Nor)时突转南下,在河西走廊酒泉附近,横跨甘肃、青海两省交界的祁连山区,完成对敌围歼。这两次霍去病领导下的战役,汉朝都赢得漂亮大胜仗,前一役毙敌八千余人,斩两王;后一役深入匈奴国境二千余里,匈奴骑兵阵亡创三万余人的纪录,并俘虏其将领、小王一百多人,王五人,以及单于的阏氏。

河西之战是汉—匈争霸战汉朝制胜全局的关键,汉朝不单赢得军事上大捷,也从而导引政治情势的大转变。位于"河南"以西的"河西",最初原系月氏人住地,匈奴强盛时归并匈奴,休屠王领有东半部,昆邪王领有西半部。纪元前一二一年夏霍去病大军攻入河西,对这个地区虽未直接加以占领,但匈奴分封的两王之间，却因惨败责任而引起磨擦，便在战役结束后的同年秋间，昆邪王袭杀休屠王，合并两部之众四万余人，投降汉朝。汉朝政府以这从未经历的最大一波匈奴降众内附，在天水、安定、北地、上郡、西河五郡，分别成立五属国安置。匈奴势力肃清后的河西地，则开辟为武威郡（原休屠王封地）及酒泉郡（原昆邪王封地）。十年后的元鼎六年（前111年），再因有组织的汉族移民不断到达而分置张掖、敦煌两郡，成为历史上著名的"河西四郡"。长城线也于此期间，开始自秦朝基础上向西延长，元鼎四年（纪元前113年），最早自令居增筑至酒泉。

河西立于匈奴支配下的重要性，系与河南同是匈奴领域中水草最肥美的地区，山谷间和连绵的草地上牲畜生息繁衍，所谓"凉州之畜饶天下"，与河南同为匈奴活泼生命力发源之地。而河南、河西，却在短短三年间都转移归于汉朝统治。

对于河西，除了经济意义之外，还具有军事战略价值。河西走廊位于甘肃、蒙古、青海、新疆四角之交，匈奴通过河西而与青康藏同盟者羌族携手，并因此形成汉朝西边的大包围形势，严重威胁汉朝国都长安的背后。这个战略地带的丧失，对匈奴自是无比惨重的打击，相对方面，都构成汉朝的有利条件，特别是拥有巨大地上、地下资源，作为匈奴战略物资补给站的新疆殖民地局面因之改观。新疆与匈奴本部联合一体，其联结的力量虽非河西而是准噶尔盆地，但对汉朝而言，河西被打开缺口，也等于掌握了新疆东边咽喉部的控制，敞通直达西方世界的大道，得与经准噶尔盆地越过天山山脉而来的匈奴势力"共争西域"。则河西走廊之失，匈奴人抱了何等沉重的心情，当不难想象。

右翼决定性胜利与河西走廊夺得后第三年（元狩四年，纪元前119年），汉朝发动自纪元前一二九年以来的第九次远征，也是十年间对匈奴最盛大一次攻势和对匈奴单于的摊牌性总决战。大将军卫青与骠骑将军霍去病各领五万主力骑兵，所编组各军团的统兵官，几乎囊括了所有名将李广、公孙敖、赵破奴、路博德等。自定襄、代郡齐头并进，分东、西开辟两个战场。步兵以及后勤补给部队跟随骑兵进发的又有三十万人以上，补充战马与征发担负辎重、运输任务的骡马十四万匹,另配合匈奴投降部队作为向导。正规部队以外,东面右北平、渔阳以及西面西河、云中边防军,也同时分别开出国境接应两战场大军。

当时,汉—匈双方的战略部署,汉朝计划一鼓而下匈奴根据地,匈奴则河西之战后,已预料迭次转为攻势后的汉朝,一定再有愈为猛烈的攻击,因此得到汉军出发情报时,立即以人、畜集中到大沙漠以北,准备引诱汉朝远征军深入外蒙古腹地,在匈奴强大骑兵部队的机动夹击下,尽予歼灭。所以这一次作战,对双方而言,都是战略、战术、智力、实力各方面因素配合的周密策划。

汉朝的攻击目标是单于,当时已正确判定单于在于西战场。于是,卫青挥军疾进,在车臣部西境,卫青亲自所指挥先头部队,与严阵以迎的单于亲卫军遭遇。激烈大会战展开,从上午到日落黄昏,仍呈拉锯状态,待到更多的汉朝援军赶到投入战场,趁夜分左、右翼包抄,匈奴终于大溃。单于向西北突围,汉军尾随追击到寘颜山(今杭爱山),才被单于逃脱。其时天色已明,便留驻当地的赵信城,一个月后,焚毁匈奴遗留的积粟辎重凯旋。西战场这一役,匈奴阵亡将士一万九千人。与西战场同时展开的东战场上,霍去病从察哈尔南部越出国境二千余里处,与左贤王陷于苦战,毙敌七万余人,再创汉朝对匈战争一次战役中的最高歼敌纪录。当左贤王向北败退时,从战场撤出的残部已溃不成军,汉军穷追到狼居胥山(今克鲁伦河上游)"禅姑衍、登瀚海",表扬战绩而凯旋。两路大军全面胜利,沙漠以南,匈奴势力自此退出与被肃清。单于庭原是设于漠南的,也不得不因而迁移到漠北库伦附近。《史记》匈奴列传大书"是后匈奴远遁,而漠南无王庭",正是汉朝武帝第九次远征的伟大成就,同时也是十年长期战争的理想与要求达成。

漠北之役,汉军固为大获全胜,但大会战如此惨烈,远征军自身付出的代价也约与匈奴相当。据记录,汉朝兵士死于战场数万人,尤其马匹几乎损失殆尽,战后归国已不满三万匹。所以,匈奴固受重创,汉朝再图发动远征,同样成为不可能。纪元前一一九—前一〇三年间,汉—匈因此无战争,而出现了和平的十六个年头。汉朝卓越的战场指挥官卫青、霍去病,也都在此期间相继去世。

从漠南无王庭到匈奴降伏

强敌匈奴放弃戈壁沙漠以南广大地区控制,所谓"漠南无王庭",和平维持了十六个年头后战幕重启,导因乃是太初元年(纪元前 104 年)匈奴左大都尉背叛单于,准备举匈奴全族降汉,与汉朝取得联系后,第二年(太初二年,纪元前 103 年)时,汉朝派出将军赵破奴以二万骑远征沙漠,响应左大都尉起义,却被单于夺得先机,斩左大都尉,八万骑兵围攻赵破奴,汉朝全军覆没。这是纪元前 119 年漠北大会战以来的第一次战役,战端也由漠北会战损失战马补充完成后的汉朝主动挑起。

以后,汉朝接续再发动几次漠北战役失败,反而若干优秀将领多在这个期间与这种情况之下投降匈奴。例子之一,天汉二年(纪元前 99 年),李陵在单于亲自指挥下被包围逼降;例子之二,征和三年(纪元前 90 年),李广利率领远征军抵达漠北时,以涉卫太子巫蛊事件,闻在长安家族被诛而背叛汉朝投向匈奴。

这些事件的演出是惊人的,李陵为将门虎子,赵破奴当卫青、霍去病时代与李陵之祖父李广同系对匈作战中独当一面的兵团指挥官,西域用兵尤其赫赫有名,俘虏楼兰国王而"暴兵威,以动乌孙、大宛之属",开创汉朝的西域最早局面。李广利征服大宛,其武功之盛,今日被西洋历史家誉为罗马人在地中海方面的成就始可比拟。而这些名将的终局,却都在武帝后期对匈战争中倾覆。

汉朝将领率部投降匈奴的情形,与相对方面匈奴领袖领导其人民脱离本族而投奔汉朝,可谓相映成趣。汉朝为安置这些投来的匈奴人,除最早设立的五属国外,以后相继所设属国都尉,又有元狩中的朔方、云中两处,元鼎中的张掖(居延)一处。不论如何,远征沙漠的经验终为汉朝所接受,所以武帝晚年,不再轻易出兵,愿意以双方互不超越边境线为满足。相对方面,匈奴在漠北多年休养生息,终又站了起来,汉朝自上谷、定襄、云中、五原、朔方以至酒泉北方诸边郡,往往又出现越过沙漠而来的匈奴骑兵足迹。但大体上讲,匈奴同样也愿意采取守势,除非汉族军队侵入草原才有被消灭的危险,否则,彼此都能维持相安无事。所以几度冲突之后,汉朝与匈奴间因力的均势形成,反又回复到和平状态,换句话说,彼此僵持在长城线上。双方使节往来频繁而又不断相互扣留(《史记》匈奴列传)的矛盾现象,也惟此期间才会出现。这种僵持或胶着式和平局面,维持了近二十年,又再发生变化。

从战到和,和后再战,战后又和,武帝在位期间两个阶段的战争与和平,于对匈斗争方面的重要性都相等。和平实现,直接便是下一次战争的准备。

纪元前一一九年一役后,汉朝如何因北方草原威胁得到解除,而努力于北方新领土的开发工作,可从如下数段记载获得明晰印象:

（河西浑邪王降汉）,朔方亦穿渠,作者数万人……其明年,山东被水菑,……乃徙贫民于关以西,及充朔方以南新秦中,七十余万口,……（《史记》平准书）

是后匈奴远遁,而幕南无王庭。汉度河自朔方以西至令居,往往通渠置田,官吏卒五六万人,稍蚕食,地接匈奴以北。(《史记》匈奴列传）

元鼎五年,初置张掖、酒泉郡,而上郡、朔方、西河、河西开田官,斥塞卒六十万人戍田之。(《汉书》食货志）

这些记载,可以具体说明,凡绥远、宁夏、甘肃沿黄河广泛地带,都陆续随建设郡县、移民、开垦耕地、兴建水利,而汉族势力更加稳固。

汉族经济生活空间的扩大,汉朝支配势力的膨胀,都非限北方,也广幅波及东、南、西各个方向。朝鲜半岛、南粤、西南夷事业,都在随北方局面稳定而至的和平期间完成。也惟其草原战争告一段落,汉族才有向其余方向扩张的能力,特别具有重大历史意义的,便是西域事业的展开。汉朝西方事业原由匈奴问题而导引,也与北方事业不可分,对自此以役的匈奴斗争具有举足轻重分量，而其基础，以河西经营为中心内容，建设大西北成一个完整性要塞与前进基地的构想，也便在对匈奴和平期间实现。代表性的西长城续自酒泉向西增筑，依《史记》记载：

元封三年（前108年），赵破奴破西域楼兰国，"于是酒泉列亭障至玉门矣"（大宛列传）。

太初元年（前104年），因匈奴左大都尉起义而汉朝"命因杅将军（公孙）敖筑塞外受降城（宁夏居延海附近）"（武帝纪）。

太初三年（前102年），"汉使光禄勋徐自为出五原塞数百里，远者千余里，筑城障列亭至庐朐，而使游击将军韩说、长平侯卫伉屯其旁，使强弩都尉路博德筑居延泽上"（匈奴列传）。

太初四年（前101年）李广利远征中亚细亚大宛国成功，"而敦煌置酒泉都尉，西至盐水（罗布泊），往往有亭"（大宛列传）。

经过这几个阶段，大西北长城系统全行确立，最西边与最后自敦煌延长到疏勒河尽头这一段长城本线，今日因遗址、遗物的陆续发现而经考定其工程年代，至迟太始元年（前96年）已竣工①。这时，河西经营也已升级而成范围愈广与内容愈多彩多姿的西域经营了。

匈奴东、西两侧——东北森林边缘与西域——经汉朝势力不断渗入，匈奴本族与其帝国诸成员间矛盾便被充分利用。继最早脱离联盟，转变为汉朝西域经营与方案重要一环节的西方乌孙之后，联盟中东方的东胡族乌桓、北方的丁零，西南方的羌族，都受国际变局鼓励而独立，并且反过来成为匈奴敌人，特别是乌桓、乌孙与匈奴不断发生冲突。所以，当汉朝经过武帝、昭帝两代以至宣帝嗣位，在汉朝开创的国际优势下，对匈奴大包围攻势封锁线布置完成，匈奴已陷入东、南、西、北四面受敌的情势。

在英明的宣帝嗣位之初，汉—匈和平局再被打破，而大变局中，乌孙担当了重要角色。乌孙自参加汉朝阵线与接受汉朝领导以来，成为汉朝西方事业的得力助手，对匈奴负起骚扰与牵制的责任，但也因此乌孙自身成为匈奴打击的

---

① 详本书《考古—古代学上的新疆》，汉朝西长城制度节。

目标。宣帝本始二年（纪元前72年），汉朝在得到乌孙告急消息，在履行攻守同盟义务的理由下，动员十五万骑兵远征漠北，另由校尉常惠指挥汉朝新疆驻屯部队，会合乌孙王亲自率领的五万骑兵，以及其他新疆亲汉朝诸属国部队，组织联军，切入准噶尔匈奴右部。主战场汉朝大军越出国境二千余里未见敌迹，辉煌胜利的取得是在西战场，西线联军司令官常惠原与苏武同使匈奴，同在匈奴被扣留十九年，也同时被释回，是个具有丰富经验的匈奴事务专家。这次右谷蠡庭之役，展开纪元前一一九年以来最猛烈的攻击，匈奴阵亡三万九千余人，牲畜被俘七十余万头。

匈奴右谷蠡庭一役惨败，又值国内旱灾与酷寒交加，人民、牲畜非饿死、即冻死。匈奴大举向乌孙报复，结局却招来更悲哀的噩运阴影笼罩，《汉书》匈奴传记载右谷蠡庭会战以后，匈奴四面楚歌的窘迫际遇：

> 然匈奴民众死伤而去者，及畜产远移死亡不可胜数。于是匈奴遂衰耗，怨乌孙。其冬（纪元前72年），单于自将万骑击乌孙，颇得老弱，欲还。会天大雨雪，一日深丈余，人民畜产冻死，还者不能什一。于是丁零乘弱攻其北，乌桓入其东，乌孙击其西。凡三国所杀数万级，马数万匹，牛羊甚众。又重以饿死，人民死者什三，畜产什五，匈奴大虚弱，诸国羁属者皆瓦解……

匈奴自纪元前七二年以来，夏日赤地千里，水草枯死，入冬又大雪不止的可怕灾情，连续数年未解消，地节二年（纪元前68年）时，已达"匈奴饥，人民、畜产死十六七"的经济全面崩溃边缘。虽然及时嗣位的第十二代虚闾权渠单于能从极端恶劣环境中抢救出匈奴，坚定领导他的人民，一时步上复苏之途，但八年之后他去世，更大危机再度来临。匈奴暂时延缓了的瓦解趋向，终因内讧的不利因素而引起总爆发。

次代握衍朐鞮单于，系氏族长会议于多数缺席情况下召开而通过，其产生并非全族同意，因此匈奴最具实力者之一，统治新疆殖民地的日逐王，亦即让位于狐鹿姑单于的左贤王之子，便在前后任单于交替这一年（神爵二年，纪元前 60 年）断然宣告脱离，率领本部人民及其隶下新疆北道诸属国，向汉朝驻在新疆的政治代表郑吉洽降，郑吉发动南道诸国五万骑，盛大接应日逐王前往长安。自此匈奴势力完全撤出新疆，汉自楼兰征伐以来半个世纪的西域争取，功德圆满，而匈奴则愈益严重的核心支配圈内讧，注定已是帝国加速分解力，大分裂悲剧演出成为不可避免：

——神爵四年（纪元前 58 年），匈奴东部正式独立，诸王将拥立虚闾权渠单于之子，匈奴史上有名的呼韩邪单于为国家元首。

——激烈内战随之导发，握衍朐鞮单于兵败自杀，呼韩邪单于正位单于庭。第二年（五凤元年，纪元前 57 年），国内一时出现五单于并立互争局面。

——国家支离破碎中无所适从的匈奴人民，便只能投奔汉朝。五凤三年（纪元前 55 年），乃有武帝以来最大一波五万余人集体南下的事件发生。

——五单于并立局面虽仍统一于呼韩邪单于，但便在五凤三年，右部（西部）又脱离中央，拥立呼韩邪之兄为郅支单于。

匈奴三年大动乱，以东、西单于兄弟对立为结局。阋墙斗争下，呼韩邪领导的东匈奴失败，五凤四年（纪元前 53 年）退出单于庭。次年（甘露元年，纪元前 53 年），决定投降汉朝，请求庇护；再次年（甘露二年，纪元前 52 年），举国集中漠南；再次年（甘露三年，纪元前 51 年）元旦，呼韩邪单于亲自至长安正式朝贺与朝见汉朝宣帝，分裂了的东匈奴人民随同整族移入长城，汉—匈前后一个半世纪的斗争告一段落。

纪元前五三年匈奴对汉朝承认屈服，是一个延续整个民族生命的理智选择，却也是氏族长大会上痛苦的决定。《汉书》对呼韩邪单于召开这次会议，以及会中慷慨激昂的发言记录，有着生动记述：

> 呼韩邪议问诸大臣，皆曰："不可！匈奴之俗，本上气力而下服役，以马上战斗为国，故有威名于百蛮。战死，壮士所有也。今兄弟争国，不在兄则在弟，虽死犹有威名，子孙常长诸国。汉虽强，犹不能兼并匈奴，奈何乱先古之制，臣事于汉，卑辱先单于，为诸国所笑！虽如是而安，何以复长百蛮！"左伊秩訾曰："不然。强弱有时，今汉方盛，乌孙城郭诸

国皆为臣妾，自且鞮侯单于以来，匈奴日削，不能取复，虽屈强于此，未尝一日安也。今事汉则安存，不事则危亡，计何以过此？"诸大人相难久之。呼韩邪从其计，引众南近塞，遣子右贤王铢娄渠堂入侍……明年，呼韩邪单于款五原塞……

洽准投降，获得汉朝同意庇护后，纪元前五一年元旦呼韩邪单于亲觐汉朝天子，此乃是汉朝空前未有盛事。对待一个已被制服的强大敌国元首，该给予何等礼仪与待遇？事先汉朝政府公卿会议多数主张"宜如诸侯，位次在下"，但宣帝采纳的还是"以客礼待之"决定。呼韩邪单于入朝的历史性伟大场面，《汉书》匈奴传描绘："汉遣车骑都尉韩昌迎，发过所七郡郡二千骑，为陈道上。单于正月朝天子于甘泉宫，汉宠以殊礼，位在诸侯王上，赞谒称臣而不名。赐以冠带衣裳，黄金玺盭绶，玉具剑，佩刀，弓一张，矢四发，棨戟十，安车一乘，鞍勒一具，马十五匹，黄金二十斤，钱二十万，衣被七十七袭，锦绣绮谷杂帛八千匹，絮六千斤。礼毕，使使者道单于先行，宿长平。上自甘泉宿池阳宫。上登长平，诏单于毋谒，其左右当户之群臣皆得列观，及诸蛮夷君长王侯数万，咸迎于渭桥下，夹道陈。上登渭桥，咸称万岁。"

匈奴这个历史上煊赫二百年，以刚强不屈著名的民族，终局不得不在汉朝武力与文明夹击，以及本国国内天灾、人祸的致命打击汇集之下，低头向汉朝称臣，堪为浩叹。他们自此数年中过的都是寄人篱下生活——单于留居绥远五原郡光禄城（便是武帝太初三年派遣光禄勋徐自为所筑列城之一），随同而至的匈奴人民全体，则分散在长城以内绥远、宁夏一带，接受汉朝政府衣食补给。

承诺与收容倾国奔来依靠的匈奴人民，负担之沉重，无疑汉朝也须绝大勇气。汉朝除特遣将军率骑一万六千，随单于驻防长城地区保护外，直接供应匈奴人民的物资，自宣帝甘露三年（纪元前51年）至元帝初元元年（纪元前48年）三年间，仅只拨出谷米的数字，已达五万四千斛之巨。

初元二年（纪元前47年），汉朝培殖匈奴至如《汉书》中说明："单于足以自卫，不畏郅支"、"单于民众益盛，塞下禽兽尽"，与"其大臣多劝单于北归"的阶段，于是汉朝顺从他们自己的志愿，从长城以内放返故土自立。当到达故地时，呼韩邪单于与汉朝护送出塞的协防将军车骑都尉韩昌及光禄大夫张猛，结立效忠盟约，《汉书》匈奴传记其誓文与经过："约曰：'自今以来，汉与匈奴合为一家，世世毋得相诈相攻。有窃盗者，相报，行其诛，偿其物；有寇，发兵相助。汉与匈奴敢先背约者，受天不祥。令其世世子孙尽如盟。'昌、猛与单于大臣俱登匈奴诺水东山，刑白马，单于以径路刀金留犁挠酒，以老上单于所破月氏王头为饮器者，共饮血盟。"

呼韩邪单于自内战中被逐，其对手郅支单于预防随呼韩邪降汉而来的汉朝压力，原已撤退到南西伯利亚，所以，呼韩邪自漠南对漠北展开再接管，并未经过战斗或争夺便顺利完成。也惟其如此，呼韩邪时代的匈奴，已回复到漠南、漠北统一状态，匈奴复兴气象实现。

郅支单于向北撤退，相反的意义也是前进，他率领不愿投降汉朝的匈奴人民，再胁降联盟背叛者乌揭、坚昆、丁零等。王庭先设在坚昆国境内，呼韩邪北返，又西移到另一联盟会员国，位于哈萨克斯坦的康居国内，在都赖（Talas）水畔筑城而都，这个都市，汉朝著作中便称之为郅支城。郅支城时代，郅支单于又征服了奄蔡、大宛，并占领乌孙西部大片土地。不幸汉朝势力追踪而至，元帝建昭三年（纪元前36年），西域副校尉陈汤说服都护甘延寿，发动汉朝新疆驻防部队与诸城郭国家胡兵四万余人，分途从大宛、乌孙，攻入康居。郅支城陷落，郅支单于阵亡，匈奴民族西向流亡的一支，终告消灭。

残酷的战争已经停止，呼韩邪单于领导下，匈奴人民安全在蒙古高原繁衍与不断茁壮，与汉朝的互市与和亲也再恢复，历史上著名美人之一王昭君，便在此时下嫁呼韩邪为阏氏，汉朝与匈奴间出现了前所未见，毫不带紧张气氛的和平共荣局面。匈奴不忘汉朝道义上慷慨大度援救其急难，以延续民族生命的恩惠，也诚意效忠汉朝，每一代单于继位，非只履行侍子义务，且几乎每一代单于都曾亲赴长安朝觐汉朝皇帝。相对方面，汉朝也尊重匈奴，单于地位仅次于汉朝天子一人，汉朝与其属国间宗主和藩属关系的设定是依于印信授受，而颁赐印信的印文，又唯有匈奴称"匈奴单于玺"，既异于一般藩属不加国号

"汉"的字样,又视同天子本人而以"玺"字名印章。

立于这个阶段的汉—匈关系,双方对过去曾经发生的不愉快事件与大斗争,显然都从心底一笔勾销,替代的已是纯情友好与真挚亲密,东亚充满了一片和熙康乐的太平盛世景气。《汉书》匈奴传记载:"至孝宣之世,承武帝奋击之威,直匈奴百年之运,因其坏乱几亡之厄,权时施宜,覆以威德,然后单于稽首臣服……是时边城晏闭,牛马布野,三世无犬吠之警,黎庶亡干戈之役。后六十余载之间,遭王莽篡位,始开边隙,单于由是归怨自绝,莽遂斩其侍子,边境之祸构矣。"则波折重起,须待纪元之初王莽时代的临了。

和平波折与北匈奴西迁

王莽其人,是个空想的社会改良主义者。他的严重失败之一,是他自大狂心理下轻易制造对周围诸属国的磨擦。与匈奴关系由恶化而决裂,便是其中一例,无此必要,却居然搬演成事实。

王莽建立"新"朝,新的属国政策,一律以藩属诸王降为侯。匈奴虽仍称单于,地位的降低则无例外,新印文变易为"新匈奴单于章",既加"新"朝字样,又改"玺"为"章",贬低单于地位与一般属国或臣下无异,单于惊讶于为什么突然会受歧视,也使不再尊重宗主权。因此便在第二年的新朝始建国二年(纪元10年),匈奴出兵征服新疆车师国,煽动焉耆叛变,汉族中国派驻新疆的戊己校尉与西域都护先后在动乱中被杀。退出已七十年的匈奴势力,迅速恢复伸入新疆。

次年,王莽严词谴责匈奴,勒令再改换匈奴单于称谓为侮辱性的"降奴服于",并动员征伐匈奴进行"大分匈奴"为十五单于的计划。如此偏激行动,终愈激起匈奴愤怒而正式决裂,《汉书》匈奴传记载:"(呼韩邪之子乌珠留)单于闻之,怒曰:先单于受汉宣帝恩,不可负也。今天子非宣帝子孙,何以得立？遣左骨都侯、右伊秩訾王呼卢訾及左贤王乐将兵入云中益寿塞，大杀吏民。是岁，建国三年也。是后，单于历告左右部都尉、诸边王，入塞寇盗，大辈万余，中辈数千，少者数百，杀雁门、朔方太守、都尉，略吏民畜产不可胜数……"半个多世纪汉—匈互不侵犯的和平共荣美景全告粉碎。

而王莽企图武力瓜分匈奴的大征伐计划，却在"转兵谷如故，天下骚动"情况下，与旧势力反抗新政的矛盾合流，革命火花四处爆发。新朝维持仅仅十五年而亡，王莽死在蔓延全国的民众怒火中，汉族中国恢复了汉朝统治——后汉或东汉。

后汉时代匈奴统治集团内讧，早在后汉第一代光武帝在位期间已演出。当时位于内蒙古的匈奴南边八部，与外蒙古匈奴分裂，另立呼韩邪单于之孙，乌珠留若鞮单于之子，当时的右日逐王比（原领南边与乌桓）为单于。为数四五万的匈奴人集中到长城前方，向汉朝"求使者监护，遣侍子，修旧约"，要求进入长城。要求起初未被后汉政府采纳，从光武建武廿四年（纪元48年）连续请求到建武廿六年（纪元50年），才由汉朝决定容许，派专使出五原国境，以汉朝天子名义正式册立此为匈奴单于后，准他率领他的人民进入长城，在河套与山西、陕西北部，当时的北地、朔方、五原、云中、西河、定襄、雁门、代郡等八边郡定居。王庭最初设于阴山南麓云中郡境，稍后南移到山西省境西河郡美稷县（接境绥远的偏关），汉朝供应他们粮食与用以繁殖的牲畜。相对的义务，则由这些分布边郡的匈奴人，"为郡县侦罗耳目"，担当为汉朝警备北方与西方敌人的责任。从此，匈奴呈现南、北对立形势，大体维持了半个世纪。

事实上，北匈奴继南匈奴之后，也曾希望效忠汉朝而求和平共存。汉朝大臣们赞成两个匈奴的声浪也很高，但坚决反对却是南匈奴。后汉政府因此采取法理上唯一承认南匈奴，而事实上则同时承认北匈奴的折衷立场，与北匈奴间也维持使者往返，但更多的时间，自是与北匈奴在战场相见。南匈奴虽然一再破坏汉朝与北匈奴和谈，包括对双方使者的留难，但于汉朝交付他们阻止北匈奴侵犯的责任，却充分表现了出色的能力。他们不但连连击退北匈奴，还能反攻与反抄掠，压迫北匈奴势力不得不移转到西方。所以，后汉时代，北匈奴侵略矛头所指，非如前汉之为汉族的正北方，而是河西。

后汉第二代明帝时，河西所受北匈奴威胁已抵严重阶段，永平十六年（纪元73年），汉朝因此有汉、羌、南匈奴、东胡联军的组成，自山西（平城塞）、绥远（高阙塞）、宁夏（居延塞）、甘肃（酒泉塞）四道并出，对北匈奴大规模军事行动的展开。三个兵团同时向北方远征，都因北匈奴事先戒备而不见敌踪，惟独奉车都尉窦固所率领第四兵团自敦煌向西进攻，在天山方面获得大胜，追击北匈奴当时管辖新疆诸沃洲国家的呼衍王至蒲类海（今镇西县巴里坤诺尔 Barkul Nor），占领匈奴突出于新疆、河西之间的伊吾卢（今哈密）地区。中国史上与张骞齐名的大外交家班超，便自此时以参谋身份，受兵团指挥官窦固派遣进入新疆，开始他的历史事业。汉朝西域经营工作复活，新疆汉族驻军自纪元之初撤退后，也于此时恢复进驻。

后汉时代匈奴历史路线，大体依据了前汉同一轨迹，所不同处，前汉东、西分裂而后漠南、北分裂，以及前汉系呼韩邪单于领导匈奴主流投降汉朝，后汉则不过南部八部的局部行动。南匈奴所以强烈抗议汉朝接受其北方同族友谊，考虑到南北人数比例不利形势的后果，可能是原因之一，但以后情形却随北匈奴遭受前汉时代同一不幸而改观。北匈奴天灾频频，人民因旱荒饥蝗而不断离散，自后汉第三代章帝建初八年（纪元83年）北匈奴三万余人，驱马二万匹，牛羊十余万头，到河南加入南匈奴阵营投降以来，几乎每年都出现大群人逃亡南匈奴的情事，到章和元年（纪元87年），且演出二十万人大逃亡，投奔南匈奴的空前悲剧。其时又逢东方乌桓与鲜卑、南方南匈奴、西方汉朝系统内新疆诸国，北方则丁零，齐向北匈奴攻击。十多年间北匈奴一连串挫折，也便在章和元年这一年，陷入最低潮，北单于在与鲜卑的一次战争中阵亡，因单于之死而嗣位争执，又陷国家秩序于大乱，一切等于前汉时代翻版。

北匈奴衰耗与内乱，相对方面便是南匈奴气运蒸蒸日上，因一波波北方本族的来归而日益强盛。在位的南单于对这种发展至感满意，也大为兴奋，认为向北匈奴展开最后与致命一击的时机成熟。章和二年（纪元88年），他便公开要求汉朝迅速采取行动，措词相当诚恳地上书说："臣伏念先父归汉以来，被蒙覆载，严塞明候，大兵拥护，积四十年。臣等生长汉地，开口仰食，岁时赏赐，动辄亿万，虽垂拱安枕，惭无报效之地。愿发国中及诸部故胡新降精兵"；"破北成南，并为一国，令汉家长无北念。"（《后汉书》南匈奴列传）

汉朝接纳了南单于建议，明年（和帝永元元年，纪元 89 年），便以南匈奴三万骑兵为主力，配合汉、东胡、西羌一万多骑兵，任命车骑将军窦宪与征西将军耿秉为正、副统帅，会合度辽将军、使匈奴中郎将，同护南单于自朔方分三路北伐，于进入漠北会师，直取北单于。北单于与诸王指挥下的部队败绩，联军追击三千余里，一直到燕然山（今肯特山）刻石勒功收兵。记功文字，便出于班超之兄，从军为统帅窦宪幕府的《汉书》著者班固手笔。这一役，北匈奴阵亡一万三千人，马、牛、羊被俘获一百余万头，北单于本人虽逃脱联军追踪，诸王与部众投降或被俘虏的达二十万人以上。

联军凯旋第二年，南单于追击北单于，杀敌八千人，北单于负伤。又明年（永元三年，纪元 91 年），已升为大将军的窦宪再自宁夏居延塞第二度大军推进。耿秉之弟左校尉耿夔率领部下，作汉—匈战争以来空前深入行军，出塞外五千余里，于到达金微山（今萨彦岭）时赶上逃亡中的北单于。北单于在重重包围中，损失五千余掩护他的亲卫骑兵后，突围向西撤退，《后汉书》的记载是"逃亡不知所在"（南匈奴传、窦宪传）。接续，北匈奴活动在中国历史上线索中断，而北亚细亚匈奴辉煌历史，也自此在中国翻过了总结的一页。

北匈奴被逐出中国历史上的北亚细亚生活圈后，他们"逃亡不知所在"的去向原先是个疑问，待历史界自中国史与罗马史—西洋史取得了联系，才知他们放弃蒙古高原故土后，所展开是伟大的横越北方欧亚大陆行程，也因此从亚洲史上的匈奴，转移为四至五世纪罗马史或西洋史上的亚洲人匈族，Huni, Hunni, Hung-nus, Huns, Unnni, Unnoi, Khunni, Phuni，都是他们民族名词的同音异译①。中国五胡乱华期间的五世纪七十年代，他们在巴拉密（Bal-

---

① 入侵欧洲的匈人即匈奴，最早自十八世纪欧洲学者的法国 J. Deguignes 考定，迄今大体已被学界共通接受，包括苏联科学院《世界通史》。但国际间仍有部分学者持不同意见，指匈人为今日北欧芬兰系黄色人种的芬（Fins）种族或其他种族的主张。日本方面的分际，内田吟风依中国古代记录的整理结果，江上波夫从考古学的遗物研究与论证，均对"匈人即匈奴后裔"予以有力肯定，白鸟库吉便代表了反对意见，谓匈人系维吾尔（Ugur）种族，与匈奴无关。

amir）王领导之下，开始自伏尔加河下流域征服欧洲，东、西哥德（Ostrogoths、West Goths）、法兰克（Frank）等日耳曼系诸种族，非被压制胁从，便是在其兵锋下溃退，涌入罗马帝国境域。巴拉密之子，纪元四三三—四五三年在位（中国南北朝宋文帝同时）的阿提拉（Attila）王，是巅峰时代，匈奴大帝国领土横跨欧亚大陆，从里海到莱茵河，王庭设于多瑙河之北的匈牙利草原，欧洲白人历史遭受从未经验的黄色大震荡。匈奴人恐怖大掠东罗马诸城市，西方攻势虽以今法国巴黎之西，沿 Maren 河的 Catalaunum（今 Chalons–sur–Marne 之地）决战，被西罗马与日耳曼诸种族联军合力阻挡，却又转为意大利半岛北部均受蹂躏。纪元四五二年罗马被围攻而教皇李奥一世（Leo I）乞和，阿提拉因军中传染病蔓延退兵，风中之烛危机解除且被渲染附会教皇祈祷上帝显灵的故事。八十年期间，东、西罗马都被迫对之纳贡求取和平。大帝国随阿提拉之死而瓦解，阿提拉幼子 Hernac 领导大部分族人向东退回他们原住的欧、亚交界地带①。

而匈奴人征服半个欧洲最大历史贡献，众所周知乃是压迫日耳曼系诸族大迁移与西罗马帝国瓦解，铸定今日西欧民族国家的最初形态。日耳曼人原住地，考定在今日北欧斯堪的那维亚南部与丹麦、北部德国，罗马时代发展至西起荷兰，东迄黑海克里米亚半岛与聂伯河流域的广大地域。他们自四世纪至六世纪的移动主体是东、西两系，以后还包括九至十一世纪的北欧系日耳曼人或所谓诺曼人（北方人，North Men，Normans）的南下。日耳曼人迁移期间，又是日耳曼人背后，原住地在今波兰境内维斯杜拉河（Vistura R.）流域的斯拉夫人（Slavs）自六、七世纪以来的大移动，扩至波罗的海（Baltic Sea）、易北河（Elbe R.）、多瑙河与巴尔干半岛、顿、伏尔加两河上流域、爱琴海、黑海方面广大地域，也因到达巴尔干，经济生活、文字、宗教以及一切文化，源源自东罗马移入而受惠，成立今日东欧之以斯拉夫系种族为主要居民的局面。

---

① 匈奴西进事情，主要依照教育图书版《现代教育百科事典》7. 历史，第110页，匈奴族、阿提拉帝国、阿提拉大王、讲隆战役诸条整理。

匈奴人西进沿途以及今日匈牙利一带，不断发现汉朝遗物或汉式文物模仿品，提供考古界、历史界得以整理出一条中国历史上，北匈奴人如何在亚洲西部草原滞留两个多世纪，而终止于伏尔加河下流域，并自欧、亚交界地长驱入欧洲的详明路线。这一路线，便是横亘古代欧亚大陆北方著名的"草原大道"。相反方面，也惟匈奴人西进沿途，自阿尔泰山地向伏尔加河、顿河、德聂伯河、多瑙河流域，都遗有自汉族移入的玉具剑、汉式弓、汉镜及其模仿品，以及他们自己的匈奴式青铜制品分布①，才使当时东西交通大道再现于今日，给以现代人对古代草原大道的再认识。

匈奴西迁行程中沿途事迹，经中国史料予以证实，大体须分划为如下几个阶段：

第一，先循额尔齐斯河上游进入中亚细亚，在巴勒喀什湖周围分两股，一部分人留建"悦般国"，其余的继续西进。关于悦般国，《魏书》西域传说明："悦般国，在乌孙西北，去代一万九百三十里。其先，匈奴北单于之部落也。为汉车骑将军窦宪所逐，北单于度金微山，西走康居。其羸弱不能去者，住龟兹北。地方数千里，众可二十余万，凉州人犹谓之'单于王'。其风俗言语，与高车同……"

第二，继续西进的匈奴人，越过哈萨克斯坦而抵达咸海（Aral Sea）、里海（Caspian Sea）中间地带，亦即康居与阿兰（Alan 奄蔡）之间，作长时期停留。奄蔡的名词如何自一世纪中突然改变为阿兰，代表的事实，应是古代萨马特诸种族发展至大同盟完成阶段，原先诸族之一的奄蔡人，已被同族阿兰取代，并即以阿兰为核心，合并邻近诸游牧民族而形成的大帝国组成，乃统一采用"阿兰"这个名词。到三四世纪，自里海以至顿河的广大地域，都已由阿兰人分布。

第三，四世纪中，匈奴人自里海以东继续向西移动，阿兰终被灭亡，阿兰人一部分西移，一部分在大屠杀下消灭，一部分被吸收入"匈奴"民族范畴。乌拉山南部与伏尔加河流域，自此改为匈奴人聚居中心，势力一直延伸到顿河

---

① 匈奴西进期遗迹所在的一般，参阅伊獭仙太郎《世界文化交流史》第66—68页。

下游的今日南俄①这个由匈奴人接收阿兰土地与人民所建立的新国家，一般相信，便是《魏书》西域传中"粟特国"（Scythac）。《魏书》说明："粟特国，在葱岭之西，古之奄蔡，一名温那沙。居于大泽（里海），在康居西北。匈奴杀其王而有其国，至王忽倪已三世矣。"忽倪经史学界考定即前述 Hernac 音译，《魏书》记述北魏文成帝（纪元 452—465 年）时忽倪派遣使者来聘，时代正相符合，其父阿提拉，其祖巴拉密的，世次也相当②，只所记事已系八十年欧、亚大帝国崩坏与忽倪王退回东方以后，而非占领欧洲以前。

第四，建设粟特国二三十年后，匈奴人便沿黑海北岸进向多瑙河。八十年后，仍退回到伏尔加河方面原根据地粟特国，于是出现于《魏书》的记载，并渐渐从历史上消失。

南匈奴进入长城后的质变

一世纪末南匈奴"破北成南"的理想达成，堪注意的，此时以及其后，他们都未接收这片故乡国土，较一个半世纪以前呼韩邪单于时代迥然相异。也惟其如此，以后草原主人不再是匈奴人，而已转变为北方来的丁零系突厥民族，以及东方来的原居森林边缘东胡系鲜卑民族，分割内、外蒙古。尤其鲜卑人的西进填补内蒙古地区，未及撤退而残留在这个地区，以及投降南匈奴后又越出长城逃返内蒙古的北匈奴人，都加入了新兴的鲜卑阵营，而被称为"鲜

---

① 苏联科学院《世界通史》，东京图书版日译本古代 5. 第 618 页；古代 6. 第 1077—1078 页，指纪元前一世纪匈帝国分裂，一部分匈人（匈奴）承认中国（汉朝）的隶属，另一部分从哈萨克斯坦向西方移动，出现于里海与咸海之间，成为阿兰人的东邻。此部分匈奴，自三世纪起，对西方的新攻击再及兴起，征服阿兰人、东哥德人，而侵入黑海以西，广泛展开中亚细亚、前方亚细亚与欧洲的大变局。说明相同，却已以匈奴人大播迁开端年代，推前自呼韩邪—郅支单于的分立。

② 平凡社版《世界历史大系》8. 桥本增吉《东洋古代史》，第 528 页。

卑人"，鲜卑也由此强盛。南匈奴人继续留在长城之内，成为一个没有自己国土的附庸集团与寄生者。

南匈奴未返归草原，是一项重要的历史转捩现象，问题关系到汉朝与南匈奴双方。

后汉政府方面，纪元五〇年允纳南匈奴投降，象征的是一项从所未有新的边境政策确立：以开放长城，收容降附的异民族进入汉族中国为手段，而替代较前汉时代大量减少了的边郡汉族居民，并责成被引进的异民族，在长城地区看守"中国"北方大门为目的，接替后汉节约政策下汉族自身边防军的职任。基于此一目的，所以，不只南匈奴，继匈奴之后是乌桓，乌桓之后又是鲜卑，都纷纷迁入。这个政策，一时颇为有效，后汉匈奴问题轻松解决，原因之一，便因有南匈奴与其他异民族中介其间。北匈奴败亡，汉朝既不能占领草原，又警惕到王莽时代匈奴叛变的教训，而不愿再蹈放归南匈奴覆辙，此其一。其二，汉朝决策当局了解空虚了的草原定必再有游牧民族移住，这些新游牧民族仍须有人监视。所以，既为了避免不愉快的历史重演，也为了继续警戒汉朝北方门户的需要，有效途径，便唯有坚定仍留南匈奴住在长城地区。

同时，南匈奴继续留居汉朝北方境内，似乎也出自自身志愿。消灭北匈奴的行动，固以南匈奴统治集团要求为最炽烈，但他们所以热心于此，可以发觉，目的仅在解决一个竞争对手，而无意代替这些被打倒的同族登上草原。依于史料显示，他们无论在事前或事后，从未为自己表示过重返草原的愿望。这一事态，令人有出乎意料的诧异之感。然而，如果对南匈奴当初投降汉朝的背景能够明了，则他们所以不愿重返草原的疑问，也可以释然。

一世纪中匈奴第二次大分裂原因，史料记录说是南匈奴怀念汉朝旧日恩情，投降的南单于自己也如此说，事实上，念念不忘是附着于旧日恩情的汉式经济生活。换句话说，汉化影响已强烈到使他们不可能切断与汉朝间的关系。

匈奴汉化，自汉朝初年和亲政策收效以来，趋势日益加强，虽然他们自己不会觉察这回事。举一个例，纪元前一世纪中匈奴第一次大分裂，拒绝投降汉朝的郅支单于西迁康居，第一件大事已是"发民（康居人）作城，日作五百人，二岁乃已"。不唯此也，城内还建筑了单于本人起居的"大内"。城郭与宫廷，正便是汉式生活习惯。郅支一方面与汉朝为敌，一方面又在自身经济社会生活间感染汉式因素，代表的正是匈奴汉化第一个阶段的普遍现象。

呼韩邪单于成为汉朝藩属以后，匈奴汉化进入第二个阶段，虽然他们仍旧回到蒙古高原继续其游牧传统，明显的事例有二：

一是社会的，"太子"观念产生便是。而且，自呼韩邪单于次代开始，每一单于名号都加"若鞮"字样，"若鞮"即汉字"孝"的意义，显然又仿效了汉朝皇帝谥号例加"孝"字习惯，这种习惯，即使乌珠留单于与王莽破裂以后，仍代代不变。也便自乌珠留开始，单于与统治阶层间，除了匈奴本名以外还流行爱好汉名，可以查考的，乌珠留自身名"知"，弟左贤王"乐"，右犁污王"咸"（继位为乌累单于），右贤王"舆"（继位为呼都而尸道皋单于），乌累之子"登""助"。乌珠留单于之子，便是以右日逐王身份领导南部匈奴人投诚汉朝的南匈奴第一代醢落尸逐鞮单于"比"。

另一方面是经济的，呼韩邪单于以来，尽管匈奴民族生活在草原天地，贵族们的物质享受却愈到后来愈倾向于汉化。汉朝基于宗主—藩属的道义与责任，对匈奴有其经济支持的义务，为嘉勉匈奴向心与恭敬，岁时赏赐尤其浩繁。因此，属国时代较之敌国和亲时代，汉朝对匈奴经济援助，代价更为巨大，给付数字也随时日而继续不断增加。乌珠留与王莽决裂以前历代单于入朝时汉朝赠与的递增表，可为说明。

从呼韩邪第一次朝觐到王莽破坏和平，匈奴获得汉朝经济援助整整六十年，盼望汉族物质支持的欲望，因此也只会增大而不能抑低。这种期望，居住于内蒙古一带，亦即所谓"南边"的匈奴人尤为强烈。他们炽热希望与汉族合作，王莽时代切断与汉族间关系，对他们非只不得已，反而还是痛苦。惟其如此，建武十二年（纪元36年）后汉政府统一汉族中国，当建武二十四年（纪元48年），"南边八部"便不惜脱离北方本族，急急向汉朝"奉藩称臣"，表达希望回到从属地位的意愿了。而且，要求的直接还是依照呼韩邪单于初例，迁他们进长城以内居住。

单于	日期	赏赐
呼韩邪单于	(1) 宣帝甘露三年（纪元前 51 年）	（见"匈奴降服"节引《汉书》）
	(2) 宣帝黄龙元年（纪元前 49 年）	礼赐如初，加衣百一十袭，绵帛九千匹，絮八千斤。
	(3) 元帝竟宁元年（纪元前 33 年）	礼赐如初，加衣服、锦帛、絮，皆倍于黄龙时。
复株絫若鞮单于	成帝河平四年（纪元前 25 年）	加赐锦绣缯帛二万匹、絮二万斤，它如竟宁时。
搜谐若鞮单于	成帝元延二年（死于入朝途中、未至）	
车牙若鞮单于		
乌珠留若鞮单于	哀帝元寿二年（纪元前 1 年）	加赐衣三百七十袭、锦绣缯帛三万匹、絮三万斤，它如河平时。

南匈奴所以迫切投靠汉朝，基本原因既在经济依存，则降汉与进入长城被允许，站在他们的立场，可谓外交上一大成功。他们每年自后汉政府取得固定的物资补助与津贴，价值达一亿九十余万（《东汉会要》食货篇财用条："汉故事：供给南单于直岁一亿九十余万，西域岁七千四百八十万。"）。特别赏赐如单于登位或丧祭等给付，尚不在其内。章和二年（纪元 88 年）单于上书自白"开口仰食，岁时赏赐，动辄亿万"，可说明南匈奴如何衷心感激汉朝，以及如何心满意足之情。这是匈奴感染汉化的第三个阶段开始。

第三阶段无论较之第一或第二阶段，都可视为质变的起步。在此以前，匈奴人生活环境仍是他们传统文化所依存的草原，南单于管辖下的匈奴人，却长期留住长城以内而与汉人杂居，其影响便非草原时代可同日而语了。在此以前，匈奴人爱好汉族文化，以上层贵族为普遍，南匈奴时代愈突破贵族圈而趋向于一般人民。《后汉书》南匈奴列传"驰中郎之使，尽法度以临之，制衣裳，备文物"的说明，可知匈奴人已如何养成如同汉人般"文明"习俗。这个趋势继续发展，南匈奴人适应定居社会与其文化愈为积极，背叛固有游牧文化的倾向也相对愈为明显，草原生活对他们反而一天天感觉陌生。迄于北匈奴统治瓦解，南匈奴人直接与汉人共同生活已近半个世纪，半个世纪时间足够两代青年成长，第三代匈奴人无论生与长，都已在经济社会生活与汉族不可分的环境中，如南单于"臣等生长汉地"自白便是。所以，尽管北匈奴问题告一段落，经济上、文化上的原因，都足以阻止南匈奴人还乡而宁愿仍旧留居长城地区。

后汉政府对数量众多，永久性居住汉族中国国土上的南匈奴人，其控制的设计颇为周密，一方面充分满足南匈奴物质需要，另一方面，强制性的监护力量也非前汉时代单单依于宗主——藩属名分与空洞盟约可比。所谓恩威并济的政治艺术运用，相当成功。《后汉书》南匈奴列传中所列举各项措施都值得注意：

其一，"（建武）二十六年，遣中郎将段郴、副校尉王郁使南单于，立其庭"。

其二，"诏赐单于……又转河东米糒二万五千斛，牛羊三万六千头，以瞻给之。令中郎将置安集掾史将弛刑五十人，持兵弩随单于所处，参辞讼，察动静。单于岁尽辄遣奉奏，送侍子入朝，中郎将从事一人将领诣阙。汉遣谒者送前侍子还单于庭，交会道路。元正朝贺，拜祠陵庙毕，汉乃遣单于使，令谒者将送赐彩缯千匹，锦四端，金十斤，太官御食酱及橙、橘、龙眼、荔枝；赐单于母及诸阏氏、单于子及左右贤王、左右谷蠡王、骨都侯有功善者，缯彩合万匹，岁以为常"。

其三，"复诏单于徙居西河美稷，因使中郎将段郴及副校尉王郁留西河拥护之，为设官府、从事、掾史。令西河长史岁将骑二千，弛刑五百人，助中郎将卫护单于，冬屯夏罢，自后以为常……"

其四，"单于比立九年薨，中郎将段郴将兵赴吊，祭以酒米，分兵卫护之。比弟左贤王莫立，帝遣使者赍玺书镇慰，拜授玺绶，遗冠帻，绛单衣三袭，童子佩刀、绲带各一，又赐缯彩四千匹，令赏赐诸王、骨都侯以下。其后单于薨，吊祭慰赐，以此为常"。

其五，"（永平八年）始置度辽营，以中郎将吴棠行度辽将军事，副校尉来苗、左校尉阎立、右校尉张国将黎阳虎牙营土屯五原曼柏"。

从以上后汉南匈奴政策内容可知，自第一代单于比开始，便都以汉朝承认与册封为条件，才具有合法身份，年终又例须向汉朝提出国情报告。则单于虽继续获颁同于汉朝天子的玺绶，其地位，形式上仍至为崇高，而实质则已大为抑低。

转变尤以透过汉朝的驻在监临官而明显表现。汉朝对于服从领导，并获准入居长城以内的异民族，都派有常驻高级军官实行监护，如于乌桓为护乌桓校尉，于羌族为护羌校尉，对早先敌国时代陆续投降汉朝的匈奴人，则诸属国都尉。惟独呼韩邪单于以后的匈奴为不然，虽列汉朝藩属，但单于位在诸侯王上，且又重返草原，不在汉族中国领土之内，所以汉朝并无专任代表常驻。相互联系，仍如敌国时代以临时派遣的使者往返。使者身份，又无论敌国或属国时代，通常都系以中郎将派出（如苏武便以栘中监为中郎将出使匈奴），若干场合也加派副校尉为副使。到南匈奴时代，如前引《后汉书》南匈奴列传的说明，使匈奴中郎将与其助手副校尉成了常设专官，设置幕府，统率部队，与单于同驻美稷，代表汉朝皇帝与汉朝政府，监护单于，并且干涉内政，所谓"参辞讼"便是，则南匈奴之与乌桓、羌族，待遇不再有区别。唯一不同之处，只在监护者保留了"使"的名义，所谓"使匈奴中郎将"，异于"护乌桓校尉"之类（但中郎将与校尉，汉朝制度中地位并无高低）。度辽将军的又从特设改为常置与驻防河套地方五原，公开作用虽在监视北匈奴，反过来也非无与使匈奴中郎将携手，防范南匈奴的意义。

南匈奴在长城以内接受汉朝保护，虽然维持自己固有形式的社会与统治组织，而立于汉朝郡县制度之外实行自治，但匈奴贵族的不能再获得封地为可了解，左、右部诸王游牧封建残骸，至此阶段，也都成了脱离土地关系的架空制度。单于继承法修正为非出选举，而改由兄弟子侄依转升至左贤王时，例登大位，便是适应汉族环境最早的变通信号。以后北匈奴消灭，南匈奴因汉化而难脱离汉朝，愈难脱离汉朝也愈加深汉化。互为因果的结果，再一个多世纪，游牧封建金字塔全行倒塌，以单于为核心的匈奴式统治瓦解，匈奴传统社会结构毁灭。

匈奴支配的解体过程中，使匈奴中郎将跋扈是其加速推动力。自北匈奴被逐出蒙古草原不到一个世纪中，连续已发生如下这些事件：中郎将介入匈奴统治阶层间磨擦，诬控单于，又禁抑单于上书辩护，单于被迫背叛死（和帝永元六年，纪元94年）；单于"脱帽徒跣，面搏稽颡"（安帝永初三年，纪元422年），中郎将责单于"不能制下，逼迫之，单于及其弟左贤王皆自杀"（顺帝永和五年，纪元 140 年）；中郎将"与单于不相能，擅杀之，更立"（灵帝光和二年，纪元 179 年）。虽然这些专擅的中郎将事后都受汉朝政府处分，但单于尊严大受打击为可知，也因此丧失对部下约束力，变乱频频。变乱事态每一次都被汉朝迅速敉平，也每一次都动摇匈奴统治网，单于仅仅成了一个傀儡。

关于叛乱，此时期长城内匈奴人的背叛单于或汉朝政府，性质上都是内乱而非外患，也不独匈奴人为然，后汉中期以来，汉朝经济、政治深刻衰退，在天灾、饥馑、传染病交加并发之下，汉族自身叛乱便有燎原之势。到二世纪后半黄巾大暴动形成，汉族中国社会秩序全面脱序局面铸定，匈奴人事件，尤不过混乱波澜中浪花之一而已。相配合的现象，汉朝利用匈奴部队，也已越出边境防卫的范围，黄巾暴动掀开中国四百年大动乱序幕时，匈奴部队便被征调开入内地，对汉族叛乱集团作战。所以"匈奴人"与"汉人"的观念，已随时间而渐渐相混，事实上，大混乱中匈奴人也往往与汉族自身的叛乱者农民、地痞与流氓、饥馑的流亡者、野心家、政客、军阀、豪族，以及入居长城其他异民族合流。在如此一股激荡澎湃的巨大潮流中，各种因素，各种关系，各种身份的人，都已相互汇合，既无从依立场与行动辨别顺逆，也难再区分匈奴人或汉人。这种情形，从《后汉书》南匈奴列传的一段记载可资参证：

（灵帝中平）五年（纪元 188 年），（匈奴）右部醢落与休著各胡白马铜等十余万人反，攻杀单于。（单于子）持至尸逐侯单于于扶罗，中平五年立。国人杀其父者遂叛，共立须卜骨都侯为单于，而于扶罗诣阙自讼。会灵帝崩，天下大乱，单于将数千骑与白波贼合兵寇河内诸郡。时民皆保聚，钞掠无利，而兵遂挫伤。复欲归国，国人不受，乃止河东。须卜骨都侯为单于一年而死，南庭遂虚其位，以老王行国事。单于于扶罗立七年死，弟呼厨泉立。单于呼厨泉，兴平二年立，以兄被逐，不得归国，数为鲜卑所钞。建安元年，献帝自长安东归，右贤王去卑与白波贼帅韩暹等侍卫天子，拒击李傕、郭汜。及车驾还洛阳，又徙迁许，然后（单于呼厨泉）归国（其时匈奴的"国"或"南庭"，虽然仍在西河郡境内，却已非立于美稷，而迁至愈近内地的西河郡治离石县，专责监护单于的使匈奴中郎将官职也于其时撤废）。

这个阶段，非只匈奴人之与汉人，共同作为汉朝国民的条件渐渐成熟，管辖主体也相合一，《晋书》四夷列传北狄匈奴条明白追记："其部落随所居郡县，使宰牧之，与编户（入于汉朝政府户籍内的汉族）大同，而不输贡赋。多历年所，户口渐滋，弥漫北朔"。便随这种趋向，匈奴传统的封建制度，从金字塔顶端急速崩坏。献帝建安二十一年（纪元216年），归"国"后的南匈奴第十一代正统单于呼厨泉入朝，被汉朝实际执政者曹操留居中央，不再归国，而委派右贤王去卑"监其国"。于是，呼厨泉成了匈奴历史上最后一代单于。

去卑监国仅数年，汉朝分解为三国，北方立于曹操之子曹丕建立的魏国支配之下。匈奴陪伴于其时抹尽游牧封建残余痕迹，而新制度实施，如《晋书》四夷列传北狄匈奴条所说明：

> 建安中，魏武帝始分其众为五部，部立其中贵者为帅，选汉人为司马以监督之。魏末，复改帅为都尉。其左部都尉所统可万余落，居于太原故兹氏县（属上党郡）；右部都尉可六千余落，居祁县（属太原郡）；南部都尉可三千余落，居蒲子县（属河东郡）；北部都尉可四千余落，居新兴县；中部都尉可六千余落，居大陵县（属太原郡）。

都尉乃是汉式建制，则替代匈奴传统统治方式，可知已是魏国政府对匈奴人的直辖统制。也便是说，匈奴无论实质或形式，都已接受汉族中国的主权统治，而非宗主权统治。

附着于制度，堪注意又是匈奴人分布形势。后汉指定匈奴人居留地区是沿黄河成英文字母倒U的地区与绥远省东南部、山西省北、中部的八个边郡。他们与汉族杂居而单于威权下堕时，人口不断膨胀，所谓"户口渐滋、弥漫北朔"。相对方面，后汉边郡的汉族人口，本已较前汉时代少得多，经过后汉后半动乱期间的丧亡流散，愈形锐减，至于不得不如《三国志》魏志武帝纪建安二十年（纪元215年）条所记"省云中、定襄、五原、朔方，各置一县领其民，合以为新兴郡"的凄凉地步。魏国建国（黄初元年，纪元220年）

前后，又先后正式宣布黄河U字形地区与雁门郡陉岭以北，包括河套以及陕西、山西两省北部撤消郡县建制，新兴郡改设到山西省中部雁门郡与太原郡之间（如前引《晋书》四夷列传匈奴条所见）。于是，立于汉式制度内的匈奴人随同集中到山西省中部，而且向南蔓延，遍布到如《晋书》记载南部都尉居河东的形势。河东郡位置已在山西省最南端，与相接的河南省境河内郡、后汉与魏国国都洛阳所在地河南郡，合称"三河"。

而且，匈奴人的政事农耕，也开始在史籍中被特笔大书，如《晋书》王恂传所出现的记录："魏氏……太原诸郡，以匈奴胡人为田客，多者数千。"匈奴五部分立之初的人口数字，据前引《晋书》匈奴条统计，总数三四万落。三世纪中魏晋之交时，原被划出郡县以外，河套与陕西北部的匈奴人，却仍一波波获准内徙到郡县境内。同依《晋书》匈奴条统计：晋朝第一代武帝在位期间，便出现一次二万余落，一次近三万人，一次十余万人，一次一万一千余人的记录。这些归来匈奴人聚居地区，都在陕西省中部晋朝当时的雍州，以及晋朝国都所在的长安北面，"与晋人杂居"。所以，魏晋时代，农耕化匈奴人分布，愈接近了汉族自身心脏地区与中央政府所在地。匈奴人背后，则另有新移住的鲜卑人布列。

最重要的，又是至此阶段，匈奴人心理上已经汉化成熟。呼韩邪—王昭君婚姻一幕在他们精神领域中生根。早在汉朝时代，已口口声声强调自己与汉朝间的兄弟与甥舅关系，当魏晋时代，匈奴贵族不只用汉名，依汉式习惯有"字"，也断然改用了汉朝皇帝"刘"这一汉姓，如《晋书》刘元海（渊）载记所说明。再迈一步，这位汉末受征召带兵助平黄巾而后来继位单于的于扶罗之孙，最早的左部帅（都尉）刘豹之子，而自身又由继位左部都尉一度升任晋朝为他特设五部大都督的刘渊，当中国历史上最严重分裂与混乱期展开，纪元三〇四年（晋惠帝永兴元年），便在山西省单于庭的最后所在地离石左国城，建立所谓"五胡乱华"时代的第一个国家，国号便是"汉"。他僭号汉王，继又登位皇帝的理由，又便是恢复汉朝正统，从汉朝女婿关系一变而为自认汉朝皇帝后裔。

离石左国城起义经过与其文告，《晋书》刘元海载记称："永兴元年，元海乃为坛于南郊,僭即汉王位,下令曰:'昔我太祖高皇帝以神武应期,廓开大业。太宗孝文皇帝重以明德,升平汉道。世宗孝武皇帝拓土攘夷,地过唐日。中宗孝宣皇帝搜扬俊乂,多士盈朝。是我祖宗道迈三王,功高五帝。……曹操父子,凶逆相寻。故孝愍委弃万国,昭烈播越岷蜀,冀否终有泰,旋轸旧京。何图天未悔祸,后帝窘辱。自社稷沦丧,宗庙之不血食四十年于兹矣。今天诱其衷,悔祸皇汉,使司马氏父子兄弟迭相残灭。黎庶涂炭,靡所控告。孤今猥为群公所推,绍修三祖之业,愿兹尫闇,战惶靡厝。但以大耻未雪,社稷无主,衔胆栖冰,勉从群议。'乃赦其境内,年号元熙,追尊刘禅为孝怀皇帝,立汉高祖以下三祖五宗神主而祭之。"这篇文告,意义实际已等于尽行扬弃残存匈奴民族意识的正式宣告。匈奴人热心变自己为汉族,至是无论任何方面,都已彻底地质变完成。

东胡·西羌·前期突厥诸民族

四至六世纪间新汉族诞生与草原新形势

匈奴的建国，是中国古代历史上所见游牧国家的典型。它的消灭与融入汉族，也代表了中国历史上进入长城诸异民族命运的模式。但是，同一时期，匈奴却不是唯一与汉族中国维持紧密交涉关系的游牧民族，届抵四世纪五胡乱华而匈奴面临最后存在阶段，同时出现的便有"五胡"。

五胡乱华所指"五胡"，乃是匈奴、羯、鲜卑、氐、羌。但羯族系匈奴与西羌混血族，氐、羌又同一血统，所以，五胡实际只是三个种族。四世纪的这三个种族，也就是纪元前三世纪以前，汉族中国北方"三部并雄"的三大族，当时匈奴尚在绥远兴起初期，鲜卑与同系乌桓立于其共同前身东胡时代，氐、羌则与当时尚未被匈奴驱逐的月氏同一种族。

最早形成的三大游牧集团，匈奴固然代表"胡"的正统与主体，东胡是起源于匈奴左侧森林边缘经营部分农耕生活的狩猎民族，月氏与氐羌又在匈奴右侧而从事原始农耕、畜牧，但当汉族中国开始认识东胡与月氏，他们却都追随匈奴已完成了游牧化。从东胡、月氏游牧化的事实，可知草原游牧文化从铸定独立路线便已不断影响草原边缘，并吸引草原边缘的人民倾向成为游牧民族，一方面使得游牧文化波澜愈形广阔，另一方面，也对加诸汉族的游牧压力愈形增大，逼迫汉族在对抗游牧民族的斗争中，非只草原正面，还须兼顾伸展到草原边缘的东西两侧。

匈奴黄金时代建立北亚细亚最初的统一大帝国，匈奴—东胡—西羌便是联盟组合中三个主要成员。一世纪末匈奴联合体解体，继承北匈奴勃发雄长于汉族中国北方的，又正是移殖到蒙古高原的鲜卑，同一时间，西羌发展也构成汉族中国西部边境严重问题。所以，纪元前便已形成的三大游牧领导中心，在游牧世界中此呼彼应，也亘于整部中国古代史此起彼落，他们连锁性与汉族间的战争或和平，代表了古代汉族中国北方关系的全部。

这些游牧民族的活跃，经过以五胡乱华为顶点的四百年大混乱期，随同六世纪后半隋朝恢复汉族中国强力统治而终结。终局的总结现象之一，一个容纳了这些原属异民族成分的新汉族于焉诞生；总结之二：因早期游牧民族的相继进入汉族中国，蒙古草原又出现了新朝代与不属于早期三大民族系统的游牧新主人。北方历史，自此必须重写。

关于前一事态，后汉政府开放长城，实行异民族内徙政策是个关键。后汉建国原则较之前汉明显的区别是收敛，从第一代光武帝制订如何为王莽时代留下残破局面办理善后的对策开始，便以人民充分休息为政治最高理想，财政支出的尽量节约，军队的裁减等，莫不出于这个理想。边郡政策修正，又是另一表现，定襄、朔方、五原，以及金城等郡，便都一度裁撤。当全国人口在内乱战火中减少达半数的情况下，而图再依前汉方式，从内地向遭破坏诸边郡移民为不可能。重建边郡，除非等待边民自然繁衍，否则，最简捷有效之道，唯有收容当时愿意接受汉族中国支配的异民族移住到这些土地上。收容他们的另一意义，也在用以替代汉族自身大量减省了的武装部队，以担当国防上责任。南匈奴与东胡，便都在这种要求下，自光武帝时代开始，一波波进入长城以内。这个政策，经过后汉末年再一度全国性内战与更大的汉族人力损耗，便愈为继承汉朝的朝代魏晋所采用，到三世纪时，汉族中国北方，便几乎各处都有匈奴、东胡，以及从汉族中国西方迁入的西羌人移住。

汉族方面，汉族的所以形成，原即出于多元性民族调和结果，形成之后，种族开放精神并未消失。汉族炽烈的偏狭民族主义与排外热发扬，须待十二世纪宋朝式微与民族活力渐趋消沉以后，在此以前并非如此。异民族因受汉族高度文明吸引而愿意进入长城，待定居到汉族环境时，汉族的种族开放态度，又鼓励他们愈益强烈趋向于汉化与适应定居社会，终至四世纪时，纷纷兴起模仿汉族中国建设国家的兴趣。而当他们展开建国热潮，又都得到汉族拥护，反过来说，也便因为汉人拥护，这些原异民族才得在黄河流域建国。他们汉化愈深，事业也愈大，而与汉族血统、文化成分也愈接近，这时，便是五胡十六国进入高潮的时代了。

五胡十六国阶段，民族关系可谓混乱已极，政治与社会制度也经过大破坏，人民所受痛苦诚然难堪，但北方汉族与非汉族间血统，却步步迈向统一的境地。一个譬喻，等于新汉族诞生前的阵痛，代表了汉族历史第一阶段的结束，与第二阶段的来临。经过北魏合并北方支杂破碎局面，而六世纪末隋朝汉人政权重新接收北方，并进而南北朝合一时，汉族乃正式宣告更新，一个注入了新生命的大汉族重行诞生。七世纪唐朝发扬最光明灿烂的中国文化，堪注意，其力量便产生自这个深一层强健与充满了朝气活力的新的大汉族。

关于四至六世纪总结现象的后一方面，当长城以内新汉族从孕育而诞生，北亚细亚大草原上，同样转移了两次"朝代"而出现全新的局面。长城以北草原历史，第一次游牧民族大联盟或第一个"朝代"是匈奴，第二次是鲜卑。迨鲜卑最后一波拓跋部北魏大帝国，自五世纪统一黄河流域并迁都洛阳期间，北方草原支配又有第三次联盟或第三个"朝代"嬗代，便是柔然。六世纪中北魏再分裂期间，突厥又再接替成立第四次大联盟。早先匈奴兴起于蒙古高原南部，鲜卑兴起于蒙古高原东部，第三、四两个朝代新主人柔然和突厥，前者是原匈奴联盟中北方组成分子丁零与东胡系的混血民族，后者则丁零直系后裔。

匈奴时代的丁零与其同系坚昆等种族，居住地区东端从后世长期未开发的黑龙江沿岸起，包括蒙古高原北部、南西伯利亚贝加尔湖周围、叶尼塞、鄂毕诸大河上流域，以及雅布罗诺威、萨彦、阿尔泰、塔尔巴戛台诸山脉绵亘的山地。这些地区，森林与广大的草地交杂，经济生活共同适合于狩猎、渔捞以及游牧。一世纪末北匈奴败亡西进，丁零人于是趁机向南移动，遍及蒙古高原北部各地。草原形势显著变化自此开始，传统匈奴—东胡—氐羌三大游牧领导中心局面，便因隐于背后的丁零系抬头与出现在历史舞台幕前，而宣告终止，草原新势力推翻并变换了古代游牧世界内涵。

汉—匈生死搏斗过程中，丁零人只见之与匈奴的关系而不见于汉朝，匈奴没落与鲜卑介入内蒙古，仍没有机会与汉族直接发生联系。必须鲜卑北魏成为中国正统朝代，丁零系民族才因与汉族间障蔽撤除而暴露，六世纪新汉族铸定，面临的便是这么个新的国际局势。古代汉族与向所认识的古代游牧民族同被翻过历史的新页，未来已是新汉族与从无交涉经验的新游牧对手的斗争。这时，"丁零"种族名词也于历史上开始退隐，六世纪以来，继匈奴人而震荡欧亚大陆的丁零后裔突厥人势力，从北亚细亚经中亚细亚伸入西亚细亚、小亚细亚，完全改变世界局势。"突厥"这个名词，因此被泛用为同血统种族的总称。而丁零、坚昆等，也便同被今日历史界、民族学界称之前期突厥系诸民族。

东胡·乌桓·鲜卑

匈奴，是标准"胡"人，对于匈奴东面的胡化民族，则古代汉族称之为"东胡"。

东胡族属于说阿尔泰（Altaic）系胶着语的通古斯族（Tungus）。通古斯系种族，原为分布于南自朝鲜半岛，北迄西伯利亚的广大森林地带狩猎民族，但在全体通古斯系诸民族间，东胡较之其他同种族血统固然相同，经济生活，却因他们居住地带在于中国"东北"地方森林西部边缘，以及自此范围向外连接草原的地理环境因素，而趋向于游牧化。

今日习惯所指中国东北地方，系十七世纪满清建国以后所设定的政治地理区域，不是个具有统一性的自然地理单位。这个范围，是三个不同风土地带的交织点，尽管彼此渗合，各自的特征仍非常明显，其东部与北部的高山、深林，才足以代表"东北"地方特色，北方连接西伯利亚，南边进入朝鲜，都属同一地理环境；"东北"南部辽河下游平原农业地带，则与黄河流域连成一体，向为历史上汉族中国不可分割的整体一部分；西部呼伦贝尔、兴安岭山地，雨量极少，每年平均不过四百公厘，气候寒冷，愈西愈干燥，放眼尽是游牧大草原，自此向南转入热河，仍是如此。所以，这个区域对游牧世界的联系，比对森林环境紧密得多，意义也只作为蒙古高原的边缘，而实际与蒙古不可分割。也惟其如此，辽河上游与热河山地往往被称为"东蒙古"，与新疆准噶尔的被称为"西蒙古",情形相同。但东蒙古与兴安岭山地仍有区别,又因其向南已与滦河、辽河平原相接的形势,与标准汉族环境也有联系。

历史上的东胡族,最早便居住于东蒙古东南的森林、平原边缘一带,以后渐渐移向东蒙古时,便强烈受到干燥地带专门化了的游牧经济影响,人文性质转移为游牧民族。到汉族认识他们,也就名之为"东胡"——游牧化通古斯族。

战国后期,东胡被燕国驱逐出察哈尔东南部、热河南部,以及大凌河、辽河农业地带,辽河下流域与汉族中国的历史关系,自此开始建立。燕国自东胡夺得这些土地,开辟为上谷、渔阳、右北平、辽西、辽东五郡,东胡被迫退住热河省北境以及辽河上游西拉木伦、老哈两河附近。汉族中国楚汉相争,蒙古草原匈奴登向强盛巅峰时,东胡首遭灭亡的悲惨命运,一部分分散避难山中而得生存的残余东胡人,以后逐渐繁殖,便分别依住居地名为乌桓与鲜卑,而分别参加了匈奴游牧联盟。分化后两支东胡族的地理位置,大体乌桓偏南,在老哈河一带;鲜卑靠北,在西拉木伦河流域。迨东胡族再出现于中国历史,先行登场因此也就是较与汉族邻近的乌桓。

但乌桓与汉族中国最初的直接接触,也须延至纪元前二世纪末汉朝武帝取得对匈奴重大军事胜利时代。当时,乌桓在汉朝策动下脱离匈奴联盟,并转移到汉朝支配之下。汉朝规定这些部落的首领们每年一次,来到汉朝国都长安朝见皇帝,平时则为汉族侦察匈奴动静,而受汉朝特设的护乌桓校尉监领。所以,乌桓一开始便以汉朝从属身份出现于中国记载中。

乌桓对于东胡时代祖先所遭遇噩运非常痛心,虽然被胁迫加入匈奴联盟一个世纪之久,始终未曾忘怀仇恨,获得解放而追随汉朝骚扰和牵制匈汉的这段时间内,因此曾挖掘匈奴单于坟墓泄愤。王莽时代草原逆流激荡,乌桓再度被匈奴胁迫参加背叛汉族中国行列,到一世纪中南匈奴归汉的差不多同时(建武廿五年,纪元49年),重又投降汉朝,且与南匈奴同样获准移住长城以内。自此乌桓部落人民,便在南匈奴东边,今日北京以至朝鲜国境的长城沿壁,与汉族杂居,维持自治状态,汉朝于上谷郡宁县恢复设置护乌桓校尉,监督他们执行警戒中国国境。《后汉书》乌桓列传的记载是:"(授乌桓)渠帅侯、王、君长者八十一人，皆居塞内，布于缘边诸郡，令招来种人，给其衣食，遂为汉侦候。"

乌桓背后的鲜卑，他们随同乌桓从匈奴支配下解放后，便因乌桓迁入长城而自西拉木伦河及洮儿河之间的原住地向南移动，填补了原来乌桓的地盘。建武三十年（纪元54年），鲜卑各部落首领首次到后汉国都洛阳朝见光武帝，分别受赐王、侯名号，被承认与汉朝的从属关系，为汉朝在长城外负起对北匈奴侦察、保哨、守御、袭击的责任。每年按斩杀北匈奴人首级为统计，至辽东郡接受赏赐。第四年（明帝永平元年，纪元58年）起，因任务范围扩大为兼也监视其同族乌桓人叛出长城，而改受赏惯例为每年自后汉政府取得固定津贴二亿七千万。这个阶段鲜卑为后汉政府牵制匈奴的助力，正如同前汉时代乌桓，章帝章和元年（纪元87年），他们对北匈奴的一次突击战争中，北匈奴单于且至阵亡。乌桓、鲜卑在后汉时代，便这样以长城为分界线而区划，护乌桓校尉兼领监护鲜卑的事务。

鲜卑服从汉朝较乌桓迟得多，迄于后汉，且未进入长城以内。但如鲜卑例子，通古斯族另外系统服属汉朝的夫余、高句丽诸族，关系紧密也始自后汉之初。造成如此盛况，是当时镇守辽东方面大将祭肜的业绩，他在辽东卅年，事业如同以后班超之在西域，两人东西交辉，同样成为后汉涉外关系最成功的典型。《后汉书》祭肜列传说明："肜之威声，畅于北方，西自武威，东尽玄菟及乐浪，胡夷皆来内附，野无风尘"，甚至到他死后，"乌桓、鲜卑追思肜无已，每朝贺京师，常过冢拜谒，仰天号泣乃去"。

古代游牧民族社会形态，一般都是氏族制，但汉朝所了解的匈奴，反而以其已发展到氏族制末期而不能视为代表。东胡系则后汉时代分化了的乌桓、鲜卑，仍完整存在氏族制精神，社会组织以"邑落"为构成单位，邑落相聚而成"部"，部各推选"大人"指导本部生产与战斗，行族外婚，母权制等都是，所以，古代具有代表性的游牧社会，须视乌桓、鲜卑而认识。他们辫发，男耕女织与狩猎，都在主要产业游牧之外成为普遍副业。介绍东胡系种族详情的《后汉书》乌桓鲜卑列传，其说明是：

（乌桓）俗善骑射，弋猎禽兽为事。随水草放牧，居无常处。以穹庐为舍，东开向日。食肉饮酪，以毛毳为衣。贵少而贱老，其性悍鸷（塞）。怒则杀父兄，而终不害其母，以母有族类，父兄无相仇报故也。有勇健能理决斗讼者，推为大人，无世业相继。邑落各有小帅，数百千落自为一部。大人有所召呼，则刻木为信，虽无文字，而部众不敢违犯。氏姓无常，以大人健者名字为姓。大人以下，各自畜牧营产，不相徭役。

其俗妻后母，报寡嫂，死则归其故夫。计谋从用妇人，唯二战之事乃自决之。

妇人能刺韦作文绣，织毡毼。男子能作弓矢鞍勒，锻金铁为兵器。其土地宜穄及东墙。东墙似蓬草，实如穄子，至十月而熟。

俗贵兵死，敛尸以棺，有哭泣之哀，至葬则歌舞相送。

敬鬼神、祠天地、日、月、星辰、山川，及先大人有健名者。祠用牛羊毕，皆烧之。

鲜卑则"其言语、习俗、与乌桓同"。

惟其乌桓或鲜卑，社会发展较同时期匈奴须落后一段距离，倾向于各部（氏部族）间的孤立性与闭锁性，所以接受汉朝支配的方式也有异，南匈奴是整体性隶属于汉朝，乌桓与鲜卑却依各个"部"而分别受汉朝护乌桓校尉约束。

所谓"邑落"，研究所获结论，推定便是大体户数二十余，人口百数十程度的众落，于实际经营游牧生活时，又二户或三户各各分散，此二三户一群，则谓之"落"。团结若干"邑落"而构成"部"（部族）的方式，一般便合称"部落"组织。但部所包容"落"的数字颇不平均，如《后汉书》所指出数百千不等，部与部之间，因此规模也大小不一①。另一种解释，指部落制度的所谓"落"，平均三至五个帐幕（一帐约五至七人），集合数落或十数落而为"邑落"，再集合邑落而为"部"②。此两类意见，都可供为参考。

---

① 江上波夫《骑马民族国家》第 126—127 页引内田吟风主张。
② 护雅夫：《鲜卑国家的活动》，诚文堂新光社版《世界史大系》8. 东亚Ⅰ东北亚诸国第 307 页。

从鲜卑游牧帝国到投入长城后的北魏

二世纪以后，东胡氏族制社会急速发展，长城以外的鲜卑率先从不相统一的部落范畴脱出。

一世纪末北匈奴人从蒙古高原被逐出，鲜卑人得趁机沿戈壁沙漠以南西进，接收了内蒙古的政权真空地带，残留当地的匈奴人加入鲜卑系统与自此变成"鲜卑"人的，据汉朝记录，前后至十万余落之谱，也因此使鲜卑势力骤形庞大，一跃而具备足以在游牧世界继承匈奴领导权的资本。相隔不过十多年，汉朝安帝永初中（纪元107—113年），鲜卑大人之一燕荔阳入朝洛阳，获颁鲜卑王印绶，沿长城准开胡市与汉朝交易，鲜卑中心势力逐渐凝结。再约半个世纪，纪元一五〇年左右汉朝桓帝时代，鲜卑在杰出的组织家与军事家檀石槐领导下，各部大团结理想终于实现。他们北却丁零，东逐夫余，西击乌孙，蒙古高原再统一局面下鲜卑大帝国成立。

檀石槐统一支配时代的鲜卑帝国领土分三部分，以汉朝地理位置而别，东部自辽东郡以至右北平郡，中部自右北平以至上谷郡，西部则上谷以西，经敦煌以至乌孙。"大人"们分别统制三部诸地区，檀石槐本人立庭于后汉代郡郡治高柳北方的弹汗山啜仇水（绥远岱海）。这种国家组织，可知便是匈奴制度的直接模仿。但檀石槐帝国不能与匈奴强盛时代相比，鲜卑势力至此阶段，都未超越阴山与天山。更不幸的，伟业昙花一现似一代三十年而终，随了纪元一七八至一八三年间檀石槐之死，帝国同盟立即崩裂，鲜卑退回到一盘散沙时代。

立于长城内缘的乌桓，虽因寄生汉族的惰性与拘束，使部落间长时期存在个别的孤立性，但二世纪后半，也受鲜卑影响，渐渐趋向地域性的统一。位于今日辽北、热河、察哈尔、河北诸省，以辽西、上谷、辽东属国、右北平为中心的四部乌桓大人，依序各各有众五千余落、九千余落、千余落、八百余落，而分别称王。当时，正值黄巾乱起，汉朝统治轴心开始倾斜与汉族地方势力抬头之际。乌桓值此时代背景，发展方式因此便与鲜卑有异，大人们都与汉朝具有野心的地方军阀相结合，是为特色。分立的四部之上，即归一个汉族退职太守统一领导，迨这一阴谋家与叛国者被汉朝政府逮捕处死，乌桓统一事业才转入辽西乌桓大人蹋顿之手，蹋顿屈服其他三部而被推为统帅。当时，约当纪元一九〇至一九三年间，汉朝最后一代献帝之初。

蹋顿时代，汉族出现一项反常现象，动乱的中国北方幽（朝鲜、辽宁、河北北部与察哈尔、热河南部），冀（河北南部）两州汉族居民，为逃避现实而投入乌桓集团的达十余万户之多。后汉末年，乌桓人繁殖总数，根据四部一万六千落估计，约为三十二万人，十多万户汉人参加，等于增加了一倍以上人口。乌桓固因这股汉人力量突然加入而声势浩大，却也愈卷入汉族地方势力斗争与消长的漩涡之中。汉朝最大权力家族之一的袁绍，便因得到蹋顿支持而消灭占有幽、冀一带地盘的大军阀公孙瓒。乌桓四部的"王"，也由袁绍假诸汉朝皇帝名义赐以游牧社会中最高名位单于。

但是，当中国历史上有名的政治家曹操崛起于黄河之南，以黄河之北为根据的袁绍优势便形逆转。曹操于二至三世纪之交击败袁绍而接替中国北方实权者的地位时，乌桓随着步上悲运，献帝建安十二年（纪元207年），曹操亲自指挥的柳城（今辽宁朝阳）一役，蹋顿阵亡，乌桓人死亡与投降的二十余万人，其余追随袁氏子孙退向辽河流域时，又被辽东割据者围剿，杀了他们领袖，以其首级作为礼物送与曹操，残余俘虏的乌桓人民都被曹操移住内地，能逃脱的，越出长城与鲜卑合并。一部分精锐骑兵则由曹操直接编入麾下，博得天下名骑之誉，形成曹操功业助力之一。从此，东胡族乌桓一支，领先从民族史上拭抹其名词，再历一个世纪，四世纪初五胡乱华时因此已没有他们的份。

东胡族另一支鲜卑，自檀石槐一代短暂时间拥有蒙古高原领域大版图后，一直处于分裂状态中，分布地也退缩到愈近长城地区。但汉族人民继涌往乌桓之势，再进一步超越长城线选择鲜卑居留地为避难所的潮流，亦于此时形成。特别是原中央部，由小氏·部族出身而以勇健、公正被推为大人的轲比能辖区，为多数逃亡汉族所汇集。这些汉人教鲜卑人武器制作法、用兵战术、高度的耕稼技术，中国文物制度与汉式文字，也都于这个时期源源输入鲜卑，轲比能即因得到这些汉族部众拥戴与协力，而在鲜卑诸部中占有最大优势。三世纪初汉朝倾覆，轲比能与接替汉朝的曹氏魏国建立宗主藩属关系，却于青龙三年（纪元235年）又被魏国的幽州长官所暗杀，粉碎了鲜卑诸部极可能实现的再统一理想。而便自后汉末年开始，可能也是受汉人影响，大人自部民推举的传统制度被破坏，出现了男系子孙世袭倾向，推戴、世袭两项制度并存一段时间后，魏、西晋时代，鲜卑大人世袭制终发展为一般性与固定化。

轲比能之死，反而使分散的鲜卑诸集团与北方魏国间个别的关系愈形亲密，他们帮助魏国征服东北的割据者公孙氏燕国。魏明帝景初二年（纪元238年）开始，向来居于长城线以外的鲜卑，被允许第一波内徙，在接受魏国封爵的领袖领导下，定居到辽西郡境内。从此鲜卑继承将近两个世纪前乌桓入居汉族中国的路线，一波波相继移住汉族中国北方，也便于魏、晋时代，堪注意鲜卑人居留地多已转移到了汉族中国土地上。同一时期，鲜卑诸族地域性的局部统一局面出现，分别被冠以领导大人姓氏为号，自东至西，为西拉木伦河流域的宇文部、大凌河下游的慕容部、热河南部的段部、察哈尔南部以至归绥的拓跋部。再往西又是稍后沿阴山入居甘肃南部的乞伏部与秃发部，以及由慕容部分离远走，迁移到青海东部的吐谷浑部。

当时北方中国境内，除了上述鲜卑人分布范围之外，鲜卑诸集团以南，山西、绥远、陕西，并再延伸入甘肃的是匈奴人（包括山西毗连河北、河南边界的混血羯人）。在陕西、甘肃与匈奴人混居，并广泛分散到四川、青海的是氐羌。如此一系列"胡"人连锁，横亘于黄河上游与黄河以北，进入四世纪，他们一个个在居留地建设汉式国家，而被称为"五胡乱华"的时代来临。

黄河流域的胡人—鲜卑人的加速与加深汉化，以原先檀石槐时代中央部大人后裔之一慕容部为最早，也最努力。供曹氏魏国驱使最出力，而率先于景初二年（纪元238年）曹魏夷灭辽河流域割据者公孙氏的同一年，自汉族环境以外入居辽西郡的，便是他们。四世纪初，晋朝的北方统治在刘氏匈奴攻击下解体，五胡乱华一幕揭开，慕容氏于纪元三三七年以辽东、辽西成立前燕国，又是诸鲜卑集团中领先，以及五胡十六国前半唯一鲜卑人建立的国家。虽然同时还有个拓跋氏的"代"存在，但"代"的国家性恪并不明显，未被列入十六国之列。须纪元三七〇年前燕亡于十六国中最为强大，且曾暂时统一北方中国的氐苻前秦，而苻秦又于纪元三八三年淝水之战惨败于东晋，十六国形势转入后期，各地鲜卑诸集团获得解放，乃纷纷投入政治风暴圈竞相建国。

十六国后期鲜卑的主流，系滋长于阴山南面边缘的拓跋部，亦即未来演化为中国正统朝代之一，南北朝对立的北魏。拓跋部被认定的始祖为力微，四世纪初五胡之乱爆发，拓跋部效忠晋朝，因对匈奴系刘汉战功而居留范围被允许自绥远扩大到山西北部，纪元三一二年，力微之孙，历史上被认为拓跋部发达最早的领导人猗卢，由晋朝封为代郡公。第四年又进封代王时，盛乐（今内蒙古和林格尔县）开始建筑了城郭式都城。纪元三一六至三一七年，西晋倾覆而东晋政权退到长江流域，"代"的晋朝从属关系中断，拓跋部一蹶不振，力微第四代孙与猗卢侄孙什翼犍时代一度恢复兴隆，什翼犍死，纪元三七六年又覆亡于氐苻前秦统一运动中。淝水战后，前秦不稳定的统一瓦解，北方中国恢复分解状态，拓跋部也随此机缘复兴。什翼犍之孙拓跋珪于纪元三八六年（东晋孝武帝太元十一年）被拥立为代王，着手收拾内部贺兰、独孤等部破碎分立局面，第三年，进位皇帝（便是北魏开国的太祖道武帝）。

这个阶段，拓跋部才真正步上建国大道，当十六国前期，"代"这个名词，非如刘渊国家称"汉"之为自身创立，而是晋朝封爵，如同曹操在汉朝的被封魏公、魏王，拓跋魏也一样。北魏道武帝天与元年代的国号宣布改为"魏"，国都也自盛乐向南迁移（纪元398年）。汉族与其他种族人民三十六万，与各种技术人员十万人以上，都被强制移住与建设大同盆地新国都平城（今山西大同）。苻秦未完成遗志，自此由这位气象万千的鲜卑伟大英雄拓跋珪继承，以归绥—大同盆地为发展中心而大拓跋国家急速发展。到复国约半个世纪的第三代世祖太武帝太延五年（纪元四三九年），黄河流域最后一个分散的国家北凉被合并，五胡十六国时代于焉结束，中国北方实现统一。而同时，退缩在长江流域一个世纪的东晋政权也被推翻,原东晋实力分子建立的刘宋政权代兴,中国历史转换为南、北两大势力对抗的南北朝时代,北方拓跋魏因此在历史上被称为北魏或后魏,以别于三国分立时代的曹氏魏国。

外国的中国历史学者,指北魏系中国人接受的第一个征服性朝代,又往往比拟五胡乱华为五世纪西洋的蛮族灭亡西罗马帝国,日耳曼诸部族得以各各在西欧建国而导向文明的模式,套用于五胡十六国,所以东晋的历史位置也被认与东罗马帝国具有相似点①。而其事实,第一,五胡十六国建国,意义正与日耳曼蛮族的情况背道而驰,系在汉族中国领域内受汉族培育而文明化了的结果,因、果恰相倒反。第二,北魏系征服王朝的研判根据,乃基于现代考古学从外蒙古以至叶尼塞河上流域古坟中陪伴金银制具出土,而年代被考定属于五、六世纪的汉式陶器陆续发现。考古学者们发觉,这些广布于蒙古高原全域以至南西伯利亚,五、六世纪时代的汉式押型斜行线纹陶器,其器形与制法,都似于中国南北朝时代的陶器,尤其与山西大同北魏国都平城出土为相同,从而获得汉族文化如何在此期间膨胀到南西伯利亚的结论②,也陪伴认定北魏系挟北亚细亚草原势力南下征服汉族中国。此一推断与事实存有距离,自中国历史资料,如《魏书》记载,只见自四世纪末迄于五世纪末的一个世纪间,北魏大军如何多次纵贯戈壁沙漠,进出蒙古高原—南西伯利亚的记录,而从无对这个地区加以占领的说明或暗示。抑且,北魏自其祖先三世纪间移住汉族中国后,即使内蒙古原住地都已放弃,生活圈止于长城以内的归绥盆地以南,不能越过阴山。北方草原当五世纪时,强大主人是柔然,六世纪以后又是突厥,与

---

① 外国历史界惯以罗马与汉朝(以及其后续朝代魏、晋)对比并论,规范双方历史发展的同一轨迹,H. G. Wells "A Short History of the World"(1965年新版,岩波版日译本《世界史概观》上第152—156页,第三四节《罗马与中国》)的影响颇大。国际著名学者法国 Rene Grousset 的"Histoire de l'Asie", 6°edition,白水社版日译本《亚洲史》第59页"匈奴等游牧民族向中国大入侵而晋朝局限南方领土,存续其命脉,如同丧失了西欧领土的拜占庭罗马帝国"、第68页"拓跋氏鲜卑征服王朝";美国 Owen Lattimore "China, A Short History",岩波版日译本《中国》第78页"游牧蛮族的拓跋魏征服者,以征服北方中国而中国化",均持同一立场。日本学者尤其附和,著作中累见此等解释。

② 平凡社版《世界历史大系》2. 驹井爱知、江上波夫、后藤守一《东洋考古学》,第398—399页。

北魏都无涉，六世纪前半北魏自身且以分裂东、西而陷入落日黄昏之境。早期远征，意义仅是国力巅峰表现，与汉朝强盛时代的漠北征伐相同。考古界蒙古高原—南西伯利亚汉式陶器证明，代表的是当时柔然—北魏间交涉频繁此一事实，不牵涉领土问题，这又与汉朝—匈奴当年情形相同。所以，北魏既无草原领土，相反，他们国家的开创、发展、没落，又都在汉族中国，则如果早年檀石槐鲜卑帝国取得黄河流域支配权，自是征服王朝，但拓跋魏却不是。第三，拓跋魏发展基础归绥—大同盆地，汉、魏之间虽已撤消郡县建制，但仍是汉族中国领土，且系拓跋部依卫星异族向宗主国请求与允诺的正常程序，而和平移住到当地，与南匈奴、乌桓入居汉族中国的手续相同，建国意义，也与其他鲜卑同族或其他诸"胡"没有差别。猗卢以晋朝代王身份列爵分土，以视同时期汉族自身的河西张氏前凉，性质尤其相彷佛。所以，拓跋国家的建设，在"五胡十六国"大潮流中并无异于一般之处，乃是异民族蜕变潮流中的浪花之一，他们定国号，建年号，便全是汉族传统而非游牧习惯，较十六国之所不同，苻秦统一运动功败垂成，北魏却成功了。这一类型的成功，以视后代辽、金、元诸朝代先建立草原雄厚势力，才向南发展，对汉族中国加以武力胁迫、侵略、占领、征服的定律性路线，迥然有异，苻秦不是征服王朝，北魏也不是。西方与日本学者解释北魏性质，解释五胡乱华，都是似是而非，外国人研究中国历史，若干方面原是容易发生偏差的。

　　北魏从独立到支配半个中国，也代表"乱华"五胡共通从汉族文化附庸变自身为真正汉族的典型。历史上游牧民族最早汉化可推匈奴，但匈奴在长时间缓缓完成汉化的过程中，不容易探寻其如何进展的层次，到他们建国，则已是汉化程度烂熟的阶段，也惟其如此才成为五胡中带头的国家。北魏在这方面，情形比较不同，五胡中鲜卑移住汉族中国原为最迟，拓跋部在鲜卑系统诸族中尤系后起，他们汉化起步晚而成熟迅速，急起直追是其一大特征。从"代"到"魏"，从十六国之初到平城时代，再到孝文帝太和十八年（纪元494年）定都洛阳，每一段落都附着明显的跃进痕迹。正因为这样，如果对游牧民族如何汉化的阶梯有所说明，北魏无疑是个最适当的例子。

　　拓跋珪复兴代国是一次大跃进，拓跋部残余游牧色彩自此迅速卸脱，自盛乐而改建平城为国都的同时，部族联合式国家组织被断然扬弃，鲜卑原有的部族制宣布解散，凡部族人民概予编民化，一律、一体统治的郡县新体制实现。仅于平城周围按四方、四面配置八区，所谓"八国"（八部或八大人制），可视为原部落制的残存痕迹，以安置原北族（兼指拓跋部等鲜卑诸族与原匈奴人等）。但原部族首长二千余人，却都已被取消军事政治特权而改给代表荣誉的爵位，这是拓跋部或北魏命运的一大转捩，政治、社会、文化纳入了标准汉式体系。南北朝形成而到五世纪后半孝文帝迁都洛阳，一系列禁胡服、禁胡语、禁胡俗、汉胡通婚、改胡姓为汉姓等革命性政策强制执行，以及八国制度崩坏，残存边境因被远隔"北族"而沦为贱民化，又使鲜卑人仅留的"胡"人外貌，从根本上民族意识与民族尊严的丧失而被彻底清扫干净。

北魏鲜卑人变为汉人的重要性，非仅表现于他们自身"变"得如何努力，也在他们领导创造汉族文化新的境界。北魏立国基础乃是魏晋文化，但当五世纪前半北方统一，盘踞河西走廊的北凉被灭亡，与西方世界文物交流的"丝道"重开，北魏便开启了中国文化史上全新的一页，以佛教与佛教美术为代表的北魏文化独立路线成立，大同云岗石窟与洛阳龙门石窟丰富文化遗产，留传至今日仍为中国最重要国宝的一部分。而孝文帝时代推行的三长制、均田制等，又都具有独特精神，对隋唐制度有其承先启后作用的贡献。所以，北魏非只必须承认为汉族中国历史上的正统朝代，并且也是个极有分量的朝代。

而另一方面，便在北魏时代，大草原上新的游牧民族柔然勃兴，对长城地带步步加大压力，四五世纪之交成立的长城六镇显现其重要性，长城内外南、北势力对峙形势中代表"中国"立场与担负责任的，又便是北魏。北魏无论从主观意识或客观形势而言，都已是汉族。自三世纪中以来，两个半世纪的时间转换了鲜卑游牧民族性格，与南匈奴投降汉朝以迄刘渊登位皇帝这段时间，大略相当。残余鲜卑人，留下的唯有青海吐谷浑，但也已与当地羌族合流，到七世纪而被隋唐征服。

戎·羌·氐·月氏

纪元前三世纪以前三分中国北方游牧世界，其后裔仍屹立与繁衍于今日的，是与东胡系东西遥遥相对的西羌系种族。生活于青、康、藏高原及其周围毗连地区的藏族，便属于这一系血统。

羌人与汉族关系的开始，较历史上任何一个异民族都早，甲骨文中便已出现"羌"这个名词。其与汉族，相互间也显示人种的亲密性，中国古代记录便有以为羌族出自中国最古姓氏之一"姜"姓，"姜"即是"羌"之说。今日羌人后身藏族的藏语，在世界语言系统中也与汉语共同形成独特的汉藏语系，与蒙古语、通古斯语、突厥语的阿尔泰语系都不相同。所以，溯及上古，羌族可能很早便以黄河流域为居留地，其中一部分成为汉族构成前身之一，其余的便以"戎"或"西戎"的名词，存在于周朝历史。纪元前十二世纪周朝的建立者武王以渭水河谷为根据地，会合西部诸侯而向东方殷朝鼓动革命时，羌族集团或诸戎已是主要参加分子。其中"犬戎"一支，纪元前八世纪且杀了周幽王，压迫周朝国都自渭水流域镐京向东退缩到河南省境的洛邑，结束西周统治而转换周朝为东周—春秋时代。

所以，羌族或诸戎，其最古历史与原始地理分配究竟如何？虽然迄今是个争论的问题，但到周朝时代，却明确已见他们在中国西部大活跃，活动范围遍于山西、陕西、甘肃、四川、河南，所谓"戎逼诸夏，自陇山以东，及乎伊洛，往往有戎"；"春秋之世，（戎）间在中国，与诸夏盟会"，以及"春秋时陆浑、蛮氏戎称子，战国世大荔、义渠称王"（均见《后汉书》西羌传）的说明，可知诸戎的与诸夏相杂居，以及当时势力为如何庞大。他们退出黄河大平原与黄土高原，须待到晋（山西），特别是秦（陕西）不断努力与不断战争之后。

秦这个国家与其人民，历史上便附着了不少关于戎的传说。当秦国于纪元前八世纪周朝王室向东撤退时，被赐以王畿一部分土地而开始建立国家，从附庸跃为诸侯，终至强大到纪元前三世纪统一中国，与戎始终维持了密切关系，所以后代便有秦乃戎所变的理论出现。这种情形，正与同时期狄的与赵、夷的与齐、蛮的与楚相仿佛，彼此混血为可以想象。古代记录说明："秦穆公得戎人由余，遂霸西戎，开地千里。"秦国在发展初期，扩大的领土已全夺自诸戎，以后形势愈益明朗，戎人终至不得不尽行撤出前期汉族所需要的土地，向西集中到黄河支流湟水与洮水上流域，甘肃中部，以及四川外侧的地区。"戎"这个称谓，也自此再恢复以"羌"替代，"羌"或"西羌"，明确被汉族区别成了异民族。

戎转变为羌，以及转变的有关于秦国，有一则羌族起源传说，被收入《后汉书》西羌传中的内容是：纪元前五世纪中，春秋过渡到战国前夕的秦厉公时代，一个名叫无弋爰剑的戎籍秦国奴隶，在火烧酷刑下，逃得生命到达"三河"（指黄河、赐支河、湟河）之间他的族群中，凭他机智与英勇，得到族人一致拥护为"豪"，以后子孙世世被推为本族首领，种族也自此不断繁殖，到爰剑曾孙忍，正当秦国发达史后期揭开第一页，纪元前四世纪前半，秦国自中衰回转强盛之初。《后汉书》西羌传说："秦献公初立，欲复穆公之迹，兵临渭首，灭狄獂戎。忍季父卬畏秦之威，将其种人附落而南，出赐支河（今玛楚河）曲西数千里，与众羌绝远，不复交通。其后子孙分别，各自为种，任随所之。或为氂牛种，越巂羌是也；或为白马种，广汉羌是也；或为参狼种，武都羌是也。忍及弟舞独留湟中，并多娶妻妇。忍生九子为九种，舞生十七子为十七种，羌之兴盛，从此起矣。"这便是如何自戎人转变为羌族的起源。忍、舞后裔为西羌主流，忍季父卬领导的一支，则成为未来被称为"西南夷"中的"西夷"或"氐"。从而到汉朝，据《后汉书》西羌传记载："自爰剑后，子孙支分凡百五十种。其九种在赐支河首以西，及在蜀、汉徼北，前史不载口数。唯参狼在武都，胜兵数千人。其五十二种衰少，不能自立，分散为附落，或绝灭无后，或引而远去。其八十九种，唯钟最强，胜兵十余万。其余大者万余人，小者数千人，更相钞盗，盛衰无常。无虑顺帝（二世纪前半在位）时胜兵合可二十万人。发羌、唐旄等绝远，未尝往来。氂牛、白马羌在蜀、汉，其种别名号，皆不可纪知也。"所以，关于西羌，其分化之繁，种别的复杂，大小部落不相统一与变化无常，所谓"种类繁炽"，是一大特征。

当纪元前四世纪羌人因被汉族排挤而转移到达的汉族环境边缘——黄河上流域与其西，多数已是内陆地带。大片土地，气候干燥寒冷，雨量微少，特别是青海巴颜喀喇山以南与今日称为羌塘的藏北高原，年雨量在一二五公厘以下，地理背景与蒙古相似，因此他们终究追随了胡人、东胡路线，而生活倾向于胡化。"戎"转变为"羌"，名词所以改易，可能便与加入胡化因素有关，所以《后汉书》西羌传提供的羌人资料称：

> 河关（汉朝金城郡属县）之西南羌地是也。滨于赐支，至乎河首（黄河源），绵地千里。赐支者《禹贡》所谓析支者也。南接蜀、汉徼外蛮夷，西北接鄯善、车师诸国。所居无常，依随水草。地少五谷，以产牧为业。其俗氏族无定，或以父名母姓为种号。十二世后，相与婚姻，父没则妻后母，兄亡则纳釐嫂，故国无鳏寡，种类繁炽。不立君臣，无相长一，强则分种为酋豪，弱则为人附落，更相抄暴，以力为雄。杀人偿死，无它禁令。其兵长在山谷，短于平地，不能持久而果于触突，以战死为吉利，病终为不祥。堪耐寒苦，同之禽兽。

则明显是个游牧民族的写照，与匈奴、东胡都有共通特性，而氏族制发展尤为缓慢。秦朝长城作用在隔绝游牧社会与农业社会，其西段长城起自临洮，隔离羌人的意义，与从北方隔离胡人，正相一致。

但泛羌族的游牧化程度，并非一体现象。便因了他们种类繁多，分布区域又广泛，所以，其中一部分人与地，非立于上述内陆地带而改沿其内缘。这些人，便是传说中纪元前四世纪前半自主流向南分出的一支，他们逃避汉族，路线从甘肃折向南行，所选择的居留地，却仍是农耕区域或农耕环境边缘，新到达土地上当时虽无汉族足迹，以后注定仍难避免，特别是四川盆地。纪元前四世纪末，果然秦国势力追踪前来，巴、蜀两国最先被并灭和置郡。再两个世纪，甘肃、四川—西康边境与云贵高原所谓西南夷地区，也接续被汉朝合并，开辟六个郡。西南夷异民族中拒绝汉朝统治的，被放逐到山林之间，愿意汉化的，豪酋各各被赐与王侯名号，维持部落自治状态而作为郡的附庸。惟其如此，这些异民族自汉朝武帝时代以后，反而全成了生活在汉族中国领土内的状况，其后文化、经济或多或少都已受到汉族影响。同样的原因，西南夷中的羌族集团，便自生活于游牧天地的同族中，被汉族区别了出来，而另名之为"氐"。虽然氐与羌仍是二而一的种族，习惯上也仍氐、羌并称，但氐人系已汉化，显现为汉化了的羌族，则是他们区别于泛羌族的特征。西南夷六郡中，这些汉化羌人或氐族居留地便占了多数的四郡：越嶲郡（邛都夷）、沈黎郡（筰都夷）、汶山郡（冉駹夷）、武都郡（白马氐）。

关于氐人生活习俗的具体了解，可自《三国志》引《魏略》西戎传而知："氐人……其俗，语不与中国同，及羌杂胡同，各自有姓，姓如中国之姓矣。其衣服尚青绛。俗能织布，善田种，畜养豕牛马驴骡。其妇人嫁时著衽露，其缘饰之制有似羌，衽露有似中国袍。皆编发，多知中国语，与中国错居故也。其自还种落间，则自氐语。其嫁娶有似于羌，此盖乃昔所谓西戎在于街、冀、獂道者也。今虽都统于郡国，然故自有王侯在其虚落间。"《后汉书》西南夷列传中，又说明冉駹夷"其王颇知文书，而法严重"，以及人民"冬则避寒入蜀为佣，夏则违暑反其邑"。对诸氐的共同印象又是"各有部落"，"各立君长"，"邑聚而居，能耕田"。则氐人如何倾向于农业定居，以及他们惯用汉文、汉语而与汉族关系的密切可见。

与氐人恰恰相反，游牧化最强烈的羌族另一分支，是沿氐族北部散布的外缘，汉族中国北方边境以外的月氏（或称月支），《逸周书》《管子》中称"禺氏"，《韩非子》《淮南子》称"和氏"，都是"月氏"同音。纪元前三世纪以前月氏势力遍于宁夏以西广大地区，自新疆及至中亚细亚都均其活动范围，是个掌握沃洲通道的强大游牧国家与中继贸易者。中国自新石器时代以来向所爱用的玉器，其制作材料，原产地为塔里木盆地南边沃洲，尤其于阗附近河床的软玉，月氏便是其中继者，所谓"禺氏之玉""和氏之璧"是也。同时，中国的丝，也因月氏转卖而为西方世界始知，成为西方最珍贵的衣料。中国早期记录称"嬴秦之世，三部并强"，月氏在三大势力分立时代"控弦二十万"，力量还超过了匈奴。匈奴英雄冒顿在年轻时便曾被质于月氏，后来冒顿逃归而建立世界史上空前草原大帝国时，月氏才局促在甘肃敦煌与祁连山麓的河西走廊。纪元前二世纪前半经过匈奴两次大征伐与驱逐，月氏退到伊犁河谷，纪元前二世纪后半又在乌孙攻击下，第二次继续从伊犁河谷被逐出，往西移向阿姆河一带。从此，月氏的新疆势力为匈奴所接收，自己也渐转变为沃洲居民而非草原民族，屹立中亚细亚建设著名的贵霜王朝。也惟其月氏到达这个东西方民族交汇地区，而混入雅利安系白种人血统，换句话说，他们须到后期历史中才显得像雅利安人，纪元前二世纪以前并不如此。而且，原始的月氏也非整族西迁，一部分族人退出河西走廊后，遗留在附近甘肃、青海交界，保持"南山羌"（《史记》大宛列传大月氏条语）传统的，称为小月氏，与邻境其他二十余种羌族共同服属匈奴。西迁的大部分，则称大月氏以为区别。

　　大月氏、小月氏仍非月氏系羌族的全部，《三国志》引《魏略》西戎传指出这一系月氏人分布地区为："敦煌西域之南山（祁连山）中，从婼羌西至葱岭（帕米尔高原）数千里，有月氏遗种。"从敦煌以西扩展到塔里木盆地，自婼羌草地沿昆仑山、喀喇昆仑山北麓，一直到达帕米尔，所谓西域的"南道"上，东起婼羌，西迄西夜、子合、蒲犁等各个游牧行国，都是。这些国家，匈奴强盛时役隶于日逐王的僮仆都尉，汉朝强盛时又立于西域都护支配之下。

　　月氏、氐以外，便是泛羌族的主流，狭义所谓羌族或西羌。他们位于月氏以南，氐人以西的汉族中国国境内外，散布地区在三个羌人系统中为最广，自"戎"而"羌"的起源地"三河"之间与青、康、藏高原全域都是。这一大片寒冷高原地带，从接连南山山地（河西走廊）的塔里木盆地以达喜马拉雅山麓，荒凉而干燥，适于牧而不宜耕，因此为汉族所舍弃，却成了羌人活动天地。

　　汉朝羌族诸集团，便这样分别为三类，南北纵列于汉族中国领土西部的，是氐；东西横贯于甘肃、新疆的，是月氏；氐的外侧与月氏之南，则通常观念下狭义的羌，或者，以其在整个泛羌族分布地域中居西的形势，而谓之"西羌"。或者，羌也可依农耕或游牧倾向，而只区别之为"氐"或"羌"两大类别，月氏以自南山（祁连山）发迹而被称"南山羌"，包容在"羌"之内。但不论三分或两分，月氏或南山羌的历史须归入西域一部分，氐人与汉族已无多差异，唯有西羌，其中一部分在汉朝领土内附属于汉族，而另一部分又非汉朝主权管辖所及的形势，到后汉后期，终形成汉朝政治的痼疾。西羌问题，也是汉朝羌人事务中主要所在。

后汉政治痼疾——西羌问题

西羌在汉族区分氏、羌的原则上，原应全行立于汉族中国以外，也依此而与生活在汉族环境中氏人同族有别，如同东胡系的鲜卑之与乌桓。但发展的结果，鲜卑固在三世纪前半源源进入长城，羌人却还要早得多，纪元前二世纪末，亦即氏人归属汉族中国的同时，已开其参加或流入汉族中国西境领土的先声，情形则与氏人相同，系随土地的被收入汉朝版图而形成这项现象。被归并的土地，乃是湟中。

湟中或湟水流域，原是个农业地区，也便是戎的时代，他们被秦国逐出后族人最早集中的地区。这个与甘肃南部接壤，今日青海西宁所在，东面已是氏人散布地，北面又毗连河西走廊，地理上自青海高原区划为独立的单位。秦朝统一中国时，以其位于黄河以外而被划出起自临洮的西边长城，却是青康藏区域唯一农耕地带。

到汉朝与匈奴对立，青海、甘肃诸羌参加匈奴联盟，也因羌、胡携手而构成包围汉族中国侧面的严重威胁，所以汉朝有纪元前二世纪后半攻取河西走廊而切断羌、胡联系的战略决策实现。但湟中羌人大本营的存在，使得汉朝虽掌握河西，对隔断羌、胡要求，当时仍未完全收效，武帝元鼎五年（纪元前112年）便曾有匈奴与湟中羌族联军十余万人，向甘肃南部陇西郡大规模展开侵掠事件的演出。这个经验，促使汉朝政府决心控制湟中地区，事实上，河西转为汉朝领土，继续取其相连的湟河一带，也只是时间迟早问题而已。这个农耕区域与周围有着明显自然界线的地理性格，又具备其容易分割性。于是，陇西被掠的第二年，河西之役后第十年（纪元前111年），汉朝部队便于追击羌人时随同占领与接收了湟中，从湟中退却的羌族转移到西海（今日青海，蒙语库库诺尔 Koko Nor）以西。残留投降汉朝的，包括属于月氏系统的"湟中月氏胡"，都归汉朝此时开始设置于今日四川省北部松潘县境的护羌校尉监护。

三十年之后，武帝的次代昭帝始元六年（纪元前81年），为杜绝羌人骚扰，陇西郡以北黄河沿岸，今日兰州地区增设金城郡。再二十年，宣帝神爵元年（纪元前61年），名将赵充国制服侵犯金城郡的羌人后第二年，又依武帝时代匈奴人之例，允许投降羌族入居金城，而新成立金城属国。自此，羌族每一次被招抚或被击破，都以之安置到西北诸边郡，一方面给予他们利益保障，一方面又以接受管束为条件。前汉控制西羌政策制定后，迄于王莽时代约一百年间，汉、羌关系多数时间都能和平相处，西羌依是否住居汉族中国境内并受汉朝支配而分划两个部分的形势，也从而铸定。

经过王莽篡夺而至后汉政权建立，迁入汉族中国以内居住的异民族中，羌族徙居位置与他们源源不绝而来的趋势堪为注意。前、后汉之交的内乱，最遭损失是首都长安所在地关中，更始、赤眉连续不断的战火，使这个全国精华之区，以长安为核心的京兆、左冯翊、右扶风"三辅"，破残不堪，死亡与流失，更令这一区域人口数字急剧跌落到仅剩前汉太平盛世的五分之一以下，因此而后汉国都不得不改建到河南洛阳。情形特为严重的，又是三辅西侧以及泾水、渭水上游，汉族中国西部边境重要战略地带，亦即前汉倾全力才掌握的河西一带凉州诸郡，愈成为触目荒凉。位于凉州以外的羌族，自光武帝建武九年（纪元33年）在狄道恢复设置护羌校尉，以及第三年西北事务专家名将马援对边境叛羌大攻击结束，投降者被安置到天水、陇西、扶风三郡以来，于是堂堂三辅"帝王之都"，便因迁都后朝廷漠视关中，轻易被划为异民族居留地区。自此从青海、西康移住陕、甘、川三省的内徙羌人，一波波连续不断，一世纪末，且曾出现"和帝永元六年（纪元94年），蜀郡徼外大牂夷种羌豪造头等率种人五十余万口内属，拜造头为邑君长，赐印绶"（《后汉书》西羌传）的惊人记录。

"内属"者之外，站于汉族中国外侧部分的羌族，一部分又是所谓"奉如一世纪后半明帝永平时，汶山郡以西，西康省"白狼、盘木、唐菆等百余国，户百三十余万，口六百万以上，举种奉贡称为臣仆"（《后汉书》西南夷列传）便是。其余的，都非汉朝政府支配可及。

所以，汉朝国境以内是羌，国境以外也是羌，国境外有服从的羌，也有非服从的羌。在后汉政府以异民族补充汉人不足为唯一边郡政策，而国外羌人要求内属之势又久久未停止的情况下，到二世纪初以后，外戚、宦官斗争与朝廷政治权力下坠，地方恶势力造成，新内属羌人更因与汉族相处时间尚浅，其"难驯"被引为共通印象。地方官、豪族对待他们，心理上是蔑视，态度上是压迫，西北羌人问题，于是便充满了危机。羌变、羌乱的导发成为不可避免，《后汉书》西羌传说明矛盾冲突的所以表面化相当明晰：

> 时诸降羌布在郡县，皆为吏人豪右所徭役，积以愁怨。安帝永初元年（纪元107年）夏，遣骑都尉王弘发金城、陇西、汉阳羌数百千骑征西域，……群羌惧远屯不还，行到酒泉，多有散叛。诸郡多发兵徼遮，或覆其庐落。于是勒姐、当煎大豪东岸等愈惊，遂同时奔溃。麻奴兄弟因此遂与种人俱西出塞。先零别种滇零与钟羌诸种大为寇掠，断陇道。

所以，羌人暴动，一是正值后汉统御力解体外征的并发症期，二系汉族"吏人""豪右"激起的反抗运动。而且从此一发不可收拾，时间上延续半个世纪，变乱范围之广，也自宁夏南部、青海东郡、四川北部，延及河南西部，几乎遍及黄河流域西半部都是，所谓："陆梁于三辅，建号称制，恣睢于北地，东犯赵、魏之郊，南入汉蜀之鄙，塞湟中，断陇道……"羌乱进入中期，顺帝永和年间，战争且突破西北并、凉二州界限，包括了河北省在内，自西至东的汉族中国北方整体并、凉、幽、冀四州。

西羌足以打击汉族中国的力量绝对不如匈奴、东胡，匈奴、东胡在后汉都未给汉族中国制造大困扰，而不可能构成如匈奴般压力的西羌却引起了莫大风波。西羌问题，也构成后汉政府最严重与处理最棘手的难题，其原因，羌变的发展与处置，较一般叛乱都不能相同。

羌族人多种繁，他们的行动是个别的，虽然羌祸如传染病蔓延似，从局部事件发展到全面性，却没有中心领导与有系统的组织，每一分散的部落都有其自由意志，彼此可以一时联合，立刻又容易解体，任何部落首领的叛或服，都出自一时情绪冲动，也只代表自己这个部落。所以，后汉政府必须区分他们叛、顺，叛乱羌人又必须各个击破。而镇压或招抚一个部落，又只得到一个部落的效果，不但费力，也事倍功半。更严重的，忽叛忽降，此降彼叛，叛了又降，降了又叛，连已获得的征服效果也不容易稳定，此其一。

其二，后汉时代，内属诸异民族与汉族间的战争，性质都已转变为汉朝内乱，唯有羌乱比较特殊。他们在汉族官员、豪族高压之下有其种族仇恨，因此也具备民族运动外貌，虽然他们从未存在为什么战争的政治意识与激发全体一致认识。但汉朝国境内外羌人平时便互相交通，战争期间又相互煽动与勾结的事实，以及当内属羌人叛出国外，国外羌人却倒转又在同时要求内属，便愈陷事态于复杂。换言之，内乱可以扩大为外患，外患又会转变为内乱，内乱便是外患，外患又牵连内乱，战争性质很不容易区别。

羌乱成因、性质、发展，既都异于一般叛变，自造成政府莫大困扰。后汉政府如何对连续半个多世纪野火燎原式的羌人暴动焦头烂额，不难从《后汉书》西羌传所记录，前后三次扑灭高潮中所投下巨大军费的数字而知：

——安帝永初元年（纪元107年）羌乱初起十多年间，二百四十亿。

——一世纪四十年代，顺帝永和以后数年间，八十余亿。

——一世纪五十年代后半，桓帝建和以后十多年间，四十四亿。

这些笔军费支出统计，如果与后汉政府每年例行津贴南匈奴的一亿九千余万与西域维持常年经费七千四百万比较，将吃惊于消耗财力为到达何等程度。应征兵士与战区人民死亡于刀锋或饥饿、惊惶中的人力损失，尤为无可计数。长期暴动最后终激怒了汉朝将领，专门从事残酷大屠杀，特别是对羌人怀有极端厌恶心理的段颎。《后汉书》段颎传便等于一篇血腥账目，自桓帝延熹二年（纪元159年）他继任护羌校尉，离职后再任破羌将军的几年间，死于他屠刀下的羌人，统计达十万人之数。其间且创下四千人叛变而一次杀戮三千人的纪录，理由是羌人"诛之不尽"与"上天震怒，假手行诛"。到灵帝建宁二年

（纪元169年），所谓羌祸，才因这位刽子手的恐怖手段而宣告结束。

西羌从未被汉朝视为强大敌人，羌祸的破坏性，却较任何汉族自身或其他异民族叛变都严重得多。《后汉书》西羌传"府帑空竭，延及内郡，边民死者，不可胜数，并凉两州，遂至虚耗"的结局记载，可谓简明扼要。这个民穷财尽结局的造成，汉族地方官对其前因后果固须负起绝对责任，而暴动初起阶段，汉朝决策者也犯下错误，西羌传两段说明："时（永初元年）羌归附既久，无复器甲，或持竹木杖以代戈矛，或负板案以为楯，或执铜镜以象兵，郡县畏懦不能制"；"和熹以女君亲政，威不外接。朝议惮兵力之损，情存苟安。或以边州难援，宜见捐弃；或惧疽食浸淫，莫知所限。谋夫回遑，猛士疑虑，遂徙西河四郡之人，杂寓关右之县。发屋伐树，塞其恋土之心；燔破赀积，以防顾还之思"。甚至放弃凉州全境也有人主张，这个意见虽未实现，但陕、甘两省的全域，陇西、上郡、北地、安定诸郡汉族居民，却先后都不惜用破坏他们在原住地经过若干代辛勤经营的产业，强迫移住内地。这种上下失御，以及逃避现实的撤退主义，同时期西域问题同样如此，正都代表了汉朝气运没落的注定难以挽回。措置非只无补实际，又显然伤害汉族居民利益，节外生枝招致了自身汉族人民的反感。

羌变虽平，连连兵荒马乱后的旱蝗饥荒都相继而至，社会不安与人民痛苦已非地区性而扩展到全国，后汉谷价最贱时每斛仅三十钱，便因羌乱而安帝时已猛涨为"谷石万余"。趋势继续发展到灵帝中平元年（纪元184年），大规模汉族农民暴动的黄巾之乱，终于继羌乱爆发，在此期间，因扑灭黄巾而崛起的大小军阀，与采取武装自卫恣态的各地豪族，相偕抬头。而社会秩序脱幅与经济崩溃形成，仍以羌祸最剧的西北地区为最严重，汉朝最末一代献帝兴平元年（纪元194年），三辅且到达"谷一斛五十万，豆麦一斛二十万，人相食啖，白骨委积"（《后汉书》献帝纪）的骇人地步，衰运中后汉结局的被支解乃无可避免。所以，后汉政权致命绝症系由羌祸引起而引发，实为出乎意料。谓后汉政权被二世纪长期羌祸拖垮，也非过分夸张之词。

三世纪汉朝倾覆前后，与西羌同血统而汉化较早的氐族大形活跃，《三国志》魏志的记载："太祖（曹操）将拔汉中守，恐刘备北取武都氐以逼关中，……乃徙氐五万余落出居扶风、天水界"；"延康元年（即汉建安 25 年，魏国成立又改黄初元年）秋，武都氐王杨仆率种人内附，居汉阳郡"。氐人渐渐北移，其地理分布与羌族掺杂的形势，对停止变乱已数十年，也逐渐安分倾向汉化的羌族，颇发生加速文化向上的影响与作用。原为一而二的羌与氐，至魏、晋时代，因此再从实质上回复合为二而一，相互间不再存在区别的标准。

氐、羌聚居到汉族中国国境内的密度，可从三世纪后半短暂结束三国分裂局面的晋朝初年，政论家江统"徙戎论"说明："关中之人百余万口，率其少多，戎狄居半"（《晋书》江统传）而得知。所指出氐、羌密集地，便是所谓三辅的京兆、冯翊、扶风，以及北地、新平、安定、始平诸郡。后汉以来一贯推行的援引异民族政策，其时曾被很多汉族知识分子提出检讨，反对声浪甚形高涨，主张以所有国境内非汉族一律迁出，江统以氐羌问题的讨论为主要内容的徙戎论，便是最具代表性的一篇文章。但类似的建议都未实行，事实上也已无从实行。

晋朝统一仅如回光返照，三至四世纪之交皇室内讧，所谓"八王之乱"，继承汉末大小军阀混乱趋势而展开，中国史上更大分裂，亦即五胡十六国异民族建国的时代跟踪而来。这些已受汉族文化洗礼而位于中国西部境内的氐、羌，也随匈奴与鲜卑，在政权争夺舞台上扮演了重要角色。甘肃南部，当时略阳郡（晋朝以魏国分天水郡而设的广魏郡改名，今天水）氐族领袖，著名的苻坚及其所建立前秦大帝国，且一度统一了分割下的北方中国全域，继之，又是略阳附近南安郡（后汉末年分天水郡设，今陇西）羌族姚苌建立的后秦。这股氐、羌浪潮，最后再卷入更汹涌的鲜卑北魏洪流之中而告终了。

便在同时，汉族中国西方边境以外，青康藏地区分散的羌族诸部落，却正奋起迈向团结之途。五胡乱华期间，青海地方首先脱出部落政治范畴，出现一时相当活跃的吐谷浑王国，只是构成这个国家的人民虽为土著羌族，统治者却是从东北迁回而来的鲜卑族。其后，当亚洲历史上有名的吐蕃从西藏河谷兴起时，支配青康藏高原全域空前强力的巨大势力便形建立。虽然吐蕃国家是否羌人自力建立尚有争论，但其从西羌历史上第一次达成广泛分布地的大团结，则无疑问，当时，汉族中国的朝代已转移到七世纪的唐朝。也便自经过吐蕃统一开始，诸羌思想上接受佛教指导，一支以宗教为中心的民族逐渐被定型。今日藏族与西藏地方，便在这段漫长时间中完成其民族与地理名词的转换，现代西洋人称西藏地方为 Tibet，藏族则 Tibetans，都出于"吐蕃"的对音。但西藏地方并为中国领土一部分，以及藏族构成中华民族中一个重要环节，则还须待到十七世纪清朝成立以后。

草原"朝代"嬗代中的柔然

广阔的突厥民族波涛从静止于南西伯利亚—蒙古高原北部而至汹涌亚洲，其序幕由柔然揭开。柔然，也便是鲜卑的北亚细亚政权继承者，与匈奴以来第三次游牧大同盟或第三个草原朝代，鲜卑联盟仅檀石槐一代而灭，柔然的朝代寿命却能传十余世。

柔然这个民族名词，出现在中国历史上的，还有蠕蠕、芮芮、茹茹等，都是同音异字。至五世纪前半最盛期，又往往以其伟大英主"大檀"或"檀檀"之名，代表柔然，如《宋书》索虏（北魏）传附芮芮传便谓："芮芮一号大檀，又号檀檀。"只其民族渊源，历史上的说明相当混乱，中国古史中，《宋书》指为"匈奴别种"，《齐书》指为"塞外杂胡"，《魏书》又称他们是"东胡之苗裔"，猜测他们大体乃是东胡与突厥的混合民族。而且今日研究东洋史的学者间，推定他们便系最早的蒙古语系使用者，已倾向于定说化①。

柔然最早出现于汉族眼前，已是四世纪初五胡建国热潮最初展开，以及东胡系鲜卑拓跋氏受晋朝封为代王之时。当时柔然正以一个名为郁久闾的小部落为中心，在阴山以北渐渐发展，接替了拓跋部于三世纪时因进入汉族中国而放弃了的原住内蒙古牧地，并开始以"柔然"为部族统一名称，每年向拓跋部供给畜类与毛皮，而维持追随拓跋部的隶属关系。

---

① 江上波夫、护雅夫、田村实造等，均持此主张。

拓跋部"代"一度覆亡而拓跋珪复国，国势跃向最强盛阶段，他们尝试开创草原事业，压迫向在内蒙古服属他们的柔然退往漠北，并历次越过沙漠展开对原住漠北部族的征伐，但也自此开始，长城内外形势一变，脱离拓跋部支配到达漠北后的柔然，如鱼得水。五世纪初，柔然已茁壮到统一蒙古高原与南西伯利亚，并回过头来成了自"代"扩大为北魏的强盛侵略者，不断对长城地区展开攻击，游牧历史从此又一个循环开始。

改易了国号的北魏鲜卑，此时却正努力于自身的汉化演进，而不再与草原有何关连。维护长城，代表定居社会与大草原上柔然游牧民族对抗时代的北魏，已忘却自身原也是个起源长城外的游牧者，他们厌恶游牧民族侵略的程度，可由五世纪前半完成北方中国统一，被誉为雄才大略的太武帝一段记载得知："世祖以其（指柔然）无知，状类于虫，故改其号为蠕蠕"（《魏书》蠕蠕传）。咬文嚼字，作蔑视敌人的自我心理满足，正是典型汉族意识。同样的例子还可见于他们之对南朝，南朝称他们为"索虏"，他们也相对称南朝为"岛夷"。尤其值得重视的，后汉、魏、晋都对游牧民族采取开放态度，北魏却严厉拒绝游牧民族移住长城以内的汉族中国境域。太宗明元帝泰常八年（纪元423年）已修筑与增强长城工事，同年，世祖太武帝继位，又完成长城内侧沿线布列的"六镇"军事管制，全面隔断柔然以防卫国都平城（大同）。

北魏太祖道武帝尚在代国时代的登国六至九年（纪元391—394年）间，柔然被驱逐到漠北，短短数年内情势立刻改观，他们在英雄人物社仑导领下，一举并合当时散居注入贝加尔湖的色楞格河畔，而十年间连续不断遭到北魏远征军重创的突厥系高车诸部。继之，又征服残留于色楞河支流鄂尔浑河流域的匈奴遗种。第三步，便以贝加尔湖南诸大河流为统制中心，支配所有周围游牧民族，而建立起一个拓有东起兴安岭，西过阿尔泰山，准噶尔盆地以至天山山脉广大领土的柔然游牧统一国家，社仑开始立号丘豆伐可汗。这一柔然雄飞的关键性年代，推定约在纪元四〇二年（东晋元兴元年，道武帝改建代国为北魏后的天兴五年）前后。

自社仑以后，五世纪前半乃柔然掌握北亚细亚草原霸权的极盛时代，尤其社仑族弟，第四代牟汗纥升盖可汗大檀在位，中国史料记载大檀的领土范围：

"西域诸国焉耆、鄯善、龟兹、姑墨东道诸国,并役属之"(《宋书》索虏传附柔然传);"其西则焉耆之地,东则朝鲜之地,北则渡沙漠,穷瀚海,南则临大碛。其常所会庭则敦煌、张掖之北"。(《魏书》蠕蠕传)可知第三匈奴的柔然,较第二匈奴的鲜卑,其气魄之盛与势力范围之广,全皆过之。而根据地又如同匈奴的有南、北两处(所谓"常所会庭"),北方即是鄂尔浑河合流入色楞格河的哈拉河、土拉河一带,他们到达漠北的最早据点;南方则阴山以北,又是他们迁往外蒙古以前,内蒙古时代的原发源地。换言之,一度被北魏逼迫退向漠北后,势力圈重新包有了内蒙古。也便因柔然南方根据地与北魏发源地盛乐隔阴山遥遥相对的形势,对汉族中国压力大为加重,太武帝始光元年(纪元424年),且演出柔然骑兵突然一度攻陷盛乐的事件。长城线内外北魏——柔然间防卫与攻击,以此阶段为高潮。

北魏远征军也于同时期,纵横蒙古草原与西伯利亚,依《魏书》统计,自四世纪末迄五世纪末的一百年间共达十六次,内除最早五次为征伐高车外,其余对象都是并合了高车的柔然:

——登国四年(纪元389年),太祖道武帝亲征高车,大破诸部。

——登国五年(纪元390年)三月、十月,道武帝两度亲征高车,破袁纥部及豆陈部。

——天兴二年(纪元399年),道武帝亲征高车,破其三十余部,俘虏七万余口,马三十余万匹,牛羊百十余万头。另西北侧攻一路,破七部,俘虏二万余口,马五万余匹,牛羊二十余万头。

——天兴六年(纪元403年),遣将征高车余种袁纥等部。

——永兴二年(纪元410年),太宗明元帝亲征柔然,柔然隐,未接战。

——始光元年(纪元424年),柔然陷盛乐退兵后,北魏追击。

——始光二年(纪元425年),世祖太武帝亲征柔然,柔然隐,未接战。

——神䴥二年(纪元429年),太武帝亲征柔然,柔然隐,未接战。

——太延四年(纪元438年),太武帝亲征柔然,柔然隐,未接战。

——太平真君四年(纪元443年),太武帝亲征柔然,柔然诱敌后又撤退。

——太平真君十年(纪元449年),太武帝正月、十月两度亲征柔然,第一次柔然隐，未接战；第二次柔然诱敌得手后又撤退。

——太安四年（纪元458年），高宗文成帝亲征柔然，柔然隐，未接战。

——皇兴四年（纪元470年），显祖献文帝亲征柔然，斩首五万级，降者万余人。

——太和十六年（纪元492年），高祖孝文帝遣十二将北伐（无战果记录）。

以后，最热心汉族文化的孝文帝已忙碌于他迁都洛阳的大事业，北魏大军昂首阔步于大草原的壮举，就此终止。

从北魏连续一个世纪的远征记录可获一综合印象：前一阶段对高车之战都能获得辉煌胜利，后一阶段柔然时代，却多数场合在远征军步上沙漠之前，柔然早已全军撤退，除了一次可能柔然情报错误蒙受损失外，每次都令北魏徒劳无功，扑空而还。从北魏远征几乎每一次都是皇帝亲征，以及自平城出发，"东至瀚海，西接张掖山，北渡燕然山，东西五千余里，南北三千里"搜索面的广泛与深入，可知北魏大军又如何倾国以赴。面对如此情况，柔然避免与之正面决战是最高明的战略。尽管北魏战斗意志旺盛，但沙漠行军，不能胜利，便是失败，"士众冻死坠指者十二三"，"无水草，军马多死"等记载，说明北魏沙漠远征为得不偿失。不仅止此，待北魏撤军，跟踪而来又必定是柔然对长城地区的严重破坏，纪元四三八年第二年的一次，且逼近北魏国都平城，至于"京邑大骇，争奔中城"。柔然的精于用兵，以及避重就轻、弃大吃小、敌来我去、敌退我进机动战术的熟练运用，堪称已是二十世纪动力时代的战争方式。

北魏沙漠远征，军事上可谓毫无效果，政治上却有其收获。远征期间，被柔然征服的高车诸部族成为北魏争取对象，高车部落酋长受到鼓励而率部逃亡北魏的个别事件，累有演出。大檀去世之年，亦即纪元四二九年这次远征，且导引空前的高车人解放高潮，在漠北响应与投向北魏阵营的，《魏书》高车传统计达三十余万人，这些高车人都被北魏"徙置漠南千余里之地"，便是说，投降高车人随远征军撤退而移住到漠南。数字如此庞大的高车人脱离柔然，柔然联盟虽不致动摇基础，一时受到打击也为可以想象，所以大檀次代可汗开始，柔然已有外交政策的修正，而与北魏间实现和亲，接受北魏公主下嫁。但两国亲密的和平关系维持未数年，以后一直成为和和打打局面，今日蒙古高原一南西伯利亚调查发掘年代属于五、六世纪的汉式陶器,应该便自这个时期遗留。

柔然发展仍在继续,北魏文成帝和平元年(纪元460年)新疆吐鲁番盆地的北魏高昌郡,被柔然并合,而建立起一个从属柔然的高昌附庸王国;另一方面,又西与中亚细亚灭亡大月氏贵霜王朝的嚈哒强大游牧支配势力携手,互结婚姻。南方则纪元四八一年(南朝齐建元三年)与南朝交通展开,沟通双方物资,其交通线,由《南齐书》芮芮房传"芮芮常由河南道而抵益州",可知为通过青海吐谷浑王国迂回四川而至。所以,五世纪后半的柔然,政治相当活泼,经济也愈形繁荣。

但高车问题对柔然仍然是个隐忧,便在五世纪后半的北魏孝文帝太和年间,危机第二度大爆发。半个世纪前未被北魏诱迁漠南的漠北高车诸部,突然也向柔然树起叛旗,十余万落部民团结在副伏罗氏族领导之下,向西越阿尔泰山转移到准噶尔盆地,于纪元四八五至四八六年(北魏太和九至十年)间独立,建设他们自己的国家,而向北魏称藩。这些高车部族叛变柔然的原因,《魏书》高车传指因他们劝阻可汗侵略北魏被拒绝,于是相互间发生裂痕,事实真相,可能仍是北魏分化与策反工作生效。不论如何,柔然经此分裂,西方领土与支配通往中亚细亚交通线的权利尽失,孤立于蒙古高原,只有等待其衰运紧逼了。

与柔然脱幅的高车,自此对原盟主展开战争激烈程度,可由柔然可汗与独立后的高车王先后阵亡而知,但其终局,则连同居中间离的北魏,三败俱伤。六世纪前半,先是纪元五二〇年因可汗继位问题而柔然内讧,一度投降北魏并整族集中漠南。继则北魏大变局形成,长城六镇大叛乱展开与尔朱荣、高欢事件先后出现,纪元五三四年,北魏分裂东、西,十多年后,东、西魏再分别为北齐与北周所代替。而北魏分裂期间,柔然却获得机会,于纪元五四〇年左右(东魏兴和中)攻灭西部高车,副伏罗—高车王国存在半个世纪而亡。

此阶段的柔然已是强弩之末,统制力非只局限漠南,更挡不住阿尔泰山麓另一支高车系的突厥族兴起,与兴起后世界性发展的洪流冲击。纪元五五二年(西魏废帝元年与北齐天保三年),可汗阿那瓌兵败自杀,再经突厥在鄂尔多斯之北致命一击,而柔然于纪元五五五年(西魏恭帝二年)灭亡。总结柔然历史的最后一幕演出相当悲惨，末代可汗先是逃奔北齐，继又流亡西魏要求庇护，西魏却在突厥威胁下出卖了他，于长安"收叔子（柔然主）以下三千余人，付其（突厥）使者，杀之于青门外"（《周书》突厥传）。柔然游牧国家成立一个半世纪，共历七世、十九代可汗而告消灭。

柔然在传统的中国历史著作中，都非似匈奴般被重视，事实上，这个强悍而又机智的民族出现，对草原游牧世界的意义，正等于北魏之于汉族中国，有其承上启下的枢纽性历史作用与分量。随柔然而以后活跃于中国历史上的，除契丹等少数例外以外，都是汉族中国早期并无认识的新游牧民族，便是说，以柔然为标志，代表新的北亚细亚支配波涛涌抵，旧势力一应随柔然时代而画上了休止符。

柔然人的国家性格，详情无资料可以查知，虽自高车氏部族集体化与之脱幅而独立的事态演出观察，可了解可汗权力仍不能直接浸透所隶属诸族的族民，通过诸族族长才行支配，换言之，柔然帝国之内，被征服各种族的权利仍能如匈奴联盟般获得平等。但其"可汗"的尊称出现则堪重视，也惟其自柔然而草原历史上第一次出现"可汗"名号。从此之后，北亚细亚游牧民族主权者莫不尊称可汗，后世游牧国家制度莫不直接导源于柔然，也为可知。

柔然"启下"而又"承上"的另一方面显示，又从《魏书》高车传记载西部高车脱离柔然独立后，六世纪北魏孝明帝时代柔然西征："（高车王）弥俄突与蠕蠕主丑奴战败被禽，丑奴系其两脚于驽马之上，顿曳杀之，漆其头为饮器"，可见西徐亚风俗，迄于柔然衰落时代尚保存，而以人头为饮器的习惯，自此以后却不再得见。同时，他们发达后未创造自己的文字，也似古代游牧民族，而非如以后突厥等游牧民族的例子。

柔然是个值得敬重的民族，他们自兴至亡，始终保持其游牧传统不受破坏。柔然自始与北魏存在紧密关系，五世纪以来，又同时与南、北朝双方，以及由汉族移民为主体的高昌国接触频繁，汉式文物自各个方向源源导入，他们却始终都能珍视自己固有的风俗与习惯，而未在生活与文化上被汉化所腐蚀。

柔然游牧文化与有分寸的汉式文化兼收并蓄现象，南朝史书记载较为明晰，可供参考，《宋书》索虏传附芮芮传："无城郭，逐水草畜牧，以毡帐为居，随所迁徙。其土地深山则当夏积雪，平地则极望数千里，野无青草。地气寒凉。马牛龇枯噉雪,自然肥健。国政疏简,不识文书,刻木以记事,其后渐知书契,至今颇有学者。去北海数千里,与丁零相接。常南击索虏,世为仇雠……"《南齐书》芮芮虏传:"编发左衽。晋世什翼圭入塞内后,芮芮逐水草,尽有匈奴故庭,威服西域。土气早寒,所居为穹庐毡帐。刻木记事,不识文书。马畜丁肥,种众殷盛。常与魏虏为仇敌。宋世其国相希利垔解星算数术,通胡、汉语……"尊重汉族文化而能避免物质经济诱惑,不妨害自身战斗性传统,惟其如此才能屹立于当时正在高涨期间的汉族同化大潮流之外。虽然后来

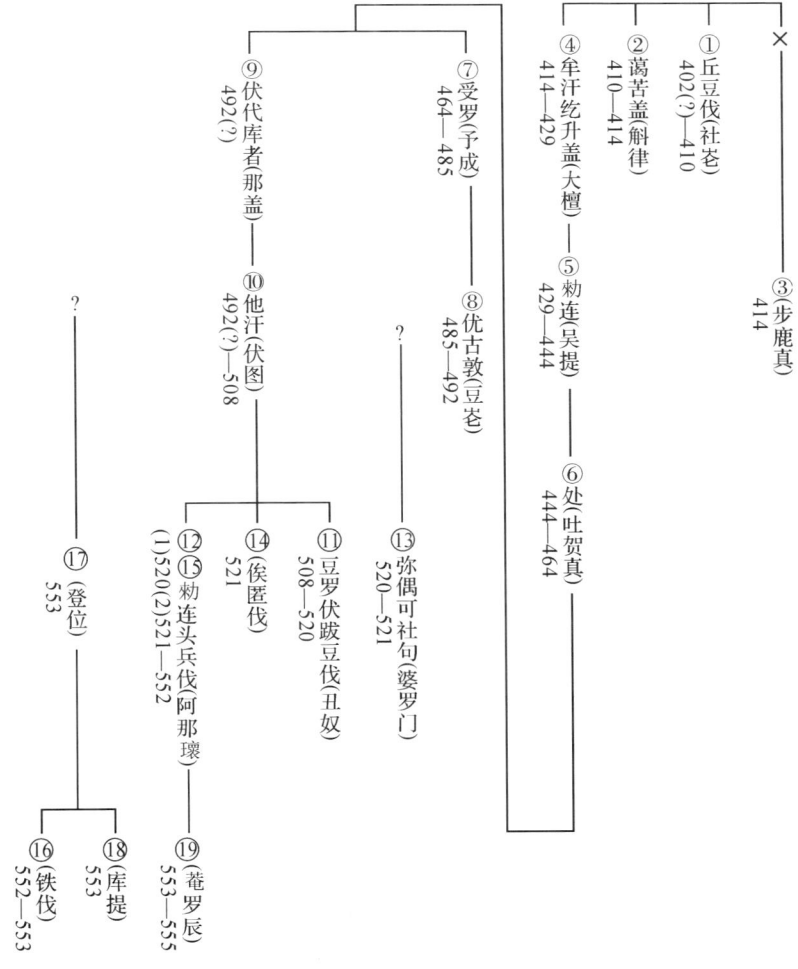

他们仍然瓦解与灭亡，但灭亡他们的是同一文化系统的游牧民族，而非步上匈奴——鲜卑覆辙。这便是柔然历史较之匈奴或鲜卑判然有别之处。

柔然民族性的坚韧，与后世蒙古人统治汉族中国九十年而仍能退回大草原发扬其民族精神，颇为相似，实际上，两者间血统关系便是学术界寄以研究兴趣的一个课题。特别关于蒙古人另一名词的鞑靼（Ta Tai，Tartar），发音正与柔然之被称为"大檀"或"檀檀"相同。

丁零・高车・铁勒・突厥

六世纪中，划时代的突厥游牧大帝国疾雷闪电似自北亚细亚兴起，改变了亚洲内陆地带人类历史。其事业的导源，须关系到前身丁零、高车、铁勒一系列波澜的推动。

早在纪元前一世纪初便完成的历史巨著《史记》，其匈奴传列举当时纵横游牧世界的匈奴大同盟北方诸成员部族之名，为"浑庾、屈射、丁灵（零）、鬲昆（坚昆）、薪犁之国"，大体便都属突厥系种族，也是"突厥"（Turk，土耳其）这个今日的民族名词成立以前，先已存在的前期突厥系诸民族。丁灵、丁零、丁令，都是同名异字，后来雄视世界的突厥，便直接源自这一系统。匈奴时代，丁零人住居贝加尔湖周围及其以南，一世纪后半北匈奴衰耗瓦解原因之一为隶下诸民族的反叛，丁零也是其中有力者之一，并且因匈奴没落，以及他们再三向匈奴攻击而获得向南移动机会。到二世纪以后，中国记录便改称之为"高车"，或"丁零、高车"。只是，南朝诸史书一直到五至六世纪之交，高车与柔然冲突最激烈的阶段，还对他们继续沿用丁零原名。如《宋书》索虏（北魏）传附芮芮（柔然）传所述"芮芮……与丁零相接"，《齐书》芮芮虏传"自芮芮居匈奴故庭十年，丁零胡人南攻芮芮"，《梁书》西北诸戎传芮芮国条"芮芮国……永明（齐武帝年号，五世纪末）中，为丁零所破，更为小国而南移其居。天监（梁武帝年号，六世纪初）中，始破丁零，复其旧土"等，都是。因何改称？则可能北朝发现他们时，他们系以"高车"（高大之车）为特征，乃依北朝习惯而变更称谓。

丁零后身的高车，四世纪后半与五世纪初，先遭国势蒸蒸日上的北魏频频侵伐而受重创，继又役属于自漠南侵入的柔然。这个阶段，"高车"如同其前身"丁零"，只是种族的总称，政治上并未统一，呈现氏部族分立状态，最初系五部，以后再分裂为十二部族，到北魏—柔然大火并期间，高车诸族才受到鼓励而兴起自柔然支配压力下求解放出意念。因此，纪元四二九年北魏沙漠远征时，便有数十万高车人集体投降北魏，而移牧内蒙古长城沿边以外的事件，以及纪元四八六年左右另一部分高车人以副伏罗氏族为核心而独立建设国家之举。以后，高车与柔然激烈战争，代表的意义，成为迎接突厥系民族极盛期来临的号角声响。

当北魏—高车—柔然，彼此间顽强对峙过程中，堪注意早期投降北魏的高车诸族动向，这批人被安置到北魏长城外缘的北边牧地，与协助北魏警戒柔然六七十年之后，却突然又背叛北魏。他们于孝文帝太和二十二年（纪元498年），以五部族时代的斛律（敕勒、特勒、铁勒都是同音异字，此一名词，通常也被解释便是 Turk 的最早原音）一部族及其部族长为核心，除其中若干单位叛而又降北魏之外，其余全行逃归漠北。所以，形势正与稍后柔然因内乱而向北魏投诚，倒了个转，也形成柔然转移到漠南，而他们却重返漠北故乡的相反现象。这是高车诸族发展的一方面。

另一方面，准噶尔盆地高车独立王国的存在不过半个世纪。在此期间，这些独立的高车人常年处于战争状态中，不但对柔然，也须抵抗与柔然结有同盟关系、势力圈已到达塔里木盆地的中亚细亚强大嚈哒族——与高车人同血统而非同支的前期突厥人。纪元六世纪前半柔然擒杀高车王之役，《魏书》蠕蠕传谓柔然"尽并叛者（指高车人）"，同书高车传的记载却是："其（高车）部众悉入嚈哒"，而稍后又被放回复国。到高车王国终被柔然攻灭时，余众便分散各地。

经过这些变化之后，"高车"这个民族名词便继丁零而消失，替代出现于中国记述六世纪后半历史的史书中的新名词，又成为"铁勒"诸族，也便是说，"铁勒"名词已由五世纪末高车人背叛北归的领导部族特有名称，扩大代表了全种族总称。到《新唐书》著作时，回鹘（回纥）传中曾追述这段经过："回鹘……俗多乘高轮车，元魏时亦号高车部，或曰敕勒，讹为铁勒。"

以"铁勒"新名词与新姿态活跃于北亚细亚的高车后身诸族，堪注意的，是其部族成分复杂与分布地区的广泛，这种现象，可明了经"高车"过渡为"铁勒"期间，他们如何由于历次打击、崩溃、分散，而展开惊人移动的情形。他们从主要聚居地克鲁伦河（粟水）流域与贝加尔湖以南色楞格河（娑陵水）、鄂尔浑河（额根河）及其上流土拉河（独逻水或独洛水），益益向西扩展。到《隋书》铁勒传的说明，便成为"种类最多，自西海之东，依据山谷，往往不绝……虽姓氏各别，总谓之铁勒"。

便在六世纪前半，向来未参加叛离运动而稳定服属柔然，住居阿尔泰山西麓，世世从事冶铁业与生产铁制品的高车—铁勒诸族之一阿史那氏族，已渐渐以"突厥"之名发达为大部族。纪元五四六年（西魏文帝大统十二年和东魏孝静帝武定四年），是决定阿史那氏命运的关键性年代，他们在族长土门率领下，自阿尔泰山西部根据地突入准噶尔盆地，一举尽行并合邻近铁勒诸族，亦即原高车王国灭亡后遗留与流散在当地的五万余落，势力顿形庞大，而奠立强盛基础。已抬头的土门要求柔然可汗阿那瓌通婚，被阿那瓌骂为"锻奴"而予拒绝，土门转向西魏求娶公主成功，于是，断然对已局促于漠南的柔然宣告独立，并分从东、西方展开众多铁勒族的并合运动，对柔然挑战。纪元五五二年，柔然经不起突厥雷霆万钧的锐利进击，可汗阿那瓌自杀，土门登位自号伊利可汗，开始接替柔然的内陆世界大事业。

突厥国家成立，王庭自阿尔泰山方面迁移到漠北鄂尔浑河流域的都斤山，北亚细亚霸权迅速落入突厥之手。北方并合同血统坚昆系诸部，尽有南西伯利亚土地；东方击溃奚、契丹诸东胡系民族，势力到达兴安岭；西方进出中亚细亚，攻灭早期西迁的同种族嚈哒，开创主权推展到里海以北的大领土征服支配局面。一个事业足与纪元前匈奴在游牧世界前后交辉的突厥游牧大帝国，于六世纪中巍然如巨人降临地球，凡历史上的前期突厥诸民族，便因此统一在"突厥"这个伟大的民族名词之下。此期间突厥系种族在广泛领域内的往来移动，又完成了中亚细亚人种转换的历史使命，向来说伊朗系语言而属于白种人的天地，一变而如今日所见，哈萨克、乌孜别克、吉尔吉斯、塔吉克、土库曼诸民族中，除塔吉克族外，其他四类都属突厥语系与突厥系黄种人的现象。迁移最远的一支，又是今日便以 Turk 与 Turkey 相称，汉字"突厥人"与"突厥"同音异译的小亚细亚"土耳其人"与其所建国家"土耳其"。

而世界语言学分类，今日阿尔泰语族三大区分中，又便以突厥系统诸语言为流行最广泛，包括奥斯曼—土耳其语（Ottman – Turkish），以及吉尔吉斯语、乌孜别克语，及中国新疆的维吾尔语。此一突厥语系，也便是阿尔泰语属中的西方群。阿尔泰语族中部群则分布于南西伯利亚、蒙古、满洲西部的蒙古语系，东方群又是包括了几乎已成死语的满洲语的通古斯语系——以前，匈牙利语与斯堪的那维亚的芬语（Finnish）等所属乌拉语族，曾被认为与阿尔泰语族同一系统，而称乌拉—阿尔泰（Ural – Altaic）语族，但此说现在已被大部分学者所摒弃。

汉族中国以西的世界

认识古代 "西方"

二千年前汉族世界眼光的扩大

东与西，汉朝相对两个方向事业的开展，对东方是开启了泛东亚民族的文化黎明期；对于西方，又使汉族中国突破地理限制所造成向来的自然孤立性，而与广大西方世界圈交汇合流。这些事业，在汉朝国力到达相当膨胀阶段，虽有其必然性，但堪注意，直接动机却都由北方匈奴问题而引起——因预期"断匈奴左臂"而汉朝势力伸入东方，同一时期，同一原因的"断匈奴右臂"，便指的是西方事业。

《汉书》韦贤传有一段明晰说明："武帝……北攘匈奴，降昆邪十万之众，置五属国，起朔方，以夺其肥饶之地；东伐朝鲜，起玄菟、乐浪，以断匈奴之左臂；西伐大宛，并三十六国，结乌孙，起敦煌、酒泉、张掖，以鬲婼羌，裂匈奴右肩。单于孤特，远遁于幕（漠）北，四垂无事，斥地远境，起十余郡。"可知汉朝开辟东、西方新天地，尽管开始之后各各独立发展，但最初，却都基于对匈奴的战略要求，特别是西方事业。

西方世界的发现与接触，中国史上称之为"通西域"，当纪元前二世纪，汉族扩大世界眼光时，一是遵循南方海上航线而发现的"南海"，二即通过西方陆上交通线而到达的"西域"。南海之于中国，价值主要表现于对外贸易，伴随当时南方沿海郡县开辟，人民对海外发生兴趣时的自然发展，自由贸易因此成为主流，政府力量并未介入，除了鼓励外也没有政策上的指导或约束。西域便不同，"通西域"立脚于政治要求，以后一直成为国家事业，在军事、政治大力推动下，一分成绩的获得须先付出一分代价，所以，非如南海领域的以民间为主体与具有自由性，而是制订深、广计划后经济、文化全面输出与输入，由政府与民间携手合作才达成，反过来，其效果与影响，自也较南海丰硕巨大得多。惟其如此，汉朝时代甚或其后，汉族中国对外注意力与贸易主潮流，陆与海的取舍之间，偏重的都是前者，海上事业比重不能与陆上相等。海洋与中国间新的关系，须待陆上事业衰退十世纪后的宋朝，其前，以汉族而言，始终面对了北方与西方，太平洋或"南海"仅是后门，大陆西方或"西域"才是正门，与今日的现象正好倒了个转。汉武帝时代"通西域"，其意义为如何重大可知，而一手开创这个汉族中国新世界观的，则是中国历史上第一个大冒险家张骞。张骞的成功，今日历史学界比拟之为十五世纪末哥伦布的发现新大陆①，汉朝当时的汉族中国人，则称之为"凿空"，意思是从茫然无经验、感觉上呈现一片空白的未知境地中摸索，却被他闯出了一条康庄大道，其精神与事业，无愧在世界人类奋斗史上占有最伟大与最光辉一页的地位。

纪元前四至前一世纪，中国与西洋的历史都是个转捩时期，中国从战国经秦朝过渡到汉朝盛世，西方则亚历山大大帝所建横跨欧、亚、非的广大征服支配网骤兴骤灭，但光芒四射的希腊文明传播 Orient（西洋人所指东方或东洋），却广泛照耀到地中海以东迄于印度河流域的每一角落。随了希腊化都市的一处处建设与希腊人源源移住，古代 Orietn 文明与希腊文化融合，形成全新的文化实体，人文、自然科学诸学问与艺术，达到空前繁荣的境地，迄于文艺复兴与现代文明时代到达前，在世界史上具有独特地位，这个时代，便是一般所称 Hellenism。希腊人自身名词本为 Hellenes，今日习用的 Greek，系由罗马人所称 Graecia 而得，因此，汉字"希腊"发音反而能与希腊人自称相符合。Hellenism 的意义，"希腊文化时代"或"东方的希腊世界"，兼而具之，时间上依政治史，则指马其顿领导统一希腊本土的纪元前三三八年起，到纪元前三〇年罗马灭亡埃及与统一地中海，罗马人事业登峰造极的这段期间，前后大体三百年。以后，世界性的希腊文化渐渐褪色，东方返还了土著化（东方化），而纪元前二七年罗马帝政也已开始，大罗马帝国与东方的汉朝遥遥对立。张骞"凿空"，便立于帕米尔以西正当 Hellenism 世界的背景之下。

罗马人继承了亚历山大大帝的世界性荣耀，但国家领土内涵并不全同，亚历山大势力从未到达意大利半岛及其以西。罗马人却相反，其东方领土，帝政前夕

---

① 中国历史界无此比喻，日本的东洋史学者则往往作此对比。

仅限于小亚细亚西部与沿地中海东岸，即使纪元二世纪最大版图时代，也只止于底格里斯河。其原因，关系到亚历山大统制瓦解后东方新形势的铸定。

亚历山大支配领域，大体等于希腊本土与古波斯阿恳米尼（Achamenian）朝欧、亚、非世界大帝国之和。纪元前五五〇年左右阿恳米尼朝波斯帝国成立，乃是古代世界史上大事之一，同世纪后半第三代大流士（Darius）在位，版图自地中海以至帕米尔，凡尼罗、底格里斯、幼发拉底、锡尔、阿姆、印度六大河，太古"四大文明"中心除中国外囊括其三，足夸为最早的世界性大帝国，超越了距此约一百三十年以前，美索不达米亚与埃及统合于亚述帝国的境界，与所代表的"世界"观念。波斯庞大世界帝国延续两个多世纪而被东征的亚历山大毁灭，但亚历山大征服也不过暂时性，当亚历山大去世后，诸将领便开始内讧。

分裂斗争的结果，原波斯帝国亚洲版图中的绝大部分土地上，建立了定都于叙利亚的塞流卡斯（Seleacus）王朝。塞流卡斯王朝继续四分五裂，小亚细亚于纪元前三世纪前半率先发生分解作用，里海东南，伊朗北部与土库曼尼亚交界地方的伊朗系游牧民族 Parthia 人，继在纪元前二五〇年左右得到定居农耕民族支持而建设独立国家，纪元前二世纪中，国力渐渐强化，至同一世纪末已统一伊朗高原，压迫塞流卡斯局促于美索不达米亚以西的叙利亚本部。以后叙利亚、埃及虽都被罗马并合，罗马却不能再向东前进一步，西亚细亚这股巨大力量的阻挡，便是症结。Partu（Partava）国的出现在中国《汉书》中时，便称"安息国王治番兜城"，而依当时他们 Arsacia 的朝代名，名其国家为"安息"①，是个强烈希腊化的国家。其开始强盛时，正当中国与地中海间"丝道"成立，适逢其会，安息乃得控制丝道通过的大部分路线，因东西方贸易中继利益而富裕。

安息扼杀罗马人的东方出路，安息自身的东面发展，也非顺利，古代波斯与亚历山大版图中包容的巴基斯坦、克什米尔领土，早因印度恒河中流域孔雀（Maurya）王朝于纪元前四世纪末勃兴，建设印度史上第一个统一帝国而被归并。孔雀王朝经过第三代著名于佛教史的阿育王（无忧王、Asoka，约纪元前

---

① 平凡社版《世界历史大系》8. 桥本增吉《东洋古代史》，第417页。

268—前232年在位）最盛期便形式微，到纪元前二世纪前半，再回复支离破碎的状态。安息势力虽因此机缘得伸入，但较中亚细亚势力的接收此一地区，已迟了一步。

汉朝最早知道印度时，如《史记》大宛列传所记载，称为"身毒"（Sindhu），以后观念上及于印度半岛全体，至《后汉书》与《三国志》，便转变为"天竺"，再以后又改用"印度"一词，指的都是地理名词而非国家称谓。事实上，"印度"只是外国人所称，印度人自己称呼是"婆罗他"（Bharata）（Bharata Varsha 等于婆罗他的领土、Bharata Khanda 等于婆罗他的国家）[1]，如同中国人自称"中国"，外国人才用 China 一样。婆罗他这个名词的由来，与其基本文化婆罗门宗教信仰有关，便是说，古代印度雅利安人依于"信奉婆罗门教的雅利安人"自觉性，而与其他民族或国家所形成的区分[2]。外国人使用"印度"一词由来，源于印度文明发源地的印度河，印度河"印度"两字梵语发音便是 Sindhu，古波斯语以 Hindu 发音（大流士刻文），亚历山大大帝侵入印度时转讹为希腊语的 Indu，而再演变如今日英语中的 India、德语的 Indien、法语的 Inde[3]。

中亚细亚今日与中国领土相接，二千多年以前，也是与中国历史最早结合及汉族中国人印象最深刻的西方世界或"西域"地区。汉朝张骞"凿空"，所注视便是建设于中亚细亚的这些国家。

中亚细亚北面联结哈萨克斯坦，历史上向属西徐亚文化系统草原游牧民族活动地带。中亚细亚本体的主要部分，则沃洲灌溉耕地与具有悠久农业文化历史的地域，流入咸海的锡尔河（Syr Darya R. 或 Yaxartes R.）与阿姆河（Amu Darya R. 或 Oxus R.）并行贯流其间，锡尔河于古代中国称为质水或药杀河，阿姆河则妫水或乌浒河，汉朝时代，乃是白肤色雅利安人种，中国古代记录中的"塞人"居住范围。这个地区当古代阿恳米尼朝波斯时代，构成为大帝国的东北版图，以地域划分而言，锡尔河上流域名费尔干（Farghana. Fergana），

---

[1] 平凡社版《世界历史大系》10. 木村日纪《印度史》，第 323 页。
[2] 文艺春秋版《大世界史》6. 中村元等《恒河与三日月》，第 19 页。
[3] 平凡社版《世界历史大系》3. 东洋古代史，第 323 页；同[1]，第 19—20 页。

两河中间名粟特（Sogdiana），跨阿姆河中流域两岸则名巴特利亚（Bactria）。经过亚历山大征服支配而到希腊文化时代，才与安息同在纪元前二五〇年左右脱离塞流卡斯王朝独立，便是中国史料中所称"大夏"。但当纪元前二世纪后半中国最早发现他们时，这个国家又已分裂——

当时在古波斯或原亚历山大支配极东地区费尔干盆地，亦即今日乌孜别克、吉尔吉斯、塔吉克等三国错杂之地所建设的国家，中国文献中称之"大宛"。有关这个国家的资料甚缺乏，仅知约在纪元前一六〇年自大夏再分裂而独立，居民属伊朗语系，经营定居生活，农、牧均盛，酿造业发达，马特为有名。这个较晚成立的国家，也便是张骞西行最先接触，随之又是第一个受汉族中国军事政治干涉的中亚细亚国家。纪元前二世纪末，因其名产汗血马而吸引中国远征军横渡帕米尔高原完成的历史性征服战争中，《史记》说明主战场所在"贰师城"，考定与《汉书》所列大宛国都"贵山城"为同一地，已系定说①，惟相当于今日何地，则颇有异论，通说比定为乌孜别克共和国沿锡尔河南岸的 Khodyent，其地亦即亚历山大东征期间所建立象征希腊文明，划一名称的诸亚历山大城之一与东方最远一处 Alex. Eschata②。最新主张，以吉尔吉斯共和国 Osh 附近的 Markhamant 废城址推定即"贰师城"③，则系失误，大宛伐征期间汉军先行占领的大宛东境门户之地"郁成城"，才属正确。

粟特与巴特利亚，今为哈萨克、乌兹别克、塔吉克、土库曼等国之境，巴特利亚兼及阿富汗斯坦北部。这两个地区便是汉朝所了解曾立于同一国家主权之下的"大夏"，西洋史上，以其为希腊人所建国家而名之希腊—大夏（Graeco‑Bactria）④。这个国家以传播希腊文化著名于历史，当希腊文化浪潮冲击亚洲时，在地中海以东最能代表希腊文明。国都设于阿姆河南的蓝氏城（Bactra，位置当今阿富汗斯坦 Balkh 已系通说），纪元前三世纪后半至前二世

---

① 苏联科学院《世界通史》，东京图书版日译本古代 5. 第 695 页。
② 文艺春秋版《大世界史》9. 护雅夫《绢之道》，第 52 页。
③ 香山阳坪：《绿洲国家的发展》西土耳其斯坦诸国篇，平凡社版《世界考古学大系》9. 北方欧亚大陆、中亚，第 77 页。
④ 苏联科学院《世界通史》，东京图书版日译本古代 5. 第 592 页。

纪前半的约一个世纪间，自北至南，领土扩大至印度河，新都市不断建设，成为伊朗、印度、中国间通商路交叉点与国际贸易中心，大夏货币的流通到外国，今日东欧且有发现①。但至纪元前一七五年左右起，大夏王国便因北方强盛的游牧民族不止一次入侵，而急速衰退，最后终倾覆于自东北而来的大月氏攻击，国家也呈现分裂：

——大月氏住粟特；

——巴特利亚与今阿富汗斯坦诸都市保留"大夏"之名，而各自成为大月氏附庸。换言之，此时以后，大夏已非国家名词而是地理名词，《汉书》西域传亦不再见"大夏国"专条。

——印度领土部分，分解为希腊—印度小王国支配。纪元前二世纪末至前一世纪，又有向南移动的萨迦人到达巴基斯坦定住，并领有中印度一部分土地。安息势力继亦插足，在巴基斯坦建立印度—安息诸小国。

大月氏于匈奴进行北亚细亚游牧世界大合并时期，迭被冒顿、老上两代单于攻击，追赶得走头无路，不得不自原居留地祁连山麓向西撒退，最初到达的是伊犁河谷，继在乌孙攻击下，被迫愈往西退，而至中亚细亚。月氏两次西迁的年代推定，第一次约在纪元前一七四至一六〇年之间，第二次则纪元前一四〇年左右。他们到达中亚细亚的早期立脚点，便是大夏北方领土与以撒马尔罕（Samarkand）与不花刺（布哈拉，Boukhara）两都市著名于中亚细亚史的粟特。张骞发现西方世界以及访问大月氏时，大月氏与已丧失独立国家资格而受大月氏保护的大夏诸城，便如此分居阿姆河南、北，所以早自《史记》大宛列传的说明，已是"大夏……无大王长，往往城邑置小长。其兵弱畏战，善贾市。及大月氏西徙，攻败之，皆臣畜大夏。大夏民多，可百余万。其都曰蓝市城"。粟特自古以土地肥饶与发达的灌溉农业著名，大月氏因此渐渐完成其定居生活方式的转换，而丧失原有游牧性格，换言之，已非"行国"而是"居国"，并且，又因征服而民族血统反被被征服的西方系土著民族所同化。大月氏到达中亚细亚后这种际遇，正如同汉族中国被后来的辽、金或满洲人征服。

---

① 苏联科学院《世界通史》，东京图书版日译本古代5，第597页。

发达史与大月氏有关，后来又成为汉朝势力侵入中亚细亚据点的乌孙，是北亚细亚突厥人大迁移浪潮形成以前最早西迁的一支突厥系民族。乌孙最初原与大月氏邻居于河西走廊东部，月氏全盛时代侵并了他们的土地，人民散入匈奴，但乌孙也因此得到匈奴扶植，随匈奴的强盛而渐渐复兴。当月氏被匈奴驱逐到伊犁河谷时，乌孙便把握复仇机会，在匈奴鼓励下担当再一次对月氏的决定性攻击，压迫月氏继续退出伊犁，伊犁地方终局便归乌孙接收。《汉书》西域传的说明："乌孙国……东与匈奴、西北与康居、西与大宛、南与城郭诸国相接，本塞地也。大月氏西破走塞王，塞王南越县度，大月氏居其地。后乌孙昆莫击破大月氏，大月氏西徙臣大夏，而乌孙昆莫居之。故乌孙民有塞种，大月氏种云"，则自此以后所谓"乌孙"人，实际兼指留居的西方白色人种为可知。乌孙于纪元前一四〇年前后到达伊犁河谷后，建都伊斯色克库尔（Issik Kul）东南岸（赤谷城），游牧地亘于巴勒喀什湖（Lake Balkasn）与天山山脉之间，同时国土中存在大量定居农耕人民，机械、制革、锻冶、宝石加工等手工业，均有高水准。除土著手工业者以外，也因纪元前一世纪八十年代与匈奴同盟破裂，改与汉朝同盟而可能有中国手工业者参加。但人民财产最主要部分仍是家畜，富裕者饲养马匹多至四五千匹。他们移住后虽因与原住民间血统相互混淆，而文化因素为已发生变化，却能多方面调和，发展为一个势力强盛、领土广大、经济富庶的大国，从其贵族坟墓中发掘所得副葬品如黄金制品、大夏制金属饰板、中国产漆器、伊朗物品等各色齐备为可知①。

伊犁河谷乌孙与其西北的另一支游牧民族康居（Khangga），都非亚历山大征服支配所及。康居人分布，从前述中亚细亚北面草原范畴，今日哈萨克斯坦，沿咸海一直须到达阿姆河下游历史上著名的花剌子模（Khwarism），与大宛领土正相连接。这个广范围区域内，在古代是欧亚大草原的交通枢纽，农牧俱盛，商业发达，咸海东岸居民经营定居生活，另一方面，则接受"塞人"传统，在中部哈萨克斯坦从事游牧生活。考古学者说明，他们的早期文化对于

---

① 乌孙文化考古资料，取材自苏联科学院《世界通史》，东京图书版日译本古代 5. 第 616—617 页。

西亚细亚与中亚细亚、南俄与南西伯利亚间,都有相关联的桥梁作用①。他们经西徐亚游牧文化冲击而至被汉朝认识时,便是以"五小王"联合形态存在的康居,虽然五小王组织,以视《汉书》记录王号各依城名而称,可知仅限农业地区而非及于康居全域。但是,无论经济偏向任何方面,地理上的通衢,政治上往往不易维持独立,康居便如此长期附属于亚洲草原共同盟主匈奴支配之下。待大月氏到达中亚细亚,也隶役他们,所以汉朝记录指康居"南羁事月氏,东羁事匈奴"。特别是他们与匈奴的关系,即使匈奴被汉朝击溃时,康居仍与南西伯利亚的坚昆,共同显示为匈奴忠实追随者的一员,西匈奴郅支单于王庭便移设康居境内的郅支城,考定便是唐朝所称的怛罗斯(Talas)②,怛罗斯今地,位在吉尔吉斯西北境(再西北即哈萨克边境的大都市 Dzhambul)③。纪元前一〇一年与前三六年,汉朝曾两度兵临康居,因终局汉朝断然追杀郅支单于,康居才获得解放。

　　康居再以西,又是游牧于里海以北至于南俄草原上的奄蔡(Arsoi)一世纪以后称阿兰或者奄蔡—阿兰,《三国志》引《魏略》西戎传所谓"奄蔡国,一名阿兰",与《后汉书》西域传所谓"改名阿兰聊国",与康居同是"逐水草,随畜移徙"的行国,只其位置距汉朝已较僻远。康居、奄蔡(阿兰)在中国史中同为"塞种",但前者萨迦系统而后者则萨马特人一脉的区别,也易明了。

　　纪元前二世纪后半张骞两次划时代的西方行程前后,帕米尔以西情势大体如上。其中,大宛、康居、大月氏、大夏、乌孙诸国家或地区,张骞都曾亲身经历。张骞未亲赴,而派出副使分别到达的,则安息、奄蔡,与印度同音异译的身毒,以及原印度帝国西北部,当孔雀王朝崩裂而大夏系希腊人势力,安息与伊朗系游牧民族萨迦前后侵入,动乱频频下陆续出现的各政权之一兴都库什(Hindu Kush)山脉以南、克什米尔(Kashmir)地方的"罽宾"(Kasmira),

---

① 参阅八幡一郎《东方文化的传播》,平凡社版《世界考古学大系》9. 北方欧亚大陆、中亚,第36—37页。
② 冯承钧《西域地名》,第69页 Talas 条。
③ 松田寿男《沙漠的文化》,第156页。

及其西南邻境"乌弋山离"①，乌弋山离被安息并灭后，可能以被"番兜"的 Partava 国家名"排特"概称，所以如《三国志》魏志引《魏略》西戎传所云：乌弋一名排特。

　　希腊系罽宾出现于《汉书》中的记载是："大月氏西君大夏，而（大夏）塞王南君罽宾，塞种分散，往往为数国"，所以大体便是南徙大夏系希腊人所建诸国的泛称或统合，以后且被中国征服与建立从属关系。约距李广利远征大宛后半个世纪，汉朝元帝在位期间（前48—前33年），汉朝使者文忠杀罽宾国王乌头劳而另扶植王子阴末赴为罽宾王，收隶入中国领导圈。迨罽宾被吞噬于大月氏并合浪潮前，纪元前三○年的前汉末年成帝时代，阴末赴之子曾遣使向汉朝求援，却被当政的王氏家族拒绝，此又系古代西北印度所存在最后一位希腊籍国王的意味。《汉书》西域传著录的此一史实，乃联系东西洋历史的关键事迹之一，如何依年代与人名对音，而予其他文明地域的文字记录配当统一，当是今后颇有兴味的研究课题。

贵霜—大月氏与嚈哒

　　自张骞开启东西方联系之钥，东方的汉朝于三世纪前半被推翻，中国长期陷于分裂，四世纪中，西方的罗马帝国也分割东、西。中国与罗马中间地带的国际形势，波动同样剧烈，而中心事态，则是大月氏的盛与衰。大月氏雄飞中亚细亚，立脚于两河之间只是序幕的揭开，这段期间长达一个世纪以上，当他们忽然直接并合大夏诸城与确立阿姆河以南的支配时，才起步向大跃进之途迈进，这一重大事件的年代估定，约在中国前汉末年，纪元前最后半个世纪之

---

① 冯承钧《西域地名》第14页，推定乌弋山离同系亚历山大城之一，今阿富汗西北境 Harat。

间。以中国两部历史名著《史记》与《汉书》比较，容易发现其显著变迁，《史记》记录截止于纪元前一世纪初，当时见到的大月氏还在粟特，所谓"（大月氏）过宛西击大夏而臣之，遂都妫水北为王庭"。《汉书》记事下限延长到纪元之初，对大月氏已谓以原大夏国都蓝氏（市）城（讹为监氏城）为国都，可明了大月氏此时已完成阿富汗斯坦北境的接收。也自此成立如《汉书》中所介绍大月氏"五翕侯"（翎侯，yaghub）的联邦制组织。《汉书》所谓"民俗钱货与安息同"，以及"本行国也"的说明，尤可知晓大月氏其时已完成其定居国家的彻底转变。

为何大月氏忽然向南发展？原因不明了。可能与北方康居有关，康居因郅支单于之死而获得自主后，一时相当活跃，《汉书》便指西边的奄蔡曾役属康居，猜测大月氏所在地粟特此时亦被康居攻占，或者大月氏因感到康居压力而自动迁地为良。不论如何，大月氏这次迁移是好运的开端，到后汉初年，五翕侯新国家体制以惊人速度发展，中亚细亚大变局实现。

纪元一世纪中，大月氏五翕侯制度中的贵霜（Kushan）翕侯，由《后汉书》西域传中的丘就却（Kujula‐Kadphises 或 Kadphises Ⅰ）即位，是个大转捩。在他八十余岁寿命期间，对内合并其他四翕侯而统一大月氏，建立贵霜王朝，重新恢复对粟特的主权；对外又接收康居花剌子模，灭亡北印度最后的希腊系国家，合并印度西境（巴基斯坦）萨迦人割据者与印度—安息诸国，如《后汉书》记载："侵安息，取高附地，灭濮达（乌弋山离）、罽宾，悉有其国。"丘就却之子阎膏珍（Wema‐Kadphises 或 Kadphises Ⅱ）嗣位，势力又到达印度河下流，并从印度河推向恒河流域，《后汉书》所谓"灭天竺"。父子两代奠立大事业基础，正当中国后汉班超、班勇父子经略西域的时代。班超至班勇过渡期间，大月氏东方势力，且曾伸入现在的新疆而抵和阗县（古代于阗国）一带。

贵霜—大月氏进入二世纪，历 Vasiska 王而至 Kaniska Ⅱ（继承丘就却以前的前代名号①）佛教史上著名的迦腻色迦（Kaniska）王时代，国运达于绝

---

① 参阅平凡社版《世界历史大系》10. 木村日记《印度史》，第533页。

顶（这位名王继位年代，旧的估定是纪元一二五年左右①，今日已修正为纪元一四四年左右，在位期推定约至纪元一七〇年）。国家领土西起里海，东至恒河，南临印度河，北有粟特，大宛也被移入贵霜支配之下，尽有中亚细亚全域、阿富汗斯坦、克什米尔、巴基斯坦以及伊朗一部分地区的广大面积。国都也于迦腻色迦王时从蓝氏城南迁，于犍陀罗（Gandhera）地方建立丈夫城（普鲁舍布罗，Purusapura）为新国都，便是巴基斯坦北部印度河上流今日的白沙瓦（Peshawar）。一时已成亚洲心脏地区支配势力的贵霜王朝，印度梵语称 Kusana，希腊 Kosano，伊朗 Kusan，中国人仍依旧日称大月氏。同时，也便因大月氏历史已与地理上的"印度"观念相结合，大月氏精华地区犍陀罗周围于历史上向系西北印度范畴，因此今日西洋史又直接以大月氏人名之 Indo－scythae②。

大月氏自一世纪中雄视亚洲，成为中国—罗马中间最繁荣的国家达三个世纪。学术兴隆，医学进步，财力雄厚，经济面以控制中国（汉）—地中海（罗马）间中继通衢与丝道枢纽，而呈现为古代中亚细亚国际贸易活动最繁荣时期。东、西方商人都于大月氏集散，也以大月氏为中心而散布各个方向的通商路，贵霜王朝货币，达到俄罗斯欧洲领域塔塔儿自治共和国（Tatarskaya ASSR）的卡马（Kama）河流域也有发现③。特堪注意的，又是因各方面活泼交涉而他们对东西文化并存互见的现象，这从贵霜时代碑文所见帝王称谓，可强烈表现。对于同一个帝王，不论东洋、西洋元首称呼，如：萨迦族的"首领"称呼、印度习惯所用的"大王"，伊朗"诸王之王"名号，中国意义的"天子"尊称，以及罗马"凯撒"（Caesar）名义，一概同时重复加用④。易之于中国场合，等于汉武帝而称"天子、皇帝、单于、总统、国王……"，这是颇有趣味、也殊少见到的历史上帝王名号记载法。今日对贵霜—大月氏帝王系谱的整理，依据便是这些碑文，以及考古发掘出土众多的金属货币。据以得知贵

---

① 中央公论版《世界历史》4. 唐和印度，第 144 页。
② 冯承钧《西域地名》第 33 页 Indoseythae 条。
③ 苏联科学院《世界通史》，东京图书版日译本古代 6. 第 917 页。
④ 文艺春秋版《大世界史》6. 中村元等《恒河与三日月》，第 108 页。

霜—大月氏国家形成历史的中国史料《后汉书》，也因这些碑文、货币资料相表里，而获得充分支持。

大月氏货币，也予研究上颇多兴趣，特色为充分反映其宗教的国际性。希腊—大夏时代，货币式样与重量标准纯粹追随希腊，到贵霜—大月氏接替大夏，仍然模仿罗马金属货币而铸造，表面铭文也是希腊文字，图像则帝王本人肖像外，并因帝王标榜他的神格化权威，而各各随其爱好，在货币上镌刻希腊诸神、伊朗祆教诸神，或者印度诸神，阎膏珍货币且自称"全世界主宰神"。迦腻色迦王在政治上为雄才大略的一代英主，宗教方面，又是佛教史上阿育王第二，排除中亚细亚原存希腊多神教、伊朗祆教、印度婆罗门教等各种宗教混合存在的形势，而全力提倡佛教，他的时代，佛像货币因此激增。然而，迦腻色迦王虽然大力提倡佛教，却未迫害其他宗教，刻有非佛像货币仍可见于同时。如此洋洋大观，东、西方不同类型诸神兼收并存的现象，又表现了贵霜王朝文化多彩多姿的另一面，而贵霜—大月氏帝王神化观念与其文化开放性格下人民享受信仰自由的程度，由这些货币也明白显示。

贵霜—大月氏国际性真髓与其最大业绩，当推迦腻色迦王时代希腊文化与佛教结合下，佛像的开始诞生。释迦牟尼逝世以后，五百年间佛教并无佛像，人间"佛"的感受，只表现于佛教信奉者心理上，佛教崇拜中心，初期也是储藏释迦舍利的窣堵婆（Stupa，原型佛塔），而无佛像表现。到贵霜王朝定都犍陀罗与迦腻色迦王皈依佛教，因景仰佛的伟大而兴起实体崇拜意念，才开始模仿希腊诸神，依据传说中佛有三十二相，给佛以肉体征象的造形，并表现种种形象姿态。所以，佛之以人间姿态出现，系开始于一世纪后半，至二世纪前半而完成发展，见于迦腻色迦王货币上的佛，并铭有佛陀的希腊语 Boddo。如此以希腊造形艺术表现佛教思想，或者反过来说，以佛教精神融入希腊雕刻技术的希腊化佛教艺术，今日便以佛教形象发源地与当时制作中心的"犍陀罗"艺术为名。光辉四射闻名世界的犍陀罗艺术，二至三世纪为最繁荣期，以后随贵霜王朝衰落，渐次式微。同时，犍陀罗式佛寺，原仍以佛塔联合僧院为主体，并无安置独立佛像的佛殿存在，佛塔基坛上，才多刻有佛传等浮雕，如今日新疆塔里木盆地弥朗等地所发现，便属此等形式的佛寺。但佛像佛殿终于脱离佛塔而独立，且超越佛塔，取得优越地位，这个过程，也便在犍陀罗时代，从此塔里木盆地同样受到影响，如今日所见众多遗迹的残存。

迦腻色迦王时代，佛教中心由印度移到大月氏，佛教精神的发扬光大，也于其时转入了新境界。初期印度时代，佛教原以个人求解脱为最终目的，到贵霜时代，根本精神朝向现实社会的济度，今日习知以"普渡众生"为理想的大乘佛教，于焉诞生。而佛教亦因经过这次类似后日欧洲基督教"宗教改革"的革新运动，分为大乘（Mahayana）、小乘（Hinayana）两个系统。以后向国外弘布的方向也不同，原始佛教或小乘佛教经锡兰传到东南亚，革新佛教或大乘佛教便因大月氏大力传播，挟带了造诣登峰造极的犍陀罗艺术，从帕米尔高原进入中国，再由中国接棒，继续传播韩国、日本[①]。

贵霜—大月氏在世界文化传播史上不朽事业，值得特笔大书，对中国之于西方，尤有文化媒介作用上伟大贡献。他们立国的开放性国际精神，导引印度、伊朗、地中海三个系统文化交汇于此，也由此散布。当中国敞开接触西方世界的大门时，五花八门的西方文物由大月氏而输入中国，中国文物也以此为中途站而输出西方。大月氏时代，正当汉朝与西方贸易的极盛时期，以丝为大宗的中国货物畅销地中海市场，便因大月氏热心展开转手，他们从中国输入丝、软玉（新疆）、漆器、皮革制品、铁、镍，自印度输入药材、香料，自伊朗输入上等毛织物，自罗马输入玻璃珍宝，沟通东西文化与商品，成为中国与西洋文明交织点的意义，是特为重大的。

迦腻色迦王殁，次王 Huvishka 如父信仰佛教而对其他宗教抱宽大自由态度，国势也继续昌隆。

再一代后继者 Vasudeva Ⅰ（《三国志》魏志中的波调王），是个婆罗门文化提倡者，货币镌刻的便是印度大自在神湿婆（Siva）。这一代王治世是大月氏盛衰的分界，依据碑文与魏明帝太和三年（纪元229年）此王派遣使节赴

---

① 迦腻色迦王提倡佛教、犍陀罗艺术，大乘佛教，参阅拙著《南方的奋起》宗教与宗教思想史展开一节。

洛阳的中国史料记载，在位年代须过纪元二三〇年。而正值其时，大月氏西邻伊朗已发生巨变，部族统治式的安息王朝在伊朗人民族运动中被推翻，纪元二二六年，以古代波斯 Achamenian 朝正统相续自命的萨珊（Sassanidae）王朝建立，一反安息王朝依循希腊文化的状况，号召复兴波斯文化与建立"新波斯"（Neo-Persia），一时声势殊为煊赫，东、西侵逼罗马与贵霜，老迈的贵霜王朝丧失优势，不得不退回巴特利亚，领土也局限于此一区域。延至五世纪中国南北朝时，从阿尔泰山横越新疆而在兴都库什山脉（Hindokush Mts.）茁壮的嚈哒游牧民族新锐势力压来，具有四个世纪建国历史的贵霜—大月氏，终局便不得不遭到灭亡厄运。所以，北魏初起而五胡乱华时代尚未结束期间，中国著名僧人旅行家法显尚在中亚细亚见到大月氏，而至南北朝，当北魏使者宋云与另一僧人旅行家惠生于纪元五一八年访问中亚细亚，所见便是嚈哒而非大月氏贵霜王朝了。

嚈哒是突厥系种族自北亚细亚向中亚细亚展开迁移主潮流以前，继乌孙而先期到达中亚细亚的突厥人中一支，他们的飞黄腾达，使中亚细亚局面继大月氏的到达而再起变化。嚈哒见之于东罗马记录时，称 Ephthalilai、Hephthalitai 或 Lefkoi Chunoi（白匈奴，White Huns），印度梵语同样称白匈奴（Sita-Huna）[①]。其意须解释之为：以早期移往中亚细亚，已与白肤色人种混血而强大如匈奴的原黄色种族。中国除"嚈哒"外，尚称嚈哒、挹怛，都是同音异译，北魏文成帝太安三年（纪元456年），其名最早为南北朝的北朝所知。《魏书》西域传介绍嚈哒，已是嚈哒发达时代，如："西域康居、于阗、沙勒（疏勒）、安息及诸小国三十许国皆役属之，号为大国，与蠕蠕（柔然）婚姻"，但对其民族与国家的起源，则仅谓："大月氏之种类也，亦曰高车之别种，其原出于塞北，风俗与突厥略同。"欠缺部分，反而须待南朝史料补充。嚈哒在其盟国柔然与南朝关系密切期间，曾由柔然向导而通过分向南、北朝同时服属的吐谷浑，也交通了南朝，所以南朝《梁书》西北诸戎传中也收集有嚈哒资料。

《梁书》称这个国家为"滑国"，嚈哒则其族名或王的姓氏，此与《宋书》

[①] 平凡社版《世界历史大系》10. 松田寿男、小林元《中亚史》，第68页。

谓柔然一名大檀，情形相同。《梁书》对苏畦或滑国的形成期叙述是："汉永建元年（纪元126年），八滑从班勇击北虏有功，勇上八滑为（车师）后部亲汉侯。自魏晋以来，不通中国，至（梁）天监十五年（纪元518年），其王厌带（嚈哒）夷粟陁，始遣使献方物。普通元年（纪元520年），又遣使献黄师子、白貂裘、波斯锦等物。七年（纪元526年），又奉表贡献。元魏之居桑乾也，滑犹小国，属芮芮（柔然）。后稍强大，征其旁国波斯、盘盘、罽宾、焉耆、龟兹、疏勒、姑墨、于阗、句盘等国……其言语待河南人（吐谷浑人）译然后通。"

由此可以推知，嚈哒大体二世纪时已到达天山山地，可能五世纪初北魏勃兴期间的平城时代（所谓"居桑乾"）再行迁移，向南横越塔里木盆地而到达兴都库什山脉北麓居住，由此分向四境伸张势力，迅速到达了中亚细亚全域。经五世纪中到六世纪初，其得意手笔为广幅剥夺波斯领土与才于四世纪完成印度北半部全面支配，印度文化史上黄金时代的笈多（Gupta）王朝土地，一个版图东起新疆西半部与恒河上游，西至里海，南临阿拉伯海的大支配圈建立，其事业较贵霜大月氏尤为超过。凡历史上中亚细亚古代国家继大宛之后乌孙、康居等倾覆，似乎都在这次征服旋风中。嚈哒征服王朝建都拔底延（Bactra，早期蓝氏城或监氏城），一方面掌握联系印度、中国、伊朗、南俄的贸易路线，一方面又与新疆势力圈的均分者、领土西起焉耆的蒙古大草原柔然势力连接一气，共同控制了北亚细亚与中亚细亚全域。

亚洲内陆地带两大势力携手，得志未能维持太久，当六世纪中蒙古高原突厥游牧民族兴起，柔然的地位即被取代。突厥势力继续向西发展时，纪元五六七年，滑国或嚈哒，也逃不脱倾覆于其同种族所掀起民族大统一运动的命运，北亚细亚与中亚细亚的世界形势合而为一。

《梁书》滑国传内容，又堪注意其"无文字，以木为契。与旁国通，则使旁国胡为胡书，羊皮为纸。无职官。事天神、火神，每日出则出户祀神而后食。其跪一拜而止……"的记载，这当是突厥以前亚洲游牧民族外交惯例、游牧民族倾向定居生活时宗教信仰转变，以及转变过程中嚈哒接受伊朗文化（祆教）莫大影响的具体文字介绍。

便在中亚细亚当大月氏、嚈哒、突厥历次支配势力嬗代期间，有两个似乎是新的地理名词出现于中国文献。其一，最早见于《后汉书》西域传为"粟弋"，而于《魏书》西域传记载四至五世纪事迹时改译的"粟特"；其二，同在《魏书》中出现的"吐呼罗"。这两个名词，实际都不过古代中亚细亚历史上相当熟悉的旧地域名词改译或易称，而且早已流行于古代西方文字记录中。

"粟弋"便是锡尔、阿姆两河之间的 Sogdiana 或其简称 Sogd 音译，只因汉族最初发现时，此地域已由"大夏"转移为大月氏人居住，所以仍以大月氏之名名之，而古已有之的"粟弋"地理名词反而未被中国人应用。经过纪元初年，前后汉之交中国势力撤出"西域"，一世纪后半中国历史上与张骞齐名的班超再度推展汉朝势力到达中亚细亚时，才因记录空白的隔离而重加认识。因此才有《后汉书》"粟弋国，属康居"的记述，而第一次予 Sogdiana 或 Sogd 以汉字音译，虽然所记仅是大月氏初离"粟弋"转移到阿姆河南、而尚未发迹以前的过渡时期之事，取材似嫌陈旧。因为，待贵霜——大月氏成为中亚细亚支配势力，则非只"粟弋"继续立于大月氏支配之下而非属康居，即使康居的主要领土花剌子模，也已立于大月氏控制圈。

到《魏书》西域传中，"粟弋"的名词又告退隐，代之而出现的，堪注意同时又出现另一个与 Sogd 发音相似的"粟特"国，也便是二世纪匈奴人西迁时灭亡阿兰（奄蔡）而在南俄伏尔加河下游成立的国家，以后又自这个地区侵入欧洲。从西洋人记录，可知奄蔡一度称 Aorsi – Alani，其后单称 Alani（阿兰）。粟特时代，初期也称 Alani Scythae，然后再单称 Scythae①，与中亚细亚的 Sogd 或《后汉书》中的"粟弋"毫不相干。然而，显然便因发音容易相混，所以《魏书》西域传原系记载 Scythae 的"粟特"条中，也渗入了 Sogd 地区情事。便是说，《魏书》西域传对"粟特"所报导，乃是两段不同资料的合并，其中"其国商人，先多诣凉土贩货"这后半段，指的便是粟弋所在地 Sogd。"在康居西北，去代一万六千里"的方向与路程计算，尤其说明两类资料相

---

① 参阅冯承钧《西域地名》第 15—16 页 Aoris 条引《希腊古地志》。

混。换言之，方向指示 Scythae，道里则 Sogd（《魏书》记录与 Sogd 相邻的"故大宛国"破洛那，便是去代万四千四百五十里）。可说过去的"粟戈"，已被改译为"粟特"。

自"粟戈"名词被混淆的"粟特"替代，以至全行指示为 Sogd，原因之一，Scythae 粟特不再见于中国史书，而 Sogd 继续为汉族所知；原因之二，又关系到建立在 Sogd 这一区域，著名于唐朝文献中以"康国"（Samarkand）为领导中心的各个都市国家，所谓"六姓"昭武、"康国"、"史国"（Boukhara）、"石国"（Tashkent）等出现。康国与康居间的关系，历史界向来存在正反不同的意见，有些主张康国便是康居人因移住"粟特"而建设的国家，六姓联合也仍是五小王制度的延长。否定者认为不能因汉字"康"的相同而望文生义，中国史料中六姓昭武最早居住祁连山昭武城，以后迁徙中亚细亚便以昭武为姓（见《隋书》西域传），换言之，他们仍是大月氏人，虽然容貌、语言已被土著同化。这些争辩都无具体证据支持，最直接而且恰当的了解，应是康国等都系"粟特"人所建立的国家，此其一。其二，又是此时中亚细亚形势较古代已有显著转换，以嚈哒的兴起为分界，过去历史上扮演过重要角色，又与中国发生密切关系的大宛、乌孙、大月氏、康居等一笔勾销后，"粟特"人成为混血的代表性民族名词。

对于 Sogdiana 或 Sogd，"粟戈"或"粟特"还有个同地异名须要了解，便是梵语中的 Surika，翻译成汉文则"窣利"，只是范围似乎较广，兼及了周围地区。中国佛教著作中指"粟特"一带地域，用的便都是"窣利"这个名称。

首次出现于《魏书》中的另一个新地名"吐呼罗"，汉文同字异译还有"吐火罗""土豁罗""兜沙罗""睹货罗""兜法勒"等。古代希腊人很早便有 Tochari 或 Tokharoi 的称谓，但所指对象系民族，早期侵入希腊—大夏诸蛮族之一，然后，因这群人定居阿姆河南而民族称谓代表了所居住的地名，所以，与巴特利亚乃是同地异名。流传到中国历史著作与佛教书籍中时，便是经由大月氏而来的梵语 Tukhara 译名吐呼罗，也因此中国人只知"吐呼罗"而不知巴特利亚，并且"吐呼罗"地名，早期仍为习惯所用"大夏""大月氏"名词掩盖而未知晓（但日本学界也往往以"吐火罗"斯坦，解释之为中国史料中"大夏"音译的依凭①）。中国人发觉其名，须贵霜—大月氏在吐呼罗（巴特利亚）灭亡，始遇机缘得知而如《魏书》所记，虽然《魏书》中"吐呼罗"与已灭亡了的"大月氏"，甚或并灭大月氏建都吐呼罗的嚈哒（挹怛），尚都相互并见而被分列之为三个国家，存在如同粟特与康国互见的报导误失。却是从吐呼罗"薄提城周市六十里"的说明，仍可知便是嚈哒王都拔底城同音异译，与《隋书》所述"吐火罗国，与挹怛杂居"的情况，正相符合。

惟其如此，粟特（粟戈）与吐火罗，对于大月氏或嚈哒，只是地名与国名（王朝名）之别，在认识中亚细亚的意义上，实际也都是中国最初追求西方世界时首先接触的"老"地方，却到后来才具有"新"认识。同样情形，古代大宛国所在地费尔干，也自《魏书》开始才直接赋以"破洛那"（另外文献中又是"钹汗""拔汗那"）的音译。

中亚细亚古代历史的基本认识

古代中亚细亚历史，与北方游牧世界关系特别密切，粟特以南的定居社会，又容易与北亚细亚游牧势力结合。这层关系，对于明了中国—中亚细亚历史时，有其解明的必要。

问题在于中亚细亚与北亚细亚同属欧亚大陆内陆干燥地带的地理性格。但是，双方本质相同的干燥地理，却也存在相互间自然与人文的分歧，北亚细亚草原生活资源是游牧，中亚细亚，从新疆通过帕米尔，而至被锡尔、阿姆两河分隔的 Kyzylkum 沙漠与 Karakum 沙漠横亘地区，则已是沃洲干燥农业社会地带。这种彼此间的统一性与分歧性，便说明了双方历史关系，中亚细亚历史，

---

① 如：松田寿男、长泽和俊《绿洲国家的发展》，平凡社版《世界考古学大系》9. 北欧亚大陆、中亚，第76页；香山阳坪：《沙漠和草原的遗宝》，第70页等，均持此意见。

一切解释也都须出发于此。

　　沃洲的存在，固然非仅沙漠，也同及于草原，所以草原上某些地方仍可以发展农业，但草原沃洲必须与被包围于沙漠的沃洲区别。草原沃洲虽然可以从事农业，却不可能与草原切离，也容易被游牧经济所破坏，所以，草原沃洲的性格，通常被大草原强烈特征所掩盖而不容易独立显出。

　　与草原中不明显的沃洲相反，沃洲被包围于沙漠，才是地理性格明显，而又铸定从事农耕的沃洲，并且技术条件一定发展为精耕农业，居民也经营高度的定居城市生活，所以，沙漠沃洲才能充分代表沃洲，一般说明沃洲，指的也是沙漠沃洲。沃洲环境乃是陆地上最复杂的地理环境，群山、河流、耕地、沙漠等各种形态相配合与混淆，强烈的多元性，使沃洲能得独立形成一个地理单元。在这个单元区域中，一片片足以耕种的土地，都被沙漠所环绕或切断，隔离其他农耕部分。惟其如此，沃洲特征，便是分散、孤立而不相连贯，如同沙漠中的一个个岛屿。尽管在精耕意义上与湿润季节风地带相同，但其干燥农业性格，以及这种分散性，又与平野连亘的大农田农业，迥然有异。

　　沃洲很早便适合于人类生活，这个环境的原始农业成立，一般也反较大平原为早。其原因，当工具未发达时代，湿润地带的平原上开垦耕地，必须先行砍除巨大树木，清理遍布地面的深广森林，这类工作并非容易，而且，平原又处处存在外敌与野兽的威胁。沃洲方面便不同，既便利于从事原始农耕，安全性又较大，所以，沃洲农耕起源为非常之古，虽然分散性也特为强烈。

　　沃洲的分散性反映到政治，便是国家组织往往形成联邦制度，如同游牧民族所采取的方式；游牧社会的匈奴四大国与六角，嚈哒或滑国的"八滑"以及西突厥本部的十姓部落等，固为有名，关于沃洲，则大月氏的五翕侯、康居五小王、粟特时代以康国为中心的九姓或六姓昭武之国等，同样都是。沃洲这种与游牧世界性质相似的政治组合，便吸引容易接受来自草原的游牧势力，也说明为什么中亚细亚历史常与北亚细亚结合，此其一。

　　其二，迅速移动与强烈的团结性是大草原上游牧民族共通特质，反之，定居的沃洲人民，其分散的地理条件便剥夺了他们团结力量，所以，又往往铸定北亚细亚支配式的与中亚细亚结合公式。在历史上，中亚细亚沃洲国家屈服于草原优势武力，而参加为征服性与强制性混合大联盟的一员，例如匈奴时代、大月氏时代、嚈哒时代、西突厥时代等，都很现成，康居之与花剌子模也是。北亚细亚势力圈，甚且可以到达西亚细亚，最早的匈奴便是，《史记》大宛列传曾有如下一段早期汉朝使者旅行中亚细亚时的感慨："自乌孙以西至安息，以近匈奴，……匈奴使持单于一信，则国国传送食，不敢留苦。及至汉使，非出币帛不得食，不市畜不得骑用。"正表示了游牧支配者与被支配沃洲国家间的相互关系。

其三，草原—沃洲间共通的内陆干燥地理性格，原便使双方的存在不易截然分划，而且草原经济与游牧社会，最早便自沃洲发源，简言之，草原可谓自始便与沃洲有关。待到草原经济与游牧民族自沃洲社会分化了的时代，仍然与沃洲定着社会保持密切关系，而非两个对立的关系，因为，游牧经济虽然可以自给，但全部的自给却不可能，其金属品、木器等，很多都须向定着民族求取，而使双方呈现了共存状态。所以，干燥地带历史所表现的事实，除了特殊场合下草原—沃洲间也会出现敌对状态，一般场合中，大部分时间相互保持密切联系。联系方式，政治关系外便是经济，草原游牧民族向沃洲居民供给肉、乳制品、毛皮等，而沃洲农民给与游牧民族农产物与手工业品。然而，这种共存需要双方又不平衡，换言之，草原较沃洲的依存度为大，与沃洲人民交易乃是游牧经济重要支柱，这便是铸定沃洲所以往往与草原结合，而结合方式，却又往往呈现为接受草原支配形态的又一原因。

其四，草原与沃洲间支配式联系关系的造成，地理性格、经济要求，与强制性政治因素之外，相互间还存在另一项足以结合的共通性社会因素，便是彼此都系商业性民族。大草原上游牧民族，自古涂有浓厚的商业色彩，中亚细亚向被称"亚洲心脏"，欧亚大陆四面八方的国际间交通线都以此为枢纽，从锡尔河沿咸海、里海北岸西行，可往黑海沿岸与东欧；渡阿姆河西南行，经阿富汗斯坦与里海南岸的伊朗高原，可往地中海与非洲；自阿姆河上游南下，越过兴都库什山的山道时，又可经印度河源作印度之行；东方穿越帕米尔高原，则已连接中国的塔里木盆地；向东北方更为容易，通过伊犁与准噶尔盆地后，便可出阿尔泰山直达蒙古高原。所以东、西各方面人旅行或贸易，都须经过中亚细亚，而中亚细亚这种交通地位，以及因此所形成当地人民活泼的商业活动，对大草原上游牧民族商业发展自为一大鼓励。所以，凡历史上北亚细亚有强大游牧民族兴起，中亚细亚沃洲国家与其人民，无可避免会落于其控制之下。事实上，这种从属关系的结合对双方都有利，一方面，游牧支配者固因此获得广泛新经济面的附加，另一方面，被支配诸沃洲附庸国也得因此愈扩展其商业活动，换言之，沃洲国家托庇于草原势力，可以利用领导者强力军事与政治优势，以保障其贸易安全与扩大国际市场。六世纪后半以后强力大游牧帝国西突厥支配中亚细亚时，在东罗马史家笔下，中亚细亚（粟特本据）商人如何在游牧突厥人武力保护下横度沙漠，展开连接东、西方的盛大贸易动态，便有详细记载。

古代中亚细亚商业盛况，以及这个地区人民的富于商业天才，中国早在纪元前一世纪初完成的著作《史记》中，便已指出："自大宛以西至安息，国虽颇异言，然大同俗，相知言。其人皆深眼，多须髯，善市贾，争分铢。"（大宛列传）中亚细亚人这种商业性格，又以粟特与其中心都市康国（撒马尔罕）为显著，粟特—康国—撒马尔罕，自古以放射线式内陆贸易中心与商业基地放其光彩，四五世纪五胡十六国与南北朝时代的中国史料中，便可明显见出粟特或康国商人如何活跃于中国。《魏书》西域传对康国人形容为"人皆深目高鼻，多髯，善商贾，诸夷交易多凑其国"，以后《新唐书》西域传尤其有如下一段颇具趣味性的康国人描写："生儿以石蜜啖之，置胶于掌，欲长而甘言，持珤若黏云。习旁行书，善商贾，好利，丈夫年二十，去傍国，利所在无不至"，活现一幅国际商人经商训练的写真。

惟其粟特人商业势力之盛与其商人足迹遍天下，所使用语文乃发展为当时国际语文，而成为一大历史特色。古代吐火罗语虽未如粟特语文似今日英语的国际间通用化，流行范围也颇广泛，当时西域北道属此系统，七世纪玄奘旅行观感，便称睹货罗（吐火罗）文字"逾广窣利（粟特）"（《大唐西域记》）。

从说明中亚细亚人善于交易的中国资料中，可同时发觉这些中亚细亚人"人皆深目、高鼻、多髯"的容貌特征，而且这些特征自纪元前二世纪迄于纪元六世纪未变。对于古代中亚细亚民族系统问题，这当是重要的说明，可了解中国隋唐以前，中亚细亚为属于说印欧语的白肤色雅利安人种天地。这些广泛分布于中国西方的白色人种，汉族当初给与他们的称谓，是个概括的名词"塞人"或"塞种"。

汉族所指"塞人"，最早原限于西方系游牧民族，而西方系游牧民族最邻近中国的，是"萨迦"，"塞"这个译名的依据，因此可能便是"萨迦"音译。古代希腊、罗马著作与古代波斯碑文，对于中亚细亚的定居农耕人民，大体都称之为巴特利亚人或粟特人，游牧民族即"萨迦"。中国人同样接受了这个名词，以后因在中亚细亚所见都是白人，才无论其为游牧抑农业，划一泛称"塞种"。

北亚细亚游牧民族向中亚细亚移动，非自隋唐时代突厥人始，但黄色人种与白色人种的完成转移，却必须待到突厥人迁移浪潮涌抵。突厥人以前的古代游牧民族在中亚细亚建立征服王朝，都因系某一民族集团的单独行动，而在文化、血统上倒反成为被征服者。游牧民族即使在大草原时代也会因移动与通婚而早期——后期间民族成分不一致，到达中亚细亚经过人种漂染，差异更大，原有的体型、言语、生活习惯都会发生变化，这种变化与同化，今日都给予学术界研究上的困惑，无数论争也由此而起。同样的情况，即使突厥人整族性大迁移，授予历史、民族学界的，仍只是人种转换完成与西洋人所谓东、西土耳其（突厥）斯坦成立的概括印象，新的突厥系黄色人种天地间，迄今仍因同族间历史活动与接触周围原住民族的不同，而彼此出现血统分歧，小亚细亚土耳其人与白种人通婚，体格上已显得近似欧洲型；中亚细亚哈萨克人，却又与蒙古人为接近。所以，古代历史中的人种区别，大体趋向可以认识，肯定的澄清则不可能。

中国史料与所指"西域"范围

二千年前中国文献已有提示的古代中亚细亚人种问题，以及白肤色雅利安人时代活跃的商业特征，今日考古发掘收获都予证实，而能完全绘出其复原图，也因了这些中国史料，才对古代四大河文明中间地区的历史研究，能予静止的地下实物史料以动态说明。意义特别重大的，这些地区古代都没有自己的"史书"流传，即使文明先进的印度，也向来只有传说而无"历史"，所以认识古代中亚细亚，甚或印度，文字史料不能得之这些国家自身，反而须从中国文献与中国人的西方知识中求取，这便是古代中国人对世界史学问上的莫大贡献。中国古代记录的价值被考古、历史学界共同承认，今日有关中亚细亚古代历史地理叙述，一般引用文字资料，来源因此也很多取自中国史料。

古代中国与西方间无形的交通与文化交流，相信张骞以前定必早已存在，但有形的西方发现，以及汉族中国人开广世界眼界，则都有待张骞。纪元前一世纪初《史记》大宛列传转载张骞关于纪元前二世纪后半"西域"九个国家（大宛、楼兰姑师、乌孙、康居、奄蔡、大月氏、安息、条支、大夏）的国家性质与人口、武力强弱、民族性、风俗习惯、物产经济及与中国间距离等的报告，由当时人报导当时事，不但当时使中国人西方知识飞跃充实，流传迄今，也成为世界学术界关于中亚细亚历史最早的直接记录。张骞观察力的锐利、记忆的健全、叙述的正确，以及地理推定的恰当，在研究古代世界史的学者间获得至高评价。

媲美《史记》大宛列传的，是汉朝另一部著作：一世纪后半班固的《汉书》西域传，广泛转载汉朝西域都护府调查制成有关西域各国土地、山川、户口、兵数、官名、道里远近等统计，所列国家共达五十五国之数，并于今日多能考定其现在地理位置。所以《汉书》西域传乃是自玉门关以西、伊朗以东、印度以北、乌拉山以南地域古代诸国家，最完整与最精确的一次系统性介绍，明了西域早期面貌，唯有求之《汉书》西域传。而中国诸"正史"记录西域事情，《汉书》所转载的强力统制时代官方调查，也无疑最具权威性。

《史记》《汉书》所说明，如："（大宛）属邑大小七十余城"；"（安息）其属小大数百城，地方数千里，最为大国。有市，民商贾用车及船，行旁国或数千里。以银为钱，钱如其王面，王死辄更钱，效王面焉。画（划）革旁行以为书记"；"自大宛以西至安息，国虽颇异言，然大同俗，相知言。其人皆深眼多须髯。善市贾，争分铢。俗贵女子，女子所言而丈夫乃决正"；"（罽宾）其民巧，雕文刻镂，治宫室，织罽，刺文绣，有金银铜锡以为器。市列。以金银为钱，文为骑马，幕为人面"；"（安息）土地风气、物类所有、民俗与乌弋、罽宾同"；"（大月氏）土地风气、物类所有、民俗钱货，与安息同"等国情，与实情可谓完全符合。

连接《汉书》所说明时代，是五世纪前半的著作《后汉书》，其西域传所据直接材料出自班勇或其幕僚人员手笔，却不齐全。《后汉书》西域传序文谓："撰建武以后其事异于先者，皆安帝末班勇所记云"，可知性质原系《汉书》补充，而非独立著作。但南亚国家与地域的出现于传中，则值得特笔大书。印度或身毒，是纪元前二世纪张骞最早所知地区之一，但《史记》与《汉书》都无专条，自《后汉书》西域传开始以"天竺"之名列有条目，说明："一名身毒，卑湿暑热，临大水。……身毒有别城数百，城置长；别国数十，国置王，……其时皆属月氏。……西与大秦通，有大秦珍物，又有细布、好氍毹、诸香、石密、胡椒"。

《三国志》所述时代连接《后汉书》，但撰写完成时间反早在三世纪后半。与《三国志》同时撰成的另一部著作《魏略》，其著名的西戎传资料，后来于五世纪时被加入《三国志》魏志卷末为附文。古代新疆五大支配势力的形成，以及古代中国称罗马帝国为"大秦国"的最初专条，便都第一次见之于《三国志》魏志引《魏略》西戎传。

六世纪后半著作的《魏书》西域传，又是份热门历史文献，取材均在纪元四九四年北魏迁都洛阳以前，这从统计各国与中国间距离，全以"去代（旧都平城）若干里"为标准可知。其综论谓："西域自汉武时五十余国，后稍相并。至太延（北魏太武帝年号，五世纪前半）中，为十六国，分其地为四域。自葱岭以东、流沙以西为一域；葱岭以西、海曲以东为一域；者舌以南，月氏以北为一域；两海之间，水泽以南为一域。内诸小渠长盖以百数"，正是迄于五世纪时，历史发展下的西域变貌型态，中亚细亚全域接受北亚细亚突厥游牧民族外力支配前夕的形势。所收录国家，超过《汉书》之数而达六十一条，大部且位于帕米尔以西，甚多历史上西方新国家名称，都自《魏书》西域传始见，记事面可谓特别广大。再经七世纪初《隋书》所介绍的过渡期，西域乃直接加入为唐朝的中国历史。

只是，隋朝以前，所谓"正史"的有关西域记载，主要也限于上述。《宋书》《南齐书》《陈书》《北齐书》都无西域传。《晋书》《梁书》《周书》同须迟至唐朝才撰写，所了解西域国家，非只因过少而合并于四夷传、诸夷传或异域传，并且，除了《梁书》滑国（嚈哒）条堪称杰作之外，其余多数在取材方面沿袭《汉书》《后汉书》陈旧资料，与现实已有颇大距离。《南史》《北史》所录西域国家，尤其明显便是《梁书》与《魏书》《隋书》的一字不易移刊。

《魏书》西域传今日学术界给予评价甚高，而缺陷仍多，如粟特与康国、吐火罗与大月氏、大月氏与嚈哒、安息与波斯等，同地异名或国家朝代前后交替，都误列为同时并存的不同两国。相反情形，则粟特条的以不同两地混淆；另一类型错误，又如以后期贵霜——大月氏退出西北印度与早期大月氏退出中国河西相混，而介绍富楼沙城或乾陀罗新国家为"小月氏"。这些错误发生的由来，可能因《魏书》西域传原著曾被遗失，今日所见，系十世纪以后宋朝人依唐朝人转载入《北史》西域传的部分，所予复原，而两次转录之间，疏忽在所不免，可以肯定的例子之一：今日《魏书》西域传"嚈哒"条所载里程的独为"去长安若千里"，便显知已非《魏书》原著；例子之二："康国"条又系由转载《隋书》西域传而误引入《魏书》西域传内。

而且，高价值的中国古代记录，其价值也非绝对而有其限度，若干观点与说明，今日都须重作解释。同一地域，叙述资料的时间鉴别也重要，《魏书》固如此，《后汉书》又是例子，《后汉书》一般记述年代固达于三世纪前半，但西域传资料则明言依据的是班超之子班勇任西域长史时调查记录，而班勇职权范围内的情况了解，时间上不能越过其本人担任西域职务的二世纪前半。大月氏于二世纪正当贵霜王朝蓬勃发达之时，《后汉书》记载却止于阎膏珍，迦腻色迦王轰轰烈烈的事业，今日须参考佛教书籍补充才能明了。另一个例子，《汉书》以安息 Parthian 国名与国都名相混而称"王治番兜城"，《后汉书》虽知位于里海东南的安息国都应该正名"和椟城"（Hecatompylos），但依的仍是早期资料，实际纪元前二世纪后半，亦即汉武帝通西域同一期间，安息国已因取得美索不达米亚而迁都到底格里斯河西岸的历史名城 Ctesiphone，与以后萨珊波斯国都为同一所在，亦即以后《魏书》所谓"波斯都宿利城"，《隋书》所谓"波斯都达曷水之西苏蔺城"。

同时，古代中国人足迹以到达伊朗为限，因此他们直接了解的地域仅至于此，《后汉书》西域传大秦国条"前世汉使皆自乌弋以还，莫有至条支者也"，已予明言。即使安息其地，除了汉朝之外，其后到达的机会似也不多。中国人往西方最远纪录，是纪元九七年后汉甘英的抵达条支，却仍未能因此增加中国人西方见识，未知因甘英其人是个庸才，不注意搜集有关资料，抑或携回资料以后都经散失？而班勇依于职权所作的调查，空间尤已不能超越中亚细亚。所以，对于自伊朗再以西的远方世界，今日能获历史界共同承认的，仅是三世纪时中国人西方地理知识极限与当时被称为"大秦"的罗马帝国。

《魏略》西戎传西域记载，唯一便以"大秦"为特详，大秦国叙述文长一千二百多字，《后汉书》除了增补甘英后半个多世纪，桓帝延熹九年（纪元166年）大秦王安敦遣使后汉政府的叙事之外，关于介绍大秦国情方面，全系《魏略》说明的摘录。从两书列举自安息出发行程，及"其国在海西"而"其西又有大海"的地理位置，堪了解便是意大利半岛，而指大秦"自葱岭以西，此国最大"，"有四百余城，小国从属者数十"，"多金银奇宝"，"国用富饶"等，又足视为罗马繁荣期浩大气魄的写照。"置三十六将，皆会议国事，其王无有常人，皆简立贤者"，也正是元老院（Senate）统治的解释。而《后汉书》所记大秦王安敦，与纪元一六一至一八〇年在位，罗马五贤帝末期有名的哲人皇帝 Marcus Aurelius Antonius 年代、王名又都相当，学术界均无疑义，所以大秦之为罗马帝国，为堪认定。

大秦以外，《魏略》《后汉书》列举的颇多国家与都市，东西方学术界求证今日地名时却往往受到困惑。除"阿蛮"或可与亚美尼亚（Armenia）对音；"黎轩"或可与希腊文化时代科学发达中心，以及罗马帝国治下以经济文化闻名的埃及 Alexandria 对音之外，其余严国、于罗、斯宾等国名或地名，都是个谜。

至于《史记》大宛列传有专条，以后诸书也常述及的"条支"，则以史记

"在安息西……人众甚多，往往有小君长，而安息役属之以为外国"的报导内容推测，所指可能系由叙利亚塞流卡斯王朝转移为安息统治的安息西方诸国统称，并无特定位置可以考定，当为流动性的概念。

不惟如此，且自《魏略》《后汉书》之后，史料中除《魏书》以外，关于远方国家或地域的名称已告绝迹，不再被提及，"大秦国"也仅《晋书》《魏书》继续提及，但即使被誉新颖的《魏书》，对大秦的因袭前史与脱离现实，仍不例外。所以，凡汉朝与其后有关西域的"正史"，非只伊朗以西参考价值多数须降低，而且严格讲来，自纪元三〇〇年左右至六〇〇年左右间的大部分时期，除了Scythae粟特等少数例外，中国人所了解"西方"极限，还愈须移近中亚细亚。

较正史介绍"西域"专门章节更可贵的，是西方大门敞开后汉族旅行家亲身访问的记录。五胡乱华时代中国第一位赴印度求经的僧人旅行家法显，于纪元三九九至四一六年间遍历三十余国而完成的《佛国记》，是遗留迄今年代最早的著名游记著作。北魏使者宋云与僧人惠生于纪元五一八至五二二年间旅行西域归来所著，原书虽已失传，但仍有一部分因纪元五四七年杨衒之《洛阳伽蓝记》转载而得保存。到唐朝，又有中国佛教史上最著名僧人之一玄奘于纪元六二九至六四五年间西行归国所著《大唐西域记》。这些具有丰富内容的历史地理第一手资料，今日都已享誉世界，为东西方历史学界所熟知。只是，这些著作，记事范围仍都限于中亚细亚与印度，不涉及伊朗及其以西。

另一部成书年代较早于玄奘，且记述广达地中海的私人著作，系六七世纪之交隋朝西域事务专家裴矩所撰《西域图记》，虽非亲身经历，却是东西方商人旅行者见闻的综合成果，内容含四十四国，且附地图，可能已是古代世界最详细的地理教科书。可惜此书很早失传，仅余序文保留于《隋书》裴矩传，但序文中所述其时到达地中海（所谓"西海"）的东西交通概况与三条国际大道沿途所经国名，今日仍存在弥足珍贵的参考价值。

所须注意，自张骞以来，中国人所知晓中亚细亚或西方世界，泛称都是所谓"西域"，并无确定范围指出。换言之，只用以称凡属中国领土以西的地方。

惟其如此，中国今日固与中亚细亚接壤，古代却不然，中间还隔了个新疆。新疆今日是中国一省区，纪元前二世纪张骞以前则否，张骞以后，也很多时间只以保护国姿态归中国支配，而非中国直属领土。所以，在古代，以"西域"概括西方世界时，新疆同样属于"西域"的一部分。

与新疆介乎中国—中亚细亚间的地理位置正好倒转，中国认识"西域"，中亚细亚在先，新疆反而在后。张骞因到达或了解其地所搜集的西域各国珍贵资料，便集中在帕米尔以西，《史记》大宛列传也因此仅对中亚细亚诸国详予介绍，而新疆国家仅最接近河西走廊与东西交通要衢的"楼兰姑师"一国有其说明。大宛列传附见的国名或地名，中亚细亚以西部分远及黎轩，新疆范围内仍仅止扜罙（扜弥）、于阗而已。待汉朝势力从中亚细亚折回与闯入新疆，纪元前六〇年建立西域都护制度，新疆被置于中国支配之下，《汉书》才第一次以"西域"为名列有专传，并区别"西域"的意义为二；其一，属于都护统制系统的西域；其二，"不属都护"的西域诸国。自此"西域"具备双层性解释，广义的西域，包括了玉门关以西任何地区，狭义则单纯便指新疆。《汉书》西域传提要部分："西域以孝武时始通，本三十六国，其后稍分至五十余，皆在匈奴之西，乌孙之南。南北有大山，中央有河，东西六千余里，南北千余里。东则接汉，陇以玉门、阳关，西则限以葱岭"，这是专指新疆（不含准噶尔盆地）。而正文分国、分条缕述，则广泛及于"条支"，并附见地中海岸"黎轩"之名。西域狭义、广义如何分别？视此记述体例可以明了。

新疆与河西走廊

沃洲地理橱窗与人种博览会

汉朝都护统制下狭义的"西域",习惯上往往视为便是中国极西的新疆,实际并非完全相当。今日新疆行政区划界线之内,包容的共有四个自然单位:北方准噶尔(Dzungar)盆地,西北伊犁河谷,中央天山山地,与其南塔里木(Tarim)盆地,而狭义所称西域,准噶尔盆地与伊犁河谷便从未被计列在内。

准噶尔大片开朗的草地,牧草都非常肥美,夏季炎热,冬季长而严寒,气候较天山以南寒冷,环境如同蒙古高原,盆地内虽然存在沙漠,却非荒砾可怖。因此,盆地南北两方山脉夹峙而东向地势开敞的形势,不但使与阿尔泰山后面湖沼地区或蒙古高原无可分割,而且还是草原大单元中重要的部分,历史上始终表现为游牧世界一环节,而立于北亚细亚历史范畴。当匈奴时代,即使迄于北匈奴败亡,这个地区仍是其直属领土之一,以后迄于清朝初年,也一直被称为"西部蒙古",而与内、外蒙古与东部蒙古一体。这种情形,正如同东北地方的辽河下游与河北省间并无天然划分界限,有史以来便是汉族中国领土一般。

今日新疆西北境,古代乌孙建国所在地的伊犁河谷,群山分割一处处谷地,西边一面却是平野相连的地理形势,明显构成中亚细亚一部分,温度也因地势较为开朗而视准噶尔盆地温和,所以乌孙的历史活动也与中亚细亚结合,而无关于新疆。同样在十八世纪,才随准噶尔、哈萨克斯坦被划入新疆范畴。

今日中国新疆,须迟至十八世纪才由清朝自蒙古领土裂出准噶尔,加上伊犁河谷、哈萨克斯坦,以与天山以南的回部合并而成。到十九世纪哈萨克斯坦被苏联前身帝俄侵并,中亚细亚楔入新疆部分的伊犁地区幸得保留在新疆内,以迄于今。

纪元前二世纪新疆泛称所谓"三十六国",便仅分布于天山南、北麓与塔里木盆地沿大戈壁的周围,尤其系以塔里木盆地为主体。这个历史地理范畴,大体便是清朝初年的回部。所以,古代新疆,非如今日所见的新疆印象,只为便利叙述起见,才应用今日现成的新疆一词,古、今之间的区别,还是须要辨明的。

一般史地学者往往以历史上的新疆或塔里木盆地列为中亚细亚一部分,谓之中亚细亚东半部,而以现在的中亚细亚列为中亚细亚西半部,这个理论自属成立,因为亚洲内陆干燥地带沃洲大单元有其统一性,而新疆与中亚细亚,则正立于共通的地理基础上。然而也须注意,两者沃洲地理基础虽然相同,地形又不同。一般用以区别东、西部中亚细亚的标志,系雄踞其间的"世界屋脊"帕米尔高原,而帕米尔以西诸山脉,都不太高峻,地势也较平缓,自此趋向于欧洲的现象相当强烈;新疆却不然,完全具备一个历史上新疆自身才有的地理环境——北面天山,南面喀喇昆仑(Karakoram)山与昆仑山脉,都自帕米尔高原东向放射,而形成塔里木盆地周围全属海拔二千公尺以上的高原,几乎以新疆团团包围成一个孤立圈。喀喇昆仑山主峰,世界第二高峰的奥斯腾峰 K2 山,海拔八千六百十一公尺,天山汗腾格里山(Khan Tengri)与博贝达山(Pik Pobeda)也都海拔七千公尺以上,帕米尔地势尤属四千至五千公尺,高峰往往都超过七千公尺。这个地形,便使新疆与中亚细亚分隔,足以自成一个独立单位,而从中亚细亚区划中脱离。

历史上的新疆,非只能在沃洲世界中表现为独立单元,而且也是沃洲特征最发达的地区。新疆若干草原沃洲,仅存在于天山北斜面,即沿天山北麓山脚伸入准噶尔盆地的部分,天山以南,景象全部改观。塔里木盆地为极目无涯的广大沙漠所掩盖,而沙漠中又散布了一处处特征鲜明、星罗棋布的小沃洲,较中亚细亚锡尔、阿姆两河并行流过沙漠而注入咸海时,沿河出现大面积沃洲的景观,更能代表分散性沃洲地理典型。所以,世界学者说明沃洲性质以及建设于沃洲上的国家时,便往往以新疆塔里木盆地举证,新疆沙漠沃洲,也供为说明标准沃洲地理的"橱窗"。

英语中 Oasis 一词,中国译名有沃洲、沃地、绿洲、绿地、膏地、漠岛或者沙漠岛等，意义相同，指的都是被沙漠所间隔或包围，一块块孤立而盐分不强、地味肥沃、足以经营农业与栽培植物的土地，简言之，沙漠地带的可耕地。事实上，即使沙漠，也非真是不毛之地，所谓"沙漠"，突厥语"库姆"（Kum），蒙古语"戈壁"（Gobi），指一年中难得有雨降，因为绝对干燥与一堆堆沙丘所形成沙的海，这大片干旱的砂砾之地，便称之"沙漠"。惟其如此，沙漠主要成因是水的来源断绝，相反场合，沙漠加水，又可演化为耕地，今日中亚细亚便已大规模建设灌溉网，引水变干燥地或沙漠为耕地成功。在现代文明尚未发达以前的古代，人类自无今日般科学化技术，但也从未放弃沙漠中某些可以利用水的地区，那便出现了一处处沃洲农业区。换言之，水，使沙漠沃洲成长，也使干燥农业的发展成为可能。

远离海岸而约略占亚洲大陆三分之一面积的广大干燥地带核心塔里木盆地，整个形状如马蹄形，帕米尔高原、天山山脉、昆仑山脉，包围其西、北、南三边，惟独东边开着口，马蹄形中央，便是东西长九百公里，南北宽三百余公里，世界闻名的塔克拉玛干（Takla–Makan）大沙漠。大沙漠触目荒凉，遍地浮沙，飚风起时，卷沙如山倒，是个极端干燥，一片迷茫而没有雨水，与准噶尔沙漠大不相同的沙漠。整个塔里木盆地，也因周围被海拔多数在冰雪线以上，高逾二三千公尺的自然障壁所封闭，而完全不受海洋气候影响，雨量便因海洋湿气无从进入，今日仍是世界有纪录的最低地区，多雨量处每年不过七八十公厘，最少处如婼羌，年雨量仅约五公厘，叶尔羌十二公厘，和田也不过二十六公厘。如此一个内陆区域，农业似乎不可能存在，然而，配列在大沙漠周围，环绕这个马蹄形内边缘的，却放眼都是一处绿色的沃洲，都许可人类经营集团生活与建设都市，以及依赖水的活力而发达为丰腴农耕地。

塔里木盆地中，主要而基干性的河流，是紧贴大沙漠北面，与大沙漠并行的塔里木（Tarim）河，这条大河东行注入罗布泊（古代称"盐泽"，另一个名词又是蒲昌海），或者依蒙古发音的罗布诺尔（Lop–Nor，罗布淖尔），盆地内诸河流，从各个方向流来，都直接进入或汇合后再流到塔里木河中。这些河流，泉源全是高山巅峰所积聚的冰雪，当春夏季溶化时，积雪便发源为许多细流而从山上落到平地，分成若干河床，或者汇成一个个湖沼，或者，流水没入砾石中之后，至距离较远时，重复出现于黏土地带。进而言之，新疆沃洲的形成，便由于这些河水与沙漠。塔克拉玛干大沙漠虽然一望无涯而有恐怖感，其实沙质（实即土质）乃是与黄河流域土质相同的黄土（Ioess），所以与罗布诺尔附近，因湖水盐分过多连带土壤也盐分特强的荒原有别，那个地区才是世界最荒凉的区域。塔克拉玛干大沙漠如有适当的水分时，反而很容易变为沃土，大沙漠的这些黄土微粒被强风吹向天空，大量堆积在山岳斜面，当融雪时，便再混入河水中被挟带下达平地，如此循环现象永远持续，于是盆地内产生了一处处沃洲。这些藉河水之润而形成的沃洲，大抵都位于河川终端或山麓，特别因盆地的东北风为普遍，所以昆仑山脉黄灰色的尘土在北斜面储存为尤甚，再经山上流下的河水搬运，沙漠之南各处河流下游诸沃洲，地貌的丰饶性也更深一层。

而且，便因塔里木河与其每一支流所经之处，河川两侧方便于开掘渠道引水，缺乏雨量，不可能经营天然农耕的缺陷非但被弥补，还一跃超脱单赖雨泽的粗放农业阶段，进入灌溉精耕阶段。较利用河水再迈一步，又发展为沿地下水脉，穿凿沙丘为井，引取与利用地下水资源供应农田灌溉需要的技术，以避免水分在地上蒸发的损失，这是亚洲干燥地带所特有，西自阿拉伯萨哈拉（Sahara）沙漠经中亚细亚、新疆，以至宁夏，今日仍广泛分布，土语所谓 bulak。如东天山吐鲁番盆地所见更高深的灌溉技术 Kares①，汉族称之"坎儿井"，是选择向阳山麓易于受容山间雪水处，傍山先掘一深井，储存渗入地中的雪水，再连续间隔适当距离各各凿井，随地形坡度而各井深度递减，到接近耕地的一井最浅，井与井之间，底部平面开掘隧道连串相通，形成整条的地下渠道。

因了这些地面与地下水道，所以在塔里木盆地一处处小范围沃洲上经营农业，尽管干燥，取水却容易，加以盆地内气候温和，每年温度平均只有三个月到达零度，农作物生长期长，产品丰富。这种情形，与草原沃洲的容易转变为草原固有区别，即使较中亚细亚沙漠沃洲，其农业特征也更能强烈表现。反过

---

① 平凡社版《世界历史大系》10. 松田寿男、小林元《中亚史》，第27页。

来说，也便因为大沙漠周围雨量少到几乎没有，开辟与维持耕地，唯一依赖于河川，河水与川渠利用价值因此成为绝对，灌溉制度也与整个沃洲国家生命息息相关。南北朝时吐鲁番盆地高昌国是个可据以说明的典型例证，这个国家以二十个以上沃洲组成，国有二十二城，每城各各设有户曹、田曹以及水曹专官，而利用坎井特为有名，所以高昌国农业发达到"谷麦一岁再熟"的地步。

塔里木盆地每个沃洲的面积都不太大，虽然大的可到二千平方公里以上，小的则落于十平方公里以下，悬殊颇巨。O. Lattimore《中国的边疆》引F. Grenard《亚洲高原》统计，说明新疆沃洲面积大过五十平方公里的，全境只有三十多处，最大为疏勒，二千六百五十平方公里；其次莎车，二千一百平方公里。这大大小小一处处沃洲，都是塔里木盆地人口集中之区，以及城市位置所在。同时，也因这些小地域周围都被沙漠或高山隔断，每个沃洲与每个都市，便都形成一个国家，这些都市国家，又以沃洲或耕地范围大小，以及人口多寡而分别其强弱。但即使最大的国家，以纪元前二世纪时而言，也不过龟兹的八万一千人，等而下之，数千人，数百人一个"国家"都有，这些都经汉朝西域都护府调查，而《汉书》西域传予以转载。《汉书》西域传所列各国人口统计中，虽也有如乌孙六十三万人，大宛三十万人的数字，但乌孙、大宛都已非新疆国家而属中亚细亚了。

新疆整体形势值得重视的另一面：新疆尽管周围环绕群山，却并非便是闭塞，即使对塔里木盆地隔绝性最大的喀喇昆仑山，仍有很多容易通行的山口，蒲犁至克什米尔一道，便是几千年来有名的国际通道。帕米尔更容易通过，单以帕米尔八区之一的朗库帕米尔（Rangkul Pamir）而言，统计已有三十处以上的山口，可供往来于塔里木盆地与中亚细亚之间。这种形势，便导引了古代新疆历史另一项特征——居住者人种的复杂。

古代中亚细亚乃是雅利安系人种或中国记录"塞种"的天地，当时环列于新疆外侧的大宛、大夏、罽宾等，都系白肤色人种国家，他们自此经帕米尔山口伸入新疆，也属顺理成章之事。同时，伊犁河谷成为扇形开向中亚细亚的地形，哈萨克斯坦草原上的白种游牧民族，也很方便从扇形外侧向内迁徙到天山山地。《汉书》因此曾指出很多当时的新疆国家由塞人系统所建立，如：休循、捐毒、桃槐、难兜、无雷、乌秅等都是，位置集中于今日帕米尔高原，或新疆与中亚细亚接壤地区。《梁书》追述早期塞人分布范围，指出"塞种世居敦煌，为月氏追逐，遂径葱岭南奔"，则早期雅利安人种似乎且曾自天山山脉与阿尔泰山渗透，而定居甘肃西部地区。甘肃发现彩陶一度被认为与西亚细亚农耕文明有关，上述《梁书》记载可能有其影响。

新疆立于东、西方之间的位置，使得东方民族同样可以越过各个山口进入新疆，前期突厥系民族便是其一。据维吾尔方面资料，谓纪元前四世纪①，或且推展其时间至纪元前十四世纪②，维人已以天山为中心而建立回鹘汗国，虽未获得学术界共同承认，但不待后世突厥人徙移大浪潮形成，部分集团已自北方到达新疆，当非不可能。

古代新疆，雅利安人有其西部，前期突厥人的渗入方向是北部，自东方与南方进入新疆的，主流又是大月氏系氐羌人种。黄河以西，甘肃、青海、西藏一带，早期都是羌族分布地，从此沿昆仑山北麓以抵帕米尔高原，新疆南部都是他们扩展范围。《汉书》中列举他们在新疆建立的国家为：婼羌、戎卢、渠勒、小宛等，以及在帕米尔与塞人国家相遇而并存的西夜、子合、蒲犁、依耐诸国。

惟其古代东西方民族纷纷向新疆塔里木盆地集中，所以历史界形容古代新疆，往往称为人种蓄水池，或不同人种所携来的不同文化博览会。值得重视处，尤其在古代历史上，从未发生有任何民族之一，能在新疆培养成强大势力的情事，"西域文化"资质，在古代也始终呈现为混合文化的形态。其原因，便关系到沃洲地理的分散性，以及塔里木盆地之处于民族文化十字路地位。新疆繁杂的民族文化转向统一之途，以及塔里木居民纯血化，须待中亚细亚民族转换期同时，突厥系的回鹘（回纥、畏兀儿、维吾尔 Uighur）人移住潮流冲击。这个转变期完成与新疆突厥化，已系九世纪的晚唐时代，自此而铸定如今日所见，新疆住民以维吾尔族为主体的现象。

---

① 分别见阿不都拉《维吾尔的源流和文化》，中国边疆历史语文学会《新疆研究》，第203、204页。

② 见阿不都拉《维吾尔的源流和文化》。

| 古代北西中国 |

| 经济繁荣面下新疆政治的向上

塔里木盆地沃洲面积一般都过小的事实，使有限的农业生产量，容易发生难以迎合人口自然增殖趋势的现象，每个沃洲迟早都会感觉耕地狭窄。于是，提高农地单位面积生产力与收获量的进步农耕技术，已是诸沃洲都市国家对产业发展努力方向之一。其二，塔里木盆地周围群山中蕴藏天然资源的丰富，迄今仍为世界所艳羡，在古代，盐、铁、铜、铅等矿产，都很早便被发觉而利用。第三个方向，又是配合农、矿业的发达而发达，脱离了土地独立的加工业与手工业，《汉书》记载纪元前二世纪时塔里木国家经济状况时，便果见"能作兵""能铸冶"的说明。沃洲居民向与草原的游牧势力结合商业上共存关系，迨纪元前二世纪汉朝西方事业大力开展，通过新疆的东西交通大道畅开，中国世界与地中海世界双方特产品经由新疆交流，新疆沃洲国家经济活动愈因新生力注入而形活泼，所以农、工、矿之外，又是第四个方向的商业发达。位当交通线上的国家，也便因汉族中国—西方世界间中继性国际贸易的刺激而财富蓄积加速与加大，国家政治力量得随经济向上而急激发展，开创后期局面。

古代新疆丰裕的物产，北道龟兹（今库车）、南道于阗（今和阗）出品特为著名：

距今二千年前的汉朝时代，天山山脉大量矿藏已被知晓而开采，其中最大的矿业国家，便是龟兹，《汉书》对之有金属品精制技术发达与盛产铁的介绍。到南北朝时代，《魏书》列数其产业有稻、粟、菽麦、铜、铁、铅、麖皮、氍毹、沙盐、绿雌黄、胡粉、安息香、良马、犎牛等，而其基干产业以及作为龟兹发达基础的，仍是矿产与其铸冶术。《水经注》曾引四世纪名僧道安撰《释氏西域记》，说明其时龟兹产铁供"三十六国"之用，"三十六国"向来是新疆诸国总称，龟兹产铁于五世纪左右能输出供给塔里木盆地所有沃洲需用，这个国家矿藏的丰富，堪称惊人。同书有其地山中昼如烟漫，夜见火光，居民群往取石炭的记述，石炭便是今日的煤，所见夜如火，昼如烟情事，因隋朝裴矩《西域图记》解释，也知即卤砂（Sal ammoniac）坑发出的蒸气，卤砂则冶铁所必需。

关于于阗，《汉书》曾特笔大书其特产品为玉。《魏书》补充说明其土宜五谷及桑麻，山多美玉，并产好马驼骡，值得注意是"桑麻"，可知南北朝时，于阗麻布与丝绢生产同形发达。玄奘《大唐西域记》且记载这个国家如何自"东国"输入蚕种的传说，以及叙述其出产细毡、纺绩、丝织品，则后期于阗织物业的盛况，可以想象。

于阗特产品的玉闻名中外，玉与珠宝，向被并称珍品，今日世界人士爱好宝石较玉为甚，古代中国人却以玉为贵，盛行制为装饰品或供礼仪之用。女子闺名，也往往取用"玉"字以象征美好。玉依硬度、比重与透光性如何而区别为软玉（Nephrite）、硬玉（Jadeite），软玉特因其多彩多姿而名重于世，但历史上的产地却唯一便是于阗。残存于今日中国的种种古代玉器，以及古书中所开列璆琳、琅玕等名目，都是于阗软玉。所谓"昆仑之玉"，指其产自从昆仑山流向沃洲的河川中，中国文献如"有水出玉，名曰玉河"（《梁书》）、"玉河，国人夜视，月光盛处，必得美玉"（《新唐书》）等，说明很多。"玉河"便是和阗河上流 Kash 河的意译，兼指发源于昆仑山脉的白玉河（玉龙哈什河，yurung Kash）与乌玉河（哈拉哈什河，Kara Kash），这种软玉，与中国西南部云南等处所产硬玉，价值不可同日而语。软玉因中国人爱好而影响遍及东方国家，朝鲜半岛与日本古坟中，同样有这类软玉出土。非只东方，自中亚细亚至欧洲，如巴比伦、亚述古代遗址所发现用玉制造的遗物，考定也属于阗产品①，所以，于阗玉的输出为具有世界性。

陪伴农业、畜产、矿物以及手工业制造各项生产品的不断增加，商业要求便益明显，于是，专业商人从事沟通国际有无与商品交换愈有需要，市场也愈扩大。塔里木盆地经济面貌，对外贸易因此愈到后来愈成为值得注目的

---

① 平凡社版《世界历史大系》10. 松田寿男、小林元《中亚史》，第53页。

一面。

新疆对外贸易的起源甚早,其幼稚型态早在史前便有存在迹象,于阗玉散布的亘于惊人广范围是个例证。还有《汉书》西域传说明氏羌系婼羌"随畜逐水草,不田作,仰鄯善、且末谷",则塔里木盆地沃洲居民自古已以农产物供给附近游牧民族,与青海、西藏方面交易往来,又可确认。汉朝以后,塔里木盆地随生产力向上趋势,商业生命力到达空前旺盛境地,大批城郭诸国人民编成商队横渡沙漠,与中亚细亚商人携手,相互展开一程又一程转手的接力式贸易,活跃于东西方之间。其时,凡城郭诸国而为交通枢纽与商队驿宿必经处,市面繁荣,国家经济基础也由土地经济渐渐转置于获致巨额利润的商业上,商业税由是出现,成为政府收入的主要财源。

当国家财政仰仗土地收入时,货币效用未显,但至商业发达阶段,货币流通加速便成必然现象,所以,至迟于汉族中国南北朝时代,塔里木盆地城郭诸国普遍都已超越了自然经济境界。中国记载南北朝情事的史书,记录当时新疆国家通行货币征税情形,如《北史》西域传龟兹国"税赋准地征税,无田者则税银钱";高昌国"赋税则计输银钱,无者输麻布",可见一般。

商业茂盛—货币流通—市面繁荣间的相互关连,"女市"之设,足以充分反映。《魏书》介绍龟兹:"俗性多淫,置女市,收男子钱入官",女市即公娼区。堪注意是"收男子钱入官",龟兹女市便因商队往来频繁需要而设,税商贾夜渡资充政府收入,沃洲国家为如何面目,活现纸上。再参考《新唐书》西域传龟兹条:"葱岭以东俗喜淫,龟兹、于阗置女肆,征其钱",则女市或女肆设置,并非限于北道,南道具有同样现象,又毋宁谓葱岭以东的塔里木盆地全域各国同其习惯——为了便利旅行者或经商者,这些国家都公开设置娼馆,娼妓捐税成为财政固定收入项目之一。

随了国内资源的开发,以及国际市场的扩大,沃洲城郭都市国家迅速发展趋向,可以人口膨胀情形代表。以于阗为例,《汉书》西域传调查为户三千三百,口一万九千三百;一个多世纪之后,二世纪后汉班勇再度调查,则已急剧增加到四五倍,至户三万二千,口八万三千之数;待到五世纪初法显旅行西域访问于阗时,见到他所寄居的寺院瞿摩帝僧伽蓝(Gomatisangram),有三千僧榾槌共食，全于阗僧侣总数且至数万人（《佛国记》），以如上三项记录比较，很容易明了于阗人口增加的速度。人口增加，连带须形成新都市，《汉书》仅报告于阗国都名"西城"，另列举官名中有"东、西城长"职衔，则前汉时代，于阗城市当不外东城、西城两处；但《魏书》记载南北朝时的于阗，已一变而为"国内大城五，小城数十"的巍巍壮观了。四五百年之间，人口、都市如此发达，显然都基于雄厚的经济力量。

塔里木盆地城郭诸国成长与发展的例子固不限于于阗，但相互间竞赛，沃洲面积较大的国家便占了优势，这些国家可以开发更多资源，供增加更多人口。如果位置再当国际交通大道要冲，又可以控制贸易权与贸易市场，大队商贾在此集散，财富聚积使非其他小国能相比拟，利益独占形势由此渐渐形成，龟兹、于阗等，都代表了这一类型国家。这个阶段，塔里木盆地政治上的不寻常变化开始发生，诸国原先平等，经济条件也相仿佛的局面被打破，强大与弱小对比形成，政治上出现了大沃洲兼并小沃洲的事态。

在于早期，塔里木盆地沃洲土地一般都不太大及人口较少的形势，以及沙漠环境所造成分离现象，反映到政治上，便是众多小国间长时期的绝对分立。尽管彼此可以在种族与文化上一体，却漠不相关，一个沃洲可以偶然攻击或占领其他一两个沃洲，只是暂时现象而不能维持长久。这种情形，到层层增大的国力发生差别阶段，都由不可能成为可能，强大沃洲与其膨胀了的人口，无论从人力或财力上，都足以突破过去不容易克服沃洲与沃洲间自然障壁的困难，而且，大沃洲人口不断增加而客观条件上新疆沃洲一般都嫌狭小的地理限制，又逼迫非向外发展不可。所以，到三世纪，几个中心领导势力乃相偕崛起，塔里木盆地的区域性多角支配树立，《三国志》魏志引《魏略》对此说明是：

且志（末）国、小宛国、精绝国、楼兰国，皆并属鄯善也；戎卢国、扜弥国、渠勒国、皮山国，皆并属于阗……尉犁国、危须国、山王国（《汉书》西域传"山国"条），皆并属焉耆；姑墨国、温宿国、尉头国，皆并属龟兹也。桢中国（《后汉书》班超传作"损中"国）、莎车国、竭石（佉沙）国、渠沙国（《魏书》："渠莎国"，居故莎车城）、西夜国、依耐国、满犁国（《汉书》蒲犁国）、亿若国（《后汉书》德若国）、榆令国、捐毒国、休脩国（《汉书》休循国）、琴国，皆并属疏勒。

继续发展，新疆便形成如记录五世纪时史事的《魏书》或《北史》所指出：南道上鄯善、于阗，北道上疏勒、龟兹、焉耆五大国分立的局面。另一个后期才出现，却在历史上至为著名的国家，又是吐鲁番盆地的汉族殖民王国高昌。

新疆历史命运

新疆历史内容，因经济的繁荣而充实，也由经济力量而推动其历史演进。但堪重视的事态，无论小国林立，或区域性联合阶段五大国的形成，以新疆整体形势而言，始终立于外来势力指导或外力统治之下，而外来势力，又不外北亚细亚大草原或汉族中国的交替。事实上，新疆经济政治向上，外力统治便是一大助力，与新疆内部的发展不可分，外力支配也因此成为古代新疆的一贯命运与历史特色。其原因，仍在于地理上的分散性，没有一个沃洲或一个国家，具备新疆全域性统一的能力，因此，对于概括的新疆，一切有效征服与统御，力量反而须来自塔里木盆地以外。

从外来统治的意义上说，北亚细亚草原游牧民族显得特别有利，沃洲—草原共通的内陆干燥地理性格，以及天山山地草原沃洲与北方准噶尔盆地间的可结合性，使草原民族畅行无阻，从阿尔泰山后面可迅速移动到天山，既已到达天山，便阻止不了他们自山岭隘口进入塔里木盆地，而控制新疆地域的事件演出。所以，天山山脉的历史意义，应是南（沙漠沃洲世界）—北（游牧世界）的分划界线，却又同时形成南—北握手的共存纽带，相互进行东西交涉，结合与分离,两面俱备。

也惟其如此,当纪元前三至前二世纪之交新疆历史序幕揭开,登场便立于赫赫有名的匈奴游牧大帝国支配之下,以匈奴右部殖民地身份而存在,匈奴僮仆都尉乃是统一监临新疆全域所有沃洲国家的权力象征。《汉书》西域传对此说明是:"匈奴西边日逐王置僮仆都尉,使领西域,常居焉耆、危须、尉犁间,赋税诸国,取富给焉。"虽则所谓"僮""仆",不能据以解释为匈奴真以奴隶待遇对待这些沃洲国家及其人民,但沃洲人民必须对草原支配势力负担经济上义务而沦为被剥削者,则《汉书》已明白指出。"僮仆"云云,意义也与今日的名词"殖民地"完全相当。

而相对方面,沃洲诸城郭都市国家立于匈奴支配之下,也非无利,谷间草地的马牛羊游牧、沃洲上的谷类与果实栽植、山中矿物的开采与精炼、兵器制造、农产品加工、织布、运输岩盐,原先分散与各各独立的经济资源,都在草原势力统一而有力的指导之下开发。关于这些,匈奴利益固为优先,塔里木盆地经济上优厚条件与无穷潜力,却由是发挥。沃洲商业,也因匈奴之为商业先进,而得到提携与诱发之惠。

然后,纪元前二世纪后半,草原之外的另一股强大势力介入沃洲,在新疆问题上,与匈奴立于竞争者的地位,那便是汉朝。相隔半个世纪,汉朝完全驱逐匈奴势力,而接替了匈奴的新疆支配,中国历史上轰轰烈烈的"西域经营"时代来临。这个时代,沃洲国家摆脱匈奴殖民地桎梏,汉朝扶植他们经济上自由发展,新的生机注入,新疆愈开创物质生活欣欣向荣的境界,各方面美丽笔触交织的"富庶"图景,便于此时开始描绘。

古代新疆与北亚细亚—汉族中国的历史结合后,游牧民族或汉族,哪一方面势力压倒对方,也便自哪一方面能得掌握新疆而表现。新疆对草原的意义是供为财富储提仓库,一个培养游牧帝国庞大支配力的物资供应站;汉族中国控制新疆,则非只系针对新疆附属于游牧势力下所发生影响的压制作用,也出发于贯通中亚细亚国际通道的要求。所以,新疆之于草原或汉族中国,同为双方所必争,政治上也自匈奴时代以来,始终徘徊在两者统制之间。

然而,在争夺新疆的条件上,汉族中国较之草原却落后得多。塔里木盆地北、西、南三面环山，唯有东面开口的形势，似乎对汉族中国有利，但横亘于马蹄形缺口与各个沃洲间荒凉的沙漠，其风沙与奇热，先已足以阻挡或减退汉族迸发热忱。突破沙漠自然障壁进入沃洲之后，固因沃洲灌溉农业经济基础与黄河流域相同而相互吸引，却是沃洲农业零星分割成许多孤立小块，与汉式整齐的大农田经营方式，仍有距离，也仍须脱离汉族社会发展标准，而独立为沙漠沃洲自身特有的干燥农业社会型态。反之，北亚细亚与新疆同一内陆干燥地理基础，凡是不利于汉族发展的因素，相对都对草原有利。所以，汉族势力自东向西，反不如自北向南，间隔了天山山脉的游牧民族般便利，新疆历史的揭幕系以匈奴从属姿态出现，已是说明。

新疆对于汉族中国，这种地理阻隔以及农业上统一又矛盾、可以吸引又可以拒绝的性格，使汉族中国争取与控制新疆，必须付出较北亚细亚游牧民族大得多的代价，也铸定汉族统治的力量，只能以政治维系，而不能奢望经济、文化的支持。这便限制汉族唯有强盛时才能稳固支配新疆，政治力衰退，相互间地理与经济的相拒性立即掩盖了相吸性，既投下的一切努力，都须放弃。

汉朝以来，汉族的新疆支配时间非为短，"西域经营"也可谓辛勤，便都因如上原因而不能如对长江流域般同化新疆，相互间始终保留了地域、社会、经济上的分离特征。汉族寄以全部精神大力经营的吐鲁番小盆地，也因这一地区正当草原与沃洲结合的门户，而其成绩被抵消。

于是，乃产生了两项历史现象——

第一，汉族对新疆政治统制力疲弛，沃洲与草原间地理上的联系立即明朗而回复到草原统治，再待汉族中国恢复强盛时，开始另一个新的循环。无论汉族势力如何深入，无论汉族如何一个世纪又一个世纪奋力经营，对于新疆的统治历史，仍不能连贯。

第二，古代汉族中国对于新疆，无论汉族如何提供他们的先进经验，文化移植仍不彻底，也不稳定。历史上新疆与汉族中国的结合，往往只表现为附加性质，而不是融入。

河西走廊—吐鲁番盆地

纪元前二世纪前半，北方草原强大游牧国家匈奴正当黄金时代，鄂尔多斯以北与以西控制在匈奴手中的形势，使汉朝四个方位中，两个方位已被匈奴大包围窒息。汉朝为图解除从北方与西方交加而至的压力，纪元前二世纪后半与匈奴冲突尖锐化阶段，乃有所谓"通西域"的西方事业开展。而汉朝西方事业，纪元前一二一年军事胜利与河西走廊主权转移又是其序幕揭开，著名的河西四郡由此为汉朝所开辟。这四个郡并非同时成立，纪元前一二一年最初建设期开展以后，如何分为四郡及其分设年代考证，学术界颇有异论。但如果非专门研究，一般无妨追随通常意见，即武威、酒泉两郡同系纪元前一二一年设置，张掖、敦煌则十年后的纪元前一一一年各自原设两郡所增置。

河西归入汉族中国领土以前，原被划出黄河河湾原始汉族居住范围，与秦朝西长城界线以外，而系游牧民族生活圈，匈奴兴起时并为右部领土一部分。河西在匈奴的新疆支配战略价值上，并非绝对，匈奴进出塔里木盆地，大门向来设在从准噶尔盆地通过天山山脉南北孔道的车师或吐鲁番，与河西走廊无关。但河西对汉朝的意义便不同了，其直通塔里木盆地马蹄形东面缺口的形势，使汉朝必须依此走廊，才能连接新疆，也必先夺得河西走廊，汉朝才能与匈奴共争新疆。所以，河西与汉朝"西域经营"非只存有密切不可分的关系，且便是先决条件。

河西地区范围，大体便是今日甘肃省，南以祁连山脉或当时所称的"南山"与青海为界，而毗连柴达木盆地；北沿蒙古高原边缘，则一系列包含焉支山在内当时统称"北山"的山系。南北山平行，介乎中间一片海拔千公尺的狭长形土地，便是河西。河西"走廊"形势与其名词由来，亦即因南北高耸并行的祁连、焉支两山脉而得。

河西走廊不属西域范围，地理条件类似沃洲而非沃洲，为其特征。这个狭长地区，气候相当干燥，全年雨量不超过一百公厘，农耕因此如同沃洲的不能仰靠雨泽，而必须专赖高度技术的灌溉。水的来源也如同塔里木盆地系为山岭积雪，由祁连山雪水滋润走廊内农田，并且，灌溉耕作土地又非广大开阔，一片片农地与农地间，往往被些不能耕作的瘠土所分隔，这些现象都近似乎新疆沃洲。但瘠土究竟不同于沙漠，仍有其利用价值，便是转变为牛、羊、马的放牧活动，这个地区中，游牧因此与农业同等发达，而以"凉州之畜饶天下"驰名。也惟其如此，河西实际是个平野—沃洲—草原混合性格的地带，与之性格相同的地理范围，从敦煌以西走向罗布诺尔，转北连接天山山脉东端的哈密，再向东折回宁夏居延海而沿今日长城线一带都是，河西则其中心地区。

河西这种地理特征，注定了与真正草原或沃洲不同的历史际遇，草原拒绝与汉族环境结合，沃洲可以与汉族中国维持某一程度的联系，河西走廊与黄河流域间，却是向心因素强过了离心。分隔或切断各个农耕地仅是瘠土而非沙漠，交通上并未妨碍与黄河河湾农业地区的连接，也不足以阻止汉人移入。所以，自纪元前二世纪后半河西归属汉朝之后，其确定立于统一的汉族中国范畴，以及扩大汉族生活区的趋向，从未变更。只是，走廊另一端连接新疆的地理位置，却又注定垂久形成新疆沃洲与汉族中国间，无论通商抑东西文化交流，或者政治与军事，都具有其桥梁作用。

河西之为汉族中国与新疆连接点的形势，汉朝"一"字并列四郡之东，陇西郡以北，黄河南岸今日甘肃省会兰州地区，在战略地理上便与河西四郡为不可分。这个地区原沿秦朝西长城线内侧直属领土的边缘部分，再以外便是游牧化诸民族聚居地，以及羌族三大分支氐、羌、月氏的三角交汇中心。到今日，兰州与其西湟中—青海湖区、柴达木盆地、青海高原、甘松高原一带，仍是汉、回、蒙、藏四个系统民族杂居之区。从兰州向北，可通过河西走廊直入草原，向南，又以锁钥形势开启大西南地区之门，所以虽至今日核子时代，这个地区仍有其地略上重大价值，乃是战略决胜地带。而二千年前，汉朝政府便已认清其"介戎羌之间，居咽喉之地"的地位，所以当河西设郡四十年，以及攻占羌人根据地湟中三十年之后，武帝次一代昭帝始元六年（纪元前81年），兰州继河西四郡而开辟金城郡，从此，武威、张掖、酒泉、敦煌、河西四郡，也因金城郡的加入而增列为河西五郡。金城郡作用，一方面固基于执行羌人政策的需要，另一方面，便又在于支援四郡西进，纳入为"西域经营"事业的一个环节。于是，西域都护府乃区域统制中心，四郡是前进基地，金城郡又是后勤补给大本营，汉朝与西域结合的战略体系完整性确立，大西北攻势防御形势深一层稳固。

与河西走廊之与新疆的联系形势相反，走廊西北，介于天山山地—塔里木盆地间的吐鲁番盆地，向为历史上西域或地理上新疆的一部分，也与塔里木盆地地理性格、历史发展不可分，却并非塔里木盆地范畴，而须独立划出，自行区别为一个特异的小盆地。这个小盆地在塔克拉玛干沙漠东北部，天山山脉南麓，东西长约十二公里，南北幅度当其半，乃是一处深达海面下二五〇公尺左右的凹形大洼地，所以有"亚洲之井"的形容。

"亚洲之井"自天山中部走向东南，沿塔里木盆地边缘，南、北被天山主脉与库鲁克（Kuruk）山包围，而东部开朗的形势，又与其东哈密地区结合，共同形成今日新疆内，除塔里木盆地与准噶木盆地之外的第三盆地，地理学上无妨称为"东天山盆地"，或者，依吐鲁番与哈密之名而谓"吐鲁番—哈密盆地"。吐鲁番的历史名词，前期是车师前部，后期为高昌，哈密则历史上的伊吾。再向东，便已连接河西走廊。

河西走廊畅通后的汉朝势力西进，即以吐鲁番屯田与哈密屯田为出发点，特别至后汉时代或二世纪后，敦煌—哈密—吐鲁番已广范围结成一体。《后汉书》西域传对此曾有明晰指示："自敦煌西出玉门、阳关，涉鄯善，北通伊吾千余里，自伊吾北通车师前部高昌壁千二百里，自高昌壁北通后部金满城五百里，此西域之门户也，故戊己校尉更互屯焉。伊吾地宜五谷、桑、麻、蒲萄。其北又有柳中，皆膏腴之地。故汉常与匈奴争车师、伊吾，以制西域焉。"

从《后汉书》如上说明，又堪注意，一条自敦煌北上，经伊吾、车师通往西方的新国际大道，所谓"新北道"，已随天山盆地屯田而形成，初期经由楼兰的南、北道交通线价值相对衰减。新北道重要性愈益增加，到七世纪，终成为唐朝新疆支配的轴心，以及西域北道主线。

东天山盆地两大中心，哈密重要性因立于敦煌—吐鲁番中间位置而显著。吐鲁番则非惟其大洼地的独特地理形态，并且"车师田肥美"的特质，早在匈奴支配时代便已闻名，转移为汉族中国统治后，由汉族指导凿井引取地下水的灌溉法，又以这个地区最为发达。至南北朝时代，高昌国替代车师国，产业隆盛达最高境地，《魏书》高昌传谓："气候温暖，厥土良沃，谷麦一岁再熟。

宜蚕，多五果，又饶漆。有草名羊刺，其上生蜜而味甚佳。引水溉田。出赤盐，其味甚美。复有白盐，其形如玉，高昌人取以为枕，贡之中国。多蒲萄酒。"《梁书》诸夷传也说高昌国："寒暑与益州（四川）相似。备值九谷，人多噉麨及羊牛肉。出良马、蒲陶酒、石盐。多草木、草实如蠒，蠒中丝如细纑，名为白叠子，国人多取织以为布。布甚软白，交市用焉。"其中，蚕丝、漆、蜜、岩盐、葡萄酒，均为特产品，因之建立贸易网的广大也可获得深刻印象。特堪注目，则作为输出大宗，所谓"交市用焉"的"白叠子"，以今日名词言，便是棉花（cotton）。中国原不产棉，从来史无所见，六世纪初吐鲁番产棉的记录，当是有关中国棉花的最早报导。

高昌王国的跃进与其富庶，所具重大意义，乃在建国背景迥然不同于新疆五大国，而系另一类以汉族统治为特征的国家。汉朝以来，吐鲁番屯田原即汉族新疆统制最大基地，戊己校尉也是都护体系中规模最大与最重要的一个屯田设施项目，以后移民不断到达，结局便出现了这副全新面貌，而以汉族为统治之体的王国。高昌国成立，因此可谓汉族辛勤培殖吐鲁番盆地的直接后果，以及河西走廊—东天山盆地携手的最大业绩。

然而，高昌国存在于新疆地理范畴中，历史路线同样不能视五大国为例外，从立国到七世纪与其余诸国共同统一于唐朝世界帝国以前，受的都是北方游牧民族外力控制。之后，累积灌输的汉族文化，也与新疆其余诸国文化同被突厥系迁移浪潮所冲毁。

从"通西域"到"西域经营"

中国西方事业起点的"凿空"

纪元前二世纪,当汉朝武帝奋然而起,决心向其强大游牧对手匈奴挑战时,设计方案为军事—外交双轨并行:一方面直接向北对匈奴用兵;另一方面,则向西方寻求可与联络共同对付匈奴的同盟国家,希望从侧翼进行夹击。其时西方虽是汉朝人的未知世界,但武帝祖父文帝时代,匈奴单于与汉朝间往返公文中曾有"夷灭月氏"之语,而从匈奴降者得知,这一与匈奴同为游牧世界主要民族之一的月氏,并非灭亡,而只是被迫西迁,迁移的地点则不能知晓。汉朝决策阶层,于是便适择月氏为联络对象,立下向西方未知地区中追求月氏的远大构想。这是绝对艰巨的工作,通过强敌匈奴广大领域与进入前途茫茫的世界,出使者的生命安全可谓毫无把握,但一位皇帝侍卫与政府后备官员,汉朝政治制度中的"郎",却毅然志愿担当了这一任务,这位郎官以后的事业与其坚韧不拔的精神,今日名闻世界,被史地学者誉为东方哥伦布,其人便是张骞①。武帝登位第三年的建元二年(纪元前139年),张骞开始他空前的"凿空"行程,随行出发百余人中,多数是出身边郡而熟悉非汉族环境,或者且即游牧民族的归化者,其中始终追随张骞的堂邑父,便是归化胡人之一。

在于意料之中,张骞一群人刚出国境,便在当时尚为匈奴领土的河西走廊全数被俘,自此他们被扣留于匈奴十年之久。其间,张骞已娶匈奴妇女为妻,成立家庭,但他未忘所负重大使命,到第十一个年头,终获机会觅得监视松懈之便,携其助手堂邑父逃出。他沿天山南麓横越帕米尔高原进入中亚细亚,自大宛抵康居,自康居再南行,才寻觅到当时已征服希腊—大夏而支配妫水

---

① "东方哥伦布"是日本东洋史著作对张骞的惯用比喻。

（阿姆河）以北的大月氏。只是张骞劝说大月氏王与汉朝合力攻击匈奴，以求返回故居时，大月氏王却因新环境地沃物丰，生活安定，不再愿意东归，甚且已无报复匈奴深仇之心，张骞留住大月氏一年余，不得要领而返。返时改沿昆仑山脉以北，于穿越羌人区域东行时，仍被匈奴捕获，一年之后，匈奴因军臣单于之死引起内乱，张骞得再脱走，逃归汉朝国都长安。综计张骞此行，在外历十三年，归国时（纪元前126年）仅其胡妻与堂邑父伴从。

大冒险家张骞"凿空"之行，所希望一时性的政治目的虽未达成，永久性亘于多方面所收效果的丰硕，却远超出了预期。张骞的到达中亚细亚，以及在希腊文化东方传播中心接触西洋文明，不但于汉族物质、精神生活，都发生巨大影响，也扩大了汉族世界眼光，因西方地理知识的充实而变易汉族中国其后历史。张骞无愧为中国—西方世界搭桥第一人，因了他而中国开辟西方事业的康庄大道。

张骞十三年滞留匈奴与西域各国期间，所吸取广泛的地理知识与国际情势了解，于回国后便制为记录，包括他亲身经历大宛、康居、大月氏、大夏四国，以及传闻身毒、安息、条支、乌孙、奄蔡等国的政治、经济、文化、习俗各种情况，一并上奏武帝。司马迁巨著《史记》当时正在著作期间，这份珍贵的文献被录入，大宛列传前半部分便是张骞报告原文抄录，为堪注意。张骞报告所说明与所建议，特别注重如下诸事：

——虽然大月氏不愿东返，西方还有其他可与汉朝缔结同盟对抗匈奴的国家，康居便与大月氏同一类型。但为张骞特别推荐的，则是继匈奴人驱逐大月氏而移居伊犁河谷的乌孙。

——大宛、安息等白肤色"大夏之属"，与中国同为农业定居国家，可谓与中国"同俗"，丰富物产，颇多中国所无的"奇物"。同时他们也特为珍重中国货物，如丝与漆器，便都为这些国家所无，中国应该与他们通商贸易。

——马匹在古代战争中具有绝对性价值，张骞发现，乌孙的马，品种已较中国或匈奴所产优良，而大宛马品种尤超过了乌孙。所以他称乌孙马为"西极马"或"天马"，大宛马为"天马"或"汗血马"。

——从中国通往这些西方国家之道，是经过河西走廊，从河西走廊入新疆，再分出南、北道两条途径，北道即张骞本人西行时路线，沿塔里木盆地北缘，出帕米尔高原而至大宛，南道则张骞本人东归时所经，由大月氏过帕米尔高原，改沿塔里木盆地南缘而达河西走廊。

——但以当时国际形势而言，无论通过北道或南道，都非安全，第一步必先到达的河西便仍是匈奴领土，所以，最理想是开辟远离危险区，而同样得达帕米尔以西的安全路线。这条路线，依张骞想象，可由四川向南，通往身毒（印度）再转大夏。理由则当他访问大夏时，曾在市场见到"邛竹仗、蜀布"，调查之下，知系大夏商人由印度转贩而得，则印度与四川、大夏双方距离应该不远，也相互接通。

如上报告与建议，都在汉朝起了莫大反应。武帝时代西域政策，可谓全系采纳张骞方案而实行，成为汉朝"西域经营"的原始蓝图，但立即生效的，还是张骞对敌情的参谋作业。当他返国之年，正便是汉朝与匈奴正面冲突，动员全国第三次大规模远征沙漠与收复鄂尔多斯的第二年，隔五年（元狩二年、纪元前121年），对匈战争决定性战略地区河西走廊便转移到汉朝手中。

河西走廊的夺得，乃是张骞报告影响下第一件大事的实现。汉朝政府于新领土上开辟武威（今甘肃凉州）、酒泉（今甘肃肃州）两郡，十年后（元鼎六年、纪元前111年），又分设张掖（今甘肃甘州）、敦煌（今甘肃沙州或敦煌）两郡，有名的河西四郡成立，汉朝迈向西域的大道从此打通。

开辟不经河西而自四川南下，出印度，再迂回通过大夏的国际交通线之议，攻占河西以前，汉朝政府也已着手探究其可能性，只是，纪元前一二二年，一批批分道出发的使者，都被闭阻于一个民俗强悍，却是早期战国楚国汉族所成立的殖民国家，当时昆明的滇国。到第二年河西走廊打通，南回中亚细亚的交通价值，乃因降低而被搁置，但汉朝对"西南夷"的兴趣却由此导引。当对匈奴战争告一段落，纪元前一一一年平定南越，政府注意力便集中到西南夷，而同年有五郡之设，第三年，云南滇国也被征服，改置益州郡，汉朝西南领土推展至昆明以西怒江以及哀牢山一线。关于利用四川—云南这一线直接交通印度的理想，历史界曾批评为张骞建议中唯一误失，地理方位认识错误，永远不可能实现，实际不尽然，第二次世界大战期间云南—缅甸间有名的中缅公路开辟，可说便是二千年前张骞理想的实现，虽然耗资巨万，战后且仍废弃。

连接新疆的河西走廊打通与掌握，汉朝展开了西方事业序幕。置郡二三年后的元狩四至五年（纪元前119—前118年），张骞第二次奉派穿越新疆出使中亚细亚，目标国便是张骞本人所择定的乌孙，他以中郎将的身份"将三百人，马各二匹，牛羊以万数，赍金币帛直数千巨万，多持节副使，道可使，使遗之他旁国"（《史记》大宛列传），如此浩大阵容的友好访问盛况，迥非第一次艰苦情况可比了。元鼎二年（纪元前115年）当张骞启程自乌孙返国时，乌孙使者数十人，携带相当数量的马匹为礼品，随赴长安，这是中国历史上中亚细亚官方代表第一次到达的记录，汉朝—乌孙同盟，不久也顺利成立。

随同张骞出发的副使，此时已分别前往大宛、康居、月氏—大夏、安息、身毒、于阗、扜弥，及"诸旁国"，之后，这些国家的使者也纷纷随同张骞副使来到汉朝国都长安。中国与帕米尔东—西诸国家间的联系，完全实现。

《史记》大宛列传对于张骞此次外交上大成就有生动的描述：

> 初，汉使至安息，安息王令将二万骑迎于东界。东界去王都数千里，行比至，过数十城，人民相属甚多。汉使还，而后发使随汉使来观汉广大，以大鸟卵及黎轩善眩人献于汉。及宛西小国驩潜、大益，宛东姑师、扜罙、苏薤之属，皆随汉使献见天子，天子大悦。而汉使穷河源，河源出于阗，其山多玉石，采来，天子案古图书，名河所出山曰昆仑云。是时上方数巡狩海上，乃悉从外国客，大都多人则过之，散财帛以赏赐，厚具以饶给之，以览示汉富厚焉。于是大觳抵，出奇戏诸怪物，多聚观者，行赏赐，酒池肉林，令外国客遍观各仓库府藏之积，见汉之广大，倾骇之。及加其眩者之工，而觳抵奇戏岁增变，其盛益兴。自此始，西北外国使，更来更去。

中国畅通西方世界后的往返交通，可谓漪欤盛哉。

张骞个人，虽然归国担任"大行"总负外交的责任仅仅一年便去世，但他"凿空"的空前业绩，已在中国史与亚洲史上掀起莫大波澜，汉朝西方事业开花结果，汉朝中亚细亚—新疆支配，都已近在眼前。接续一幕，"通西域"便升级为"西域经营"局面的开创。

汉朝的新疆—中亚细亚征服

联结塔里木盆地边缘，河西领土西境突出最前端的敦煌于纪元前一一一年设郡之后，汉朝对新疆积极进取的态度明朗。武帝元封三年（纪元前108年），亦即东方朝鲜半岛乐浪等四郡设置同一年，汉朝展开第一次新疆大攻击。楼兰国（中国方面的最早记录称"楼兰姑师"）位于罗布诺尔西北，正当新疆南、北两条国际大道东端会合点的形势，使汉朝政府派往西方使者，都必须以这个国家为步出国境外第一站，然后分南道或北道向西。所以，毫无选择，楼兰国成为汉朝第一个攻击目标，在将军赵破奴绝对优势的兵力下，国王被俘，赵破奴发动数万人部队在沙漠边缘炫耀汉朝武力，然后凯旋。汉朝势力自此控制西域门户，而开始实现与匈奴共争新疆的理想。

第二次用兵，便是历史上赫赫有名的大宛征伐。当楼兰战争结束数年之后，马匹问题造成了中亚细亚之希腊文化系统大宛国被征服的理由，大宛最优良的"汗血马"，传说系天马后裔，后世经阿拉伯人持以西归而加改良，便是今日著名的阿拉伯马起源①。为了大宛拒绝献出他们此类举世闻名，有"汗血马"美誉的优良种马，并杀害汉朝使者，战争乃告爆发。武帝太初元年至四年（纪元前104—前101年）间，将军李广利两度兴起经由北道的大远征军，

---

① 中央公论版《世界历史》5. 岩村忍《西域和伊斯兰》，第82页。

第一次因途中粮食断绝而退回敦煌，第二次再长征沙漠时，锐势便不可当，沿北道先灭亡了一个拒绝接待远征军的小国轮台，尽屠其民，空虚其地。随即翻越帕米尔高原，长驱直抵锡尔河岸大宛国都，经四十天围攻下，城破，大宛国王被杀，另由李广利选立亲汉朝的国王与命令派遣质子。偏师又追击大宛镇守郁成城的方面大将至康居，逼迫康居献出其人，斩之，回师与李广利大军会合。然后，汉朝远征军携带战利品汗血马与大批其他品种良马凯旋。另一方面，汉朝又"发使十余辈抵宛西诸国，求奇物，因风谕以伐宛之威"（《汉书》西域传）。这一役，帕米尔东西各国大震动，导引汉朝势力超越乌孙、大宛而西，尤其新疆诸国，恐怖的国王们纷纷未经战斗便屈服，继大宛而派出他们的子弟到长安作人质，效忠服从。李广利武功的煊赫，诚如《汉书》西域传所说：大宛被征服，"西域震惧，各遣使来贡献，汉使西域者益得职"，中国在西域的声威由此步上巅峰。

汉朝西域经营，初步基础自此立定。汉朝驻防部队自敦煌向西延伸，于被夷灭了的小国轮台邻境渠犁，建立起汉朝在塔里木盆地最初的军事据点与西方交通线中途补给站，所谓"渠犁屯田"。并且，国家权力象征，汉朝新筑的西长城要塞性国防工事，也随大宛征伐而伸展，布列到罗布诺尔。

于是，接续再有以天山南北麓车师国为对象的用兵。车师国在匈奴与新疆的连锁关系上居于枢纽地位，经此门户而到达焉耆，乃是匈奴的塔里木盆地支配中心。汉朝准备一扫匈奴的新疆势力，矛头乃指向这个草原势力楔入沃洲的通衢地区。武帝征和四年（纪元前89年），车师国王终于在汉族与亲汉朝新疆国家部队合围下投降。

但堪注意，纪元前一一九年漠北大会战遭受挫折与退出内蒙古后的匈奴势力，此期间已向西集中，对塔里木盆地压力因此也反形加重。汉朝方面，则武帝之崩（纪元前87年），西域事业随同自高峰落向低潮，车师之役军事胜利的效果首先不能稳定，而车师以天山山脉隘口与匈奴连成一气的地理位置，又连带影响附近国家立场的摇摆，所谓"两附"：同时接受汉朝与匈奴双方面领导。汉朝自张骞以来，连接西方世界的交通干线，原以北道为主线，但车师再被匈奴胁从后，匈奴势力便严密封锁北道，北道形势恶劣，逼使汉朝西方交通主线不得不转移到南道，却是位于南北道东端会合点的楼兰，在此期间同样政治立场不稳，这便显然成为汉朝隐忧。

立于汉匈"共争"夹缝中的楼兰，堪谓悲哀，新疆紊乱的统治局面自此经过十年之后，楼兰终于在汉朝强力干预下濒临覆亡边缘。武帝继位者昭帝派出中亚细亚的使者傅介子于元凤四年（纪元前77年）途经楼兰时，断然推翻了当时骑墙政权，杀其王而另立新王，改国号为鄯善，并迁移国都到南道上，于是新疆东部局势澄清，鄯善一面倒倾向汉朝领导。

同时，汉匈对抗经过四十年胶着时间，渐渐也在酝酿剧变，张骞生前选择伊犁河谷乌孙与之联盟的得意手笔，此时发生了最大效力。当汉朝再次一代宣帝继位的第三年（本始二年，纪元前72年），汉朝以乌孙受匈奴侵略，乌孙王与下嫁的和亲公主分别紧急求援，而汉朝履行同盟义务为理由，发动五将军、十余万骑向匈奴展开大攻击，另在校尉常惠监护下，乌孙王派出全国总兵额之半五万余骑兵，侧攻准噶尔盆地。这次锐厉攻势的大胜利便在侧翼，联军消灭敌人近四万人，匈奴单于于战役结束的同一年冬天，亲率精锐向乌孙复仇，又失败于大严寒气候。继而天灾连连，加深匈奴致命创伤，至于"匈奴大虚弱，诸国羁属者皆瓦解"，新疆全盘局势改观的时机随之成熟。

宣帝地节二至三年（纪元前68—前67年），汉朝接连两次展开对匈奴通往塔里木盆地的门户之国车师再制裁行动，车师结局悲惨与楼兰相仿，国王被汉朝驻西域使者郑吉发动新疆诸亲汉朝国家部队驱逐，而依天山南、北麓，分解车师国为前、后部以及山北六国。这个具有跳板作用的新疆大国被裂散，准噶尔盆地与塔里木盆地间统一的枢纽形势便被割裂与消化，匈奴—新疆间联系虽不致立形截断，也大为削弱。

继而匈奴爆发统治阶层内争，局势愈急转直下。神爵二年（纪元前60年），匈奴最掌握权势人物之一，指挥系统上管辖新疆诸国的右部日逐王，率领他所领导的集团一万余人投降汉朝。洽准投降的，便是汉朝派驻新疆的政治代表、西域使者郑吉，经郑吉在优厚的礼遇下迎护日逐王赴长安，汉朝与匈奴的新疆支配权争夺，所谓"共争"局面于焉告一总结，新疆全域统一立于汉朝统治之下，郑吉也出任中国历史上第一任西域都护。再十年，匈奴核心分裂的悲剧无可挽回，呼韩邪单于向汉朝投降（纪元前51年），长城内外两大势力的长时期大斗争宣告闭幕。

匈奴降伏前后，中亚细亚的汉朝统制力，也随西域都护制度成立，以及乌孙役属与大宛征伐以来的优势而继续扩大范围，纪元前一世纪后半，汉朝又两次干涉中亚细亚，变更国际局势，导引汉族中国势力第一次从历史上到达咸海。两次事件：

其一，罽宾国王乌头劳于纪元前五五年左右曾暗杀汉朝使节，事后派其王子至长安谢罪，但王子返国，又阴谋杀害汉朝护送他归去的使者文忠。事泄，乌头劳政权反被文忠策动倾覆，并经文忠另行选立阴末赴为罽宾国王，成立汉朝的中亚细亚再一希腊文化系附庸国。

其二，匈奴呼韩邪单于降汉，不屈服的西单于郅支继续在康居建立支配中心，纪元前三六年，西域副校尉陈汤建议之下，都护甘延寿展开康居征伐，斩杀郅支单于。这是继大宛之役的汉朝军队第二次到达康居，从而自匈奴统治下解放康居，康居向汉朝派出质子（成帝时代）。

至此阶段，克什米尔、哈萨克斯坦、锡尔河流域、伊犁河谷，环绕帕米尔高原外围的中亚细亚地域，一时都随塔里木盆地、天山山地而庇荫于汉朝势力圈之内。《汉书》西域传对当时立于都护统制系统内接受汉朝官爵的各国，概括说明："最凡国五十。自译长、城长、君、监、吏、大禄、百长、千长、都尉、且渠、当户、将、相至侯、王，皆佩汉印绶，凡三百七十六人"，汉朝光与热的广播，于此可见。

纪元前二至前一世纪间汉朝支配新疆—中亚细亚成功，并非侥幸，从张骞"凿空"返国迄于西域都护建制，汉族中国经过六十多年奋斗，才具有如此成绩。同时，西方问题如何与北方问题不可分，以及互具决定性因素，也从断匈奴右臂以削弱匈奴，制服匈奴才彻底领导西域的历史事实，得到明证。

区域性共同防卫与都护统制体系

汉朝征服新疆与中亚细亚，从动机上说，并非自己投入这个范围，而是因为"断匈奴右臂"的要求才被动拉入，尤其关于新疆。惟其这个地区被匈奴控制而造成对汉朝大不利，所以汉朝不得不毅然进军，以新疆控制权从匈奴转移到自己手中。

"通西域"成功后，原先纯粹的政治理由，一般说来固已有变化，对西方文物好奇心与"奇物"获得强烈欲望的驱使，东西贸易幅度不断加大，已在政治目的之外附加了经济要求。但堪注意，类此的"通西域"性格变化多数系对新疆以西而非新疆，汉朝之于新疆，无论征服以前或以后，政治本质前后一贯，而且大不同于匈奴的为征服而征服，汉朝立场，乃在战略性自卫占领。换言之，匈奴出发于经济目的，汉朝却与经济无涉。这层意义，便铸定了汉朝征服新疆后的支配方式与"西域经营"内容——要求诸沃洲国家政治上坚定服从汉朝领导，建立起环绕于汉朝中国宗主权周围的共同防卫体系。

纪元前三六年陈汤率领新疆城郭诸国联军追杀已迁移至中亚细亚的郅支单于，事先曾有一段透彻的立场解释："（令郅支）单于威名远闻，侵凌乌孙、大宛，常为康居计，欲降服之。如得此二国，北击伊列，西取安息，南排月氏、山离乌弋，数年之间，城郭诸国危矣。"（《汉书》陈汤传）这便是为什么新疆—中亚细亚国家必须服从汉朝领导的理由。也便是说，为了汉朝，同时为了西域各国自身的安全与利益。惟其如此，汉朝著名的"西域经营"事业基干，以都护为领导中心的统制体系在西域建立，性质正如同今日惯见的国际性区域防卫政治常态。

汉朝西域经营与亲汉朝卫星国家阵线的建立，目的与手段都偏重政治性，虽然达成政治目的也须使用军事力量，但军事只是配合性的辅助行动。汉朝前后出兵新疆与中亚细亚次数，屈指可计，以视战争原因，又可发现，均由于这个国家拒绝服从汉朝、犹豫、信心动摇，或者内乱影响了汉朝领导。所以，战争性质，都是对背叛分子或骑墙主义者的惩罚，换言之，政治与外交运用的延长，此其一。

其二，汉朝自大宛征伐后，凡须要用兵的场合，往往不再自玉门关以东派调军队，便以留在新疆的少数汉族驻防部队为核心，就地征发各个附庸国土著士兵作战。纪元前八九年车师之役已采用这一方式，以后即使意义特别重大的郅支—康居征伐，亦然。宣帝元康元年（纪元前65年）汉朝派赴大宛使者冯奉世途经南道，且"便宜发诸国兵"（《汉书》西域传莎车国条）敉平莎车国内乱，未动用汉族士兵一人。这种方式，既可避免直接派兵的运输、给养问题存在，共同防卫的意义，又得因此而明显表现。

其三，汉朝历次征伐，对战败国的处分，除了大宛之役途中曾灭亡一个轮台小国之外，未再见相同之例，最严厉止于楼兰的被强迫迁都与更改国名，以及车师被分裂。一般处置，都以推翻原政权而另行扶植新政权为原则，新政权又例以当地人统治当地为条件。对于政治上符合汉朝要求与理想的国家，内政从未受到干涉，汉朝也从未企图过问卫星国家内政，这又是汉朝非黩武主义，"西域经营"目的端在求取"西域"政治上坚定追随汉朝路线为满足的证明。

汉朝西域经营，乌孙和亲可谓代表性的精神所寄。汉朝由婚姻结合政治的构想，未始不可能在设计之初，便考虑到游牧社会后妃干预政治的传统作用，同时顺从游牧民族父死子娶后母的习惯，则一位嫁到外国的皇族女子，很可能终身都参与了这个国家的政事，乌孙便在如此情况之下，牢固依附于汉朝。武帝元封年间（纪元前110—前105年）第二位下嫁的江都公主细君，先配七十岁老王昆莫，又配继位的昆莫之孙岑陬。细君死，汉朝另以楚王孙女解忧嫁岑陬，岑陬堂弟翁归靡与岑陬子泥靡相续继位，又先后妻解忧，宣帝初年汉朝—乌孙联军大败匈奴，促成匈奴瓦解的幕后策动者，便是这位解忧公主，所以《汉书》称解忧为乌孙三代国母，主政四十余年。即使陪嫁的冯姓侍女，以后嫁乌孙右大将，也在乌孙树立权威，所谓"尝持汉节为公主使，行赏赐于城郭诸国，敬信之，号曰冯夫人"（《汉书》西域传乌孙国条）。则这两位女性政治家，影响力已不仅限于乌孙本国了。

西域卫星国家对汉朝向心力逐渐加深，关系于解忧公主个人才干，有很多事实说明，这位公主生有二男二女，几乎都成为汉朝在西域的政治资本。长子元贵靡继位乌孙国王，长女第史嫁北道大国龟兹王，次子万年得南道西端交通枢纽国家莎车王喜爱，王死无嗣，便经莎车国人民联名上书汉朝，请准迎立万年为莎车王。特堪注意处，又在这些子女全曾返还汉朝接受汉式教育，元贵靡、万年且都直接自长安归国继位，则这些新国王之与汉朝，关系的亲密为可以想象。《汉书》虽无公主嫁与塔里木盆地诸国国王的记录，但第史以汉族血统配龟兹王，其鼓励龟兹王汉化的热心与积极，《汉书》也有生动记载："龟兹王绛宾……上书言得尚汉外孙为昆弟，愿与公主（指解忧公主）女俱入朝。元康元年（纪元前65年），遂来朝贺，王及夫人（第史）皆赐印绶。夫人号称公主，赐以车骑旗鼓，歌吹数十人，绮绣杂缯琦珍凡数千万。留且一年，厚赠送之。后数来朝贺，乐汉衣服制度，归其国，治宫室，作徼道周卫，出入传呼，撞钟鼓，如汉家仪。外国胡人皆曰：'驴非驴，马非马，若龟兹王，所谓骡也。'绛宾死，其子丞德自谓汉外孙，成、哀帝时（纪元前32—前1年）往来尤数，汉遇之亦甚亲密。"（西域传龟兹国条）

同时，一项容易被忽略，却于西域附庸国家与汉朝间亲密性，以及对政治向心力培植具有绝大助力的制度，值得注意，便是"质子"。质子的重要性，在于他们长期留居长安，了解汉朝与自身感染汉化俱深，这些王子返国继位时，一方面既能得到汉朝信任，另一方面，这些接受汉族教育与汉式训练，生活习惯已渐汉化的年轻一代接长本国王位，其强烈倾向汉族中国也为无疑。楼兰国改名鄯善，第一代国王便是自汉朝遣回的楼兰王之弟，也因其请求而鄯善开始有汉族部队伊循屯田之举。再一个例子是莎车国，莎车于纪元前后之交勃兴为新疆最强盛国家，其领导者国王也是质子，此王不但成长于长安，而且还曾担任汉朝政府公职，他去世时对诸子的遗训便是："世奉汉家，不可负也"（《后汉书》西域传莎车国条）。

从如上西域诸大国与汉朝间的融洽景象描述，可知汉朝西域统治为完全成功，这些国家各各显现为都护统制系统中忠实的一员。汉朝得到西域共同防卫圈诸卫星国真诚拥护与愉快合作，条件自不限于和亲或质子，而是各方面开明政策综合推行的成果，这些政策，包括了经济上互惠、互利而非片面剥削；亘于农、工、商广泛面的技术指导与协力，特别关于养蚕、铸铁以及水利工程知识的传授；财政上定期或不定期的无偿援助，如《汉书》所谓"赂遗赠送，万里相奉"（《汉书》西域传赞）；政治上禁止汉人平民进入新疆，玉门关口是道严密封闭的界限。这些政策与措置，意义等于汉朝向新疆卫星国表达只"施"不"取"的心迹，以及提供未存领土企图的坦荡保证，《汉书》西域传赞所谓"盛德在我，无取于彼"。所以，汉朝西域经营"树威""布恩"政策双轨交错运用，投下资本可谓非小，但效果也随庞大代价的付出，而成正比例收获，此其一。

其二，政策执行人的多数能选择适当，也有密切关系。换言之，都护制度成立以前或以后，与西域有关的政治家、外交家、军事家旺盛的活力、精练的才干、充分的组织力，才推动汉朝"西域经营"伟大事业，获得非常成功。

汉朝全面支配西域时代，统制中心便是宣帝神爵二年（纪元前60年）建制的西域都护。这个职位具有多方面身份：汉朝对西域宗主权支配的权力象征、汉朝驻在西域的全权政治代表与军事长官、汉朝西域政策的负责人与执行者，以及西域共同防卫圈内最高权威人物及诸属国对汉朝的联系人。较之匈奴支配时代，僮仆都尉之为主要任务在于经济征发的新疆殖民地总督，形式相仿，实质全异。

汉朝之于一般属国，除了有事临时使者往返，平时又由属国与邻近边郡联系之外，多无代表宗主权的汉朝官员常驻属国所在地（后汉才于护羌校尉外，又置护乌桓校尉、护匈奴中郎将）。惟独西域国家，以各各作为共同安全体一员，而从统制体系上发生变貌。区别所在，便是都护的驻在与构成统制圈。

都护制度的形成，与汉朝西域经营事业为不可分，《汉书》西域传说明："自贰师将军（李广利）伐大宛之后，西域震惧……于是自敦煌西至盐泽，往往起亭，而轮台、渠犁皆有田卒数百人，置使者、校尉领护，以给使外国者。"可知屯田乃是汉朝西方前进计划与西域事业起步，而当时分别作为政治代表与军事代表，使者、校尉并列的"使者"，便是都护前身。

于此，关系到第一位西域都护郑吉的个人历史，郑吉其人，后世颇为陌生，实则对于汉期开创西域事业，他的贡献便能继承张骞，而《汉书》有"汉之号令班西域矣，始于张骞而成于郑吉"（郑吉传）的特笔大书。当汉朝早期屯田西域时，郑吉即以侍郎"田渠犁积谷"，到鄯善国成立，又受命担任"护鄯善以西使者"，负监护亲汉朝诸国之责，匈奴败亡，日逐王经他中间介绍投降汉朝，他的监护职权也随之推展到总护西域全境，而"都护"的职位名词创见。所以，郑吉毕生事迹都在西域，可谓以一身经历设置都护的全部过程。

从"使者"到"都护"，职权内容也随地域范围的扩大而充实，西域最高权威人物形成，始于此时。新疆屯田之初，率领屯戍部队进驻新疆而与使者地位相等并列的校尉，至是即自系统上接受都护指挥监督，建立统属关系，改在都护兼具军事司令官意义之下，以原系独立的校尉，变更为都护副手专务副司令官的副校尉，主持郅支单于攻击计划的陈汤，当时所担任便是此一职位。

都护建制，与其前身"护鄯善以西使者"一脉相承处，是这个职位的出自特派，换言之，在政府中，另必有其本官。以郑吉为例，最初赴西域时身份是侍郎，后以"卫司马护鄯善以西"，迎日逐王时为光禄大夫，都护期间则"都护西域骑都尉"。所以，与使者时代相同，都护仍是"职"，而非"官"。但以骑都尉任西域都护，迄于王莽时代的十八位都护中，仅郑吉与另一位甘延寿，其余均以谏议大夫或光禄大夫任命。

屯田之于西域经营，非只起步，也构成整体计划的基干，惟其如此，明了汉朝新疆屯田经过，才对汉朝西域事业与都护制度内容得有充分认识，此其一。其二，又堪注意，屯田地区的选择，都以战略需要为着眼点，而且所有汉族新疆驻防军，性质上便都属屯田部队，并非专为作战而进驻的战斗部队，平时勤务都在屯田，有事才出击。如《汉书》西域传记载前述宣帝地节二年（纪元前68年）车师之役："（使者）吉、（校尉）熹发城郭诸国兵万余人，自与所将田士千五百人共击车师"，便是一例。这种屯戍合一，机能当亘于两方面：其一，扼守国际交通大道上要害，可以作为长城系统的延长而形成前进军事基地；其二，又如《史记》大宛列传所说："护田积谷，以给使外国者。"不但驻军食粮不必仰赖内地长途运输而得自给自足，也兼具有交通线上行军与使节往返的中途补给站作用。

汉朝新疆屯田，早自武帝西域用兵期间，已随军事推进而奠立基础，便是历史上有名的"渠犁屯田"，在今日轮台县的东境，展开汉族部队驻防与农耕推广事业。此一措置，意义上已是汉朝新疆统制制度开端，深入新疆内部的第一处军事据点建立，确切时间虽不能查考，以其事在紧随大宛征伐之后，则至迟不会晚过纪元前一世纪初，为可肯定。

渠犁屯田，正如一柄匕首插入新疆心脏，汉朝大财政家桑弘羊于是及时提出了一项寄以远大理想的建议："故轮台以东捷枝、渠犁皆故国，地广，饶水草，有溉田五千顷以上，处温和，田美，可益通沟渠，种五谷，与中国同时熟。……可遣屯田卒诣故轮台以东，置校尉三人分护，各举图地形，通利沟渠，务使以时益种五谷。张掖、酒泉遣骑假司马为斥候，属校尉，事有便宜，因骑置以闻。田一岁，有积谷，募民壮健有累重敢徙者诣田所，就蓄积为本业，益垦溉田，稍筑列亭，连城而西，以威西国，辅乌孙，为便。"（《汉书》西域传）简言之：屯垦区域扩大，军人屯田一年之后，继以移民与民屯，长城要塞线横贯新疆全域而使河西—乌孙呵成一气。这个计划，当时因值对匈奴休战期间而未实行。逐步开展，须待武帝以后，西域事业再掀高潮之际：

——昭帝时代（纪元前86—前74年），屯田范围初次自渠犁扩展到西边毗连的轮台故国，委托一位南道扜弥国留在长安的质子，以汉朝"校尉将军"名义代理。

——昭帝元凤四年（纪元前77年），楼兰国改建鄯善国时，应新登位鄯善国王之请，汉朝部队进驻南道咽喉部，与鄯善国都扜泥城并列两大都市之一的伊循城屯田，兼保护此一新成立的国家。屯戍部队先仅小规模，派司马率领，继再改设都尉。

——宣帝地节三年（纪元前67年），车师国被汉朝征服与分裂，渠犁屯田校尉分派军队接防车师前部的屯田，所谓"别田车师"，但不久仍在匈奴压力下撤回屯田军。须都护制度建立，元帝初元元年（纪元前48年），始再专设戊己校尉，而恢复天山南麓车师前部的屯田。

——宣帝神爵二年（纪元前60年），都护制度成立，南道西部莎车国开始屯田，原驻渠犁的屯田校尉，也自此移驻莎车门"北胥鞬"。

汉朝新疆屯垦制度，至是完全确立，而其内容，可发觉仍以桑弘羊构想为蓝图，只是移殖汉族平民部分已被否决，为重大修正，迄于王莽篡代与汉朝第一阶段新疆统治结束，汉族平民始终未创许可进入新疆之例。新疆屯田，因此终前汉之世，纯粹以军事屯垦为特征。

与新疆军人屯田相关连，一般印象中，可能认为汉朝新疆驻防部队人数颇多，实则非是。汉朝除非大征伐才实行总动员，或局部征兵。在于平时，国家常备军仅只京畿的北军八校尉（八个编制内的实职部队长），以及担当皇宫警卫等任务的南军。戍防方面，纪元前一世纪中与西域都护建制前夕，名将赵充国的一次上奏中便指出："北边自敦煌至辽东，万一千五百余里，乘塞列燧，有吏卒数千人"。（《汉书》赵充国传）面对大敌匈奴的北方边境，即使长城沿线也不保持大量兵力，警备部队尚不满万，新疆兵员数额自亦可以推想。《汉书》虽无新疆驻军完整统计，但西域传散见各处屯田记录，仍可供为参考，如"渠犁田士七千五百人"、伊循司马率领时代"吏士四十人"、别田车师期间"吏卒三百人"等，得到的都是相同结论。惟其如此，都护（或其前身"使者"）的责任，便在情况发生时，迅速发动与结集各国地方性武装力量，《汉书》西域传转载都护府当时对各国调查统计中，特别列有"兵数"一项，其适应动员需要为堪了解。

都护之在西域，因此权力可谓至大，对于各个附庸国，乃是获得汉朝政府授权的全权统制，这从《汉书》西域传所明载职权可知："都护监察乌孙、康居诸外国动静，有变以闻；可安辑，安辑之；可击，击之。"甘延寿接受陈汤建议发兵康居，追击并斩杀郅支单于，便是事先未经报准政府的便宜行事。

符合这种权力与需要，都护统制中心的都护府，选择条件所以必然"于西域为中"，而建立在最早屯田中心渠犁北方附近的乌垒城（今轮台县），立于新疆或帕米尔东西两侧心脏位置。往东连接罗布诺尔要塞地带，往西便是龟兹，完成一系列贯通中亚细亚的形势。

统制系统内，则最高权威都护之下，高级助手除副校尉为实际军事指挥官，以及护宛使者专责中亚细亚事务之外，戊己校尉、伊循都尉、屯田校尉，则分别自大乌垒—龟兹支配核心幅射，在车师、鄯善、莎车（东于阗而西琉勒）构成三个地区性的方面统制中心，相互呼应，形成沿塔里木盆地大沙漠周围整体的大包围圈。不但环绕沙漠的南、北大道交通安全获得保障，也使平时屯垦、战时出击的效能发挥到顶点，对都护统制提供了强有力后盾与保证。

"三通三绝"的后汉西域支配

汉朝势力伸入新疆一个多世纪，以及建立都护统制七十年之后，到纪元之初与前后汉之交的王莽时代，新疆形势再度改变，草原势力对汉族中国势力展开反压制，而开始了新疆外力控制的第二个循环。

新疆沃洲与草原间潜在容易携手的地理因素，当匈奴在王莽政权下摆脱汉族中国宗主权约束而恢复其强大独立雄风时，王莽新朝始建国二年（纪元10年），便循历史路线从准噶尔盆地突袭车师，当地汉族投机分子与汉奸响应，杀戊己校尉，胁迫驻防当地的吏士男女二千余人投入匈奴。车师西南方，与匈奴最有渊源，前汉时代匈奴塔里木盆地支配中心的焉耆国，也于其时叛变，攻杀都护而投降匈奴，匈奴气焰再度伸入新疆。数年后的天凤三年（纪元16年），王莽进行新疆大撤退，驻在人员于途经焉耆国境时，又被焉耆联合姑墨、尉犁、危须三国伏击，新任都护与都护府残余人员退保龟兹后，陷落新疆，仅新任戊己校尉能得率所部返国。自此，汉族中国势力完全撤出新疆，新疆局势再改观与汉族中国再接收新疆，须待匈奴强盛曲线下降而南北分裂，演变轨迹，视前汉几乎没有什么不同。这时，已是推翻王莽新朝，复兴汉朝的后汉第三代章帝在位期间，以及新疆大撤退半个多世纪后之事。

后汉西域政策较之前汉，显著改观是受第一代光武帝以来，国内政策注重节约财政支出与减轻人民负担影响所呈现消极的低姿态。前汉用高昂代价，只投资而不求经济收获的新疆统制，于后汉国策毋宁为违背，所以，后汉政府对于西域，基本立场便是放弃。必须匈奴利用新疆基地伤害汉族中国利益超过政府与人民容忍极限时，才不得不恢复考虑前进，以及汉族部队再度开入新疆。惟其如此，后汉进出新疆，政策上先已存在冲突与矛盾，而实际的演出，又是前进又退却，退却后又不得不前进，所谓"三绝三通"（《后汉书》西域传）。幸而中国历史上最伟大拓殖英雄之一的班超，与其子班勇中流砥柱，才维持汉朝西域事业于不坠，后汉西域经营，因此也必须以班氏父子为中心，而分划其过程为几个阶段。

班超以前，便是后汉对新疆不关心时期，或者说，新疆被汉朝遗弃的阶段。王莽大撤退时，新疆动摇或屈服于匈奴压力下的国家，实际只是少数，甚且还是暂时现象。一般都在过去半个多世纪间与汉朝结下深厚感情，国际局势逆转中，几乎全能坚定站在汉族中国阵线这一面，而未影响他们对汉朝的忠心。北道大国龟兹与南道大国莎车，尤其同是最具勇敢表现的两个代表性国家，前者先在大撤退时庇护被袭击的都护府吏士，后者继又于都护死后，接应与安置这些陷落的撤退人员及其眷属一千余人，即使汉族中国内乱最险恶期间，也仍与河西边郡保持密切联系关系。待到王莽动乱过渡到后汉政权建立，汉族中国秩序恢复稳定，新疆国家于是累向后汉政府要求重建宗主关系与恢复都护制度，建武廿一年（纪元45年）演出向心高潮的一幕，《后汉书》西域传动人的记述是："车师前（部）王、鄯善、焉耆等十八国，俱遣子入侍，献其珍宝。及得见，皆流涕稽首，愿得都护。"相对方面，汉朝却是："天子……皆还其侍子，厚赏赐之"。后汉政府宁愿辜负新疆国家真挚推戴心愿，令之失望，而一意放弃新疆，态度也显而易见。

位于南道，今叶尔羌地方的莎车国，自纪元前后开始强盛，当汉朝统治真空初期，又是最具影响力的新疆大国。父子兄第三代，领导诸国不断阻挡匈奴入侵势力与热心输诚汉朝，又率先派出使者向后汉政府要求都护重莅新疆，汉朝基于其这份忠忱，光武帝之初，已由驻节河西的方面大将承制赐以王号美称与"西域大都尉"衔名。之后，又因莎车这些国家"数遣使置质子于汉，愿请属都护"，而拟赐莎车国王西域都护印，以示嘉许与安抚，事虽中止，莎车国王却自此便以汉朝西域统制代理人自居，并用汉朝"西域大都护"名义移书诸国，帕米尔以东国家全行服属，尊之为单于，这是新疆史上新疆内部最早的中心势力出现。

但是，因此而骄傲的莎车国，亲汉因素便在野心驱使下变质为侵略与军事扩张主义，拘弥、姑墨、西夜子合、皮山、于阗、龟兹，甚且中亚细亚大宛国，相继都被征服，合并其领土或改建王位，新疆各国惶恐不已。鄯善等派往汉朝被拒的质子们自后汉国都洛阳回程,原都由本国命令滞留在敦煌未归,建武廿二至廿三年(纪元46—47年),各国便再紧急向汉朝请愿,愿复遣子入侍,求派都护。上书中至于哀告:"都护不出,诚迫于匈奴。"而后汉政府仍无动于衷,轻描淡写的"天子报曰:今使者、大兵未能得出,如诸国力不从心,东西南北,自在也。于是鄯善、车师复附匈奴"(《后汉书》西域传)。所以,是西域诸国对汉朝绝望,才不得不倒向匈奴,以谋在莎车侵略威胁下保自身安全。在此期间,龟兹也得匈奴援助而复国。光武帝次一代明帝永平三年(纪元60年),于阗又脱离莎车独立,与龟兹各各另立新王,穷兵黩武的莎车走向没落。第二年,莎车倒反被于阗征服,于阗又被匈奴胁降,新疆局势大变。

惟其如此,可知匈奴势力尽管纪元之初已图介入新疆,遭遇的阻力却莫大。阻力由来,与其说出自莎车所代表的新疆当地力量,毋宁谓仍是汉朝,或者,汉朝累积在新疆的各国向心力所凝结发挥的抗拒作用。迨到莎车统制解体与新疆局面改观,距离汉族势力撤出已经过半个世纪,自此开始,匈奴支配势力才普及新疆全域,但传统的僮仆都尉制度则未随同恢复。匈奴修正了的新统制方式,是于龟兹、于阗、鄯善三大国分别派驻使者监临。

明帝时代,匈奴分裂后北匈奴加于汉朝西部边郡的压力增大,因此永平十六年(纪元73年)有汉朝四路大出兵,以及右翼兵团在天山边缘大胜,完成匈奴直属领土伊吾卢(哈密)地区掌握的辉煌战果创造。伊吾卢这一匈奴侵略汉朝西部重要基地与今日新疆—蒙古—甘肃省接界的著名农业地区被汉朝占领,后汉政府首次采取积极行动,随了设置宜禾都尉领导伊吾卢驻防兵士屯田,进军新疆的号角开始响起。名垂千古的英雄人物班超,便在此一机缘中开始展露才华。

班超出身于一个以文才闻名的世家,是大历史家班固之弟与闺秀文学家班昭之兄,惟独他却舍文学而决意追求冒险事业。纪元七三年的战役中,他是右翼攻击部队从征人员之一,占领伊吾卢时,奉前进指挥所指挥官奉车都尉窦固命令,以假司马或今日参谋身份,率领三十六名随从人员闯入新疆。班超对新疆情况显然预有充分了解,选择的手段是重点攻击,后世著名成语"不入虎穴,焉得虎子"便是当时班超豪语。当他行程第一站到达鄯善时,立即以闪电行动袭杀匈奴驻在鄯善的使者，鄯善王投降，继续挺进南道西端最大国于阗时，又威胁于阗王杀匈奴驻在使者而投降汉朝。第二年（永平十七年、纪元74年），转向北道西端，发动此期间先后服从班超领导的城郭诸国兵力，推翻龟兹操纵下的疏勒傀儡政权，新疆三大据点突破，班超锋芒毕露。与班超行动相配合，汉朝远征军也于同时期自伊吾卢攻击北道东端，占领车师前、后国。至此阶段，新疆大势确定，南、北道诸国纷纷派出侍子到汉朝为质，而与汉朝连接新的从属关系，汉朝终于恢复西域都护建制（戊己校尉则分置戊、己两校尉），这便是纪元之初第一次"绝"后的第一次"通"。班超则仍以军司马职位，留驻疏勒，在新疆西部协助中央派出的都护。

都护恢复仅仅一年，永平十八年（纪元75年）明帝之崩与章帝继位的交替时期，新疆局势逆转，北匈奴与焉耆、龟兹、车师等北道诸国携手，连兵攻杀都护与己校尉，仅戊校尉突围脱逃，才行建立的统制基础一扫而空。次年（章帝建初元年、纪元76年），后汉政府下令撤废都护府与伊吾卢屯田，在新疆西部陷于孤立的班超也接到命令撤退，这便是所谓西域"二绝"。

一连串挫折中，班超却坚决反对政府的退缩政策，建初三年（纪元78年），上书分析西域局势尚有可为，如鄯善、于阗仍忠心于汉，阻力主要存在于依仗匈奴势力而急剧发展的龟兹，并恳切表达自己愿留新疆，以个人生命博赌挽回机运尝试的决心。他的无畏精神虽不能影响国家决策，却也使章帝感动，因此核准了另一位勇士徐干的计划，召集一支为数一千人，当时称为"义从"的志愿军，于建初五年（纪元80年）赶往新疆接应班超。这时，新疆局势愈陷低潮，被任命为将兵长史的班超环境愈形恶劣与危险，驻在国疏勒王在附降龟兹的邻国莎车煽动下背叛班超，幸班超警觉而迅速压制了变乱，疏勒国王引来的中亚细亚康居援兵，也因班超通过与康居联姻的大月氏关系而说服康居撤回，疏勒国王被杀。班超率服从领导的于阗诸国兵合攻主谋变乱国莎车，大败当时新疆最大势力龟兹领导下五国救援联军，莎车投降，南道从此畅通无阻。和帝永元二年（纪元90年），大月氏因向汉朝索取影响康居报酬被拒，发兵七万进入新疆攻击班超，反败于班超的义从部队而投降。班超外交、军事上连连成功，威名远播中亚细亚，其在西域，声望与事业的隆盛达于顶点。

与班超威震西域同时，北匈奴因内乱而衰落，纪元八九年已有汉朝将军窦宪与南匈奴联军远征大捷之举，伊吾卢再入汉朝之手。班超击败大月氏次年的永元三年（纪元91年），后汉远征军又展开对北匈奴毁灭性攻击，北单于逃亡不知所终。原已限于北道的新疆北匈奴势力随同撤退，龟兹、姑墨、温宿等国纷纷向班超投降，龟兹王系再被变换。同年年底，汉朝再度恢复都护制度，正式任命班超为西域都护，这便是后汉时代的"二通"西域。永元六年（纪元94年），北道上最后残余的北匈奴附庸集团，也向来牢固依附于匈奴，地理位置介于龟兹—车师之间的焉耆、危须、尉犁、山国等四国都在班超武力征服下变换国王，西域五十个以上的国家，至是尽行效忠汉朝与服从后汉宗主权领导。

二通西域与班超出任都护后，汉朝西域统制度已有修正，都护由前汉时代的"职"，仿同时期"使匈奴中部将"例改实官，另添置都护幕僚长"长史"，班超本人驻节龟兹国它乾城，长史徐干别驻南—北道西端会合点的疏勒国西城。车师屯田范围推广到天山以北，后汉初通西域便已以戊己校尉分设的戊、己两校尉，各各分屯吐鲁番车师前部高昌壁与车师后部。都护军事副手护西域副校尉则自初通西域期间驻地车师移驻敦煌，形成与汉朝直属领土联结的一系列连锁控制。

班超在职，汉朝西方发展可谓极盛，都护统制圈也到达最广阔的时期，《后汉书》班超列传所谓"于是西域五十余国，悉皆纳质内属焉"，同书西域传"五十余国，纳质内属。其条支、安息诸国至于海濒，四万里外，重译贡献"的说明，正是这位历史巨人业绩的写照。贵霜—大月氏侵入新疆败退后，也被置之为中国从属而承认中国宗主权，《后汉书》的记载，便是和帝纪永元二年条"超击降之"，以及班超传"月氏由是大震，岁奉贡献"，当时大月氏，考定便是贵霜王朝初期丘就却王在位的时代①，须待班超死而大月氏脱离中国宗主支配。今日欧洲人著作尤有班超指挥的远征军于纪元一〇二年，长驱通过

---

① 苏联科学院《世界通史》，东京图书版日译本古代5. 第715页，谓纪元九〇年贵霜大月氏军队于对班超的战斗中，以彻底失败而向汉朝正式隶属的，便是迦腻色迦王，乃依其独特所设定，迦腻色迦王在位期为纪元七八至一二三年（同书，第764页）之说。

中亚细亚进驻到里海欧亚两洲交界地方的记述①。中国史料虽未叙其事，但班超时代汉朝势力圈之较前汉更为广大，则从西域统制神经中枢的都护总部位置西移，为可明了。都护府设置标准系"于西域为中"，所以前汉选择在乌垒，班超时代却已向西迁移到龟兹，长史驻地疏勒且推展到接近帕米尔高原。则疏勒或龟兹以西，还有广阔到可能与塔里木盆地面积相等的地域受都护影响力支配，似非猜测之词。

班超雄心，不以止于现状为满足，永元九年（纪元97年）曾派出甘英为代表，准备远赴地中海，与当时称为"大秦"，正值强盛巅峰的罗马帝国取得联系。果能得达，则其时罗马在位皇帝，应系五贤帝中的 Nerva（纪元96—98年）或 Trajan（纪元98—117年）。但甘英通过安息，到达条支的大海边，轻易相信安息人所提供行程资料，须"自此南乘海，乃通大秦"，以及所说往大秦顺风三月，逆风须二年始能到达为实况，而中止行程，空手折回（均《后汉书》西域传安息国条）。安息人因何诳骗甘英？历史界通说，系相信与安息（伊朗）人的商业利益冲突有关。汉朝—大月氏—安息—大秦，是同一时期自东而西依次排列的欧亚大陆四个大国，亚洲与欧洲间贸易权便操纵在大月氏（粟特人）与安息人之手，中国既已越过大月氏，如再与地中海直接交通，安息立须丧失贸易上中介转手巨利。甘英所到达"条支"之地，果如一般所比定的波斯湾沿海地区，为实际已接近"大秦"，所以安息人有破坏与阻挠甘英此次旅行的需要。另一说，所谓条支，主张即叙利亚境 Seleuci 的对音②，叙利亚赛流卡斯王朝早自纪元前一世纪中已被罗马并灭，则甘英所至，尤其直接已是罗马帝国领土，以及面临了地中海。古代世界东西两大帝国之会，便如此的因人为因素而错失机缘，诚为历史上无可弥补的遗憾，否则，今日世界史可能重写。

永平十四年（纪元102年），班超年届七十一岁，滞留西域也已三十一年，一再向政府请求退休，获得许可。但退休返国第二个月，这位具有广博世界眼光的天才军事家、外交家与组织家，便因病去世。

---

① H. G. 威尔斯《世界史纲》，岩波版日译本《世界史概观》（上），第153页。
② 文艺春秋版《大世界史》8. 植村清二《万里长城》，第318页。

班超与张骞，因同为中国历史上最成功的冒险伟人而相提并论，然而，两者间也存在许多不同。班超事业，以影响后世的深远意义而言，自不能比拟张骞"凿空"，从个人功勋说，班超的成就却远超过张骞，他是在得不到国家力量支持的最艰苦时期，一种特立独行式奋斗，没有幸运，没有侥幸，最先廿余年间，未动用国家部队一人，仅凭个人一己的勇气、胆识与毅力，向命运挑战，结局获得大胜利。非只从绝望与注定失败的局面中扭转历史，也促成都护神圣、都护权威发挥到最高境界，中国成语"人定胜天"最庄严的代表性例证。惟其如此，班超特别显得是位传奇性人物或超人，一生附着的都是英雄式奇迹，他于都护任内封侯的表扬词"逾葱领，迄县度，出入二十二年，莫不宾从。改立其王，而绥其人，不动中国，不烦戎士，得远夷之和，同异俗之心"（《后汉书》班超传）的中肯的颂赞。张骞封"博望侯"，班超封"定远侯"，两位伟人，功业性质各各恰切如爵名。

班超的离职与去世，对国家无疑是莫大损失，也惟其班超绚烂才华的后人难以为继，所以其后接连两任都护时代，汉朝西域统制光彩渐渐黯淡，于是再一次波折来临。尽管西域事务支出费用每年七千四百八十万，较之南匈奴给付每年一亿九千余万少得多，后汉政府仍不愿投资，班超去世仅五年，当和帝崩，经殇帝而至安帝的永初元年（纪元107年）时，终在西域"无益于中国而费难供"的理由下，罢都护。班超心力交瘁恢复的西域统制，至是仍宣告放弃，这便是所谓"三绝"西域。须再十余年后，其子班勇坚持下西域"三通"，后汉政府的西域统制才告稳定。

长史统治与高昌国成立意义

汉朝自新疆第三度撤退后，残留在额尔齐斯河流域的北匈奴势力跟踪又填入新疆，连续十数年，胁迫新疆国家共同侵略汉朝西北边郡，因此元初六年

（纪元 114 年）有敦煌地方当局向中央告急，而安帝召开御前会议大辩论的炽烈场面。这次辩论对后汉新疆支配，与前汉武帝决定征伐匈奴的御前大辩论，在汉朝政治史上有其相等意义，向随其父留住新疆，又富有父风的班超幼子班勇，力主争取新疆，反复陈明利害与驳斥保持西域违背国家经济政策论者的短视反对意见，其精辟言论，是肯定新疆与汉朝西部边郡有唇齿相依作用，结论谓："夷（新疆国家）、房（北匈奴）并力，以冠并、凉，则中国之费，不止千亿。"政府勉强接纳他的建议，象征性恢复西域副校尉（驻敦煌）。到被掠夺的河西严重受害，甚且极端退缩的"闭玉门、阳关，以绝大患"意见也被提出时，进取派主张才形抬头与被重视，代表性的尚书陈忠上疏内容也仍是班勇意见申述："河西既危，不能不救，则百亿之役兴，不赀之费发矣。议者但念西域绝远，恤之烦费，不见先世苦心勤劳之意也。"延光二年（纪元 123 年），政府乃断然派出班房为西域长史，率领五百人特遣部队进军新疆，驻扎楼兰。鄯善国王首先响应，龟兹也在班勇策动下率姑墨、温宿反正，共同驱逐车师前部的匈奴驻屯军，班勇移节车师前部高昌壁屯田区附近，一度自车师分划为狐胡国而旋又合并的柳中。延光四年至顺帝建元二年（纪元125—127 年）三年间，继续越天山击降车师后部，车师山北六国悉平，还军又征服焉耆。原随汉朝撤退而填补的大月氏势力控制下疏勒与南道西端于阗、莎车等十七国，也都降附。新疆全域匈奴、大月氏势力肃清，西域"三通"，汉朝恢复对新疆国家的宗主权。但都护则始终未派出，自此以后，例以长史代理西域统制最高长官，总部也固定迁移到柳中，戊、己两校尉仍合置戊己校尉，驻地高昌壁。

"自建武至于延光，西域三绝三通"，最后幸有班勇继承父志，影响政府扬弃后汉初期消极态度，从此历魏、晋未再动摇新疆统治方针。至四世纪前半晋朝权力失坠与大混乱时代来临，再起变化，结局转换为唐朝郡县统治。所以，后汉以来汉族中国确定新疆支配，系自二世纪前半三通西域与变制了的长史统治时代开始，但统制圈却已不能越过帕米尔以西的形势，所谓"乌孙、葱岭以西遂绝"（《后汉书》西域传），也自长史时代铸定。同时，新疆鄯善、于阗、疏勒、龟兹、焉耆五大中心势力，也由以往的此起彼落，自此期间逐渐凝固，再演进为五大国。

自二世纪前半迄三世纪前半一百年间长史统治,汉族中国新疆支配的政策与活动,都因正常化而趋向活跃,前汉时代从未尝试的汉族与汉族文化新疆移植,已在此期间徐徐推动。所以,以长史统治时代而言,政治支配圈固形缩小,文化史上,却对中国或新疆都是相当重要的一页,而汉族与汉族文化移植目标地区,便是长史与戊己校尉驻在地周围的吐鲁番盆地或车师国。

车师原是兼跨天山南北、北连匈奴、西通乌孙的新疆最大国家,但其联结沃洲与草原的形势,却导致前汉与匈奴争夺新疆时,遭受不断被双方拉锯式占领的悲惨际遇,这个国家夹处两"大"间,也只能依骑墙政策求生存。到汉朝稳固控制新疆,车师因此被分割为前、后部(或前、后王国)与蒲类、卑陆、且弥等国,其中除车师前王国在山南吐鲁番盆地外,其余都在山北,所谓包括后部在内的山北六国。之后山北六国再分化,如汉朝因安置匈奴投降部落人民而分裂车师后王国另建乌贪訾离国,便是一例,但一般仍统称之为"车师六国"。

班勇选择车师前部或前王国、吐鲁番边缘的柳中地区为长史治所,使向来的西域统制中心急剧移向东面,优点乃是缩短了与汉族中国间的距离,使经营力量容易伸布。尤其当顺帝永建六年(纪元131年)伊吾恢复屯田与筑城之后,敦煌—伊吾—车师结合一体,构成一条直通新疆支配心脏地区的跳板,并在军略上充分发挥了连锁效能。

同时,敦煌—伊吾—车师大道的开通,以及柳中成为汉族中国的新疆统治大本营后,对中亚细亚交通除南、北两条大道外,便是另一条全新路线,经由车师前部越过天山,沿天山以北,从车师后部往西的"新北道"开辟。这条革命性新大道,以后发展为中国通往西方最主要的国际交通线。

车师经伊吾而与汉族中国直属领土作广范围结合的力量,相互间农耕共通性是其一;其二,便是汉族与汉族文化的向西移植并生根。必须注意,前后汉交替为界线,汉族中国政府对人民的西域开放性,已有大幅转向,在前汉当时,新疆汉人限于负有任务的"吏士"与其眷属留住,平民身份一律禁止进入新疆,商业也否定私人自由贸易而实行政府贸易,所见只是政府贸易团体的所谓"使者"往来频繁,到后汉及其以后,这些限制都被解除,汉族商人既可自由进出新疆，平民移住也不再违反禁例。

这项转变，史料未说明何时开始及其原因，似乎系纪元之初，随政治上大撤退而禁令无形解除后所形成的自然趋势，到后汉恢复西域统制，也便承认了这项既成事实与依循了这个已转变了的方向。所以《后汉书》班超传叙述纪元九四年班超肃清北道匈奴残余附庸势力，便有"发龟兹、鄯善等八国兵合七万人，及吏士、贾客千四百人，讨焉耆"之语，吏士乃班超部属，贾客则明白指出为非战斗编制以内的商人。班超传中，对除了"贾客"或商人以外的一般汉族平民移住情形虽不明了，但从班勇传说明永平之末后汉初通西域期间，"副校尉于车师，为胡虏节度，又禁汉人不得有所侵扰"的职务性质，亦可据以推定。

无论如何，自后汉而开放新疆移民与自由贸易获得准许，已为显然之事。只是，汉族进入新疆，程序上可能先以商人为主流，汉朝西方贸易最盛期便自此展开，然后追随此一趋势，尤其到达长史统治时代，出发与定居新疆的汉人乃益益增多。汉族移殖主要目的地，便是通过伊吾而至长史治所柳中与戊己校尉治所高昌壁的车师前部或吐鲁番盆地，形成自河西以迄吐鲁番之间中外人士杂居与往来频繁的商业繁荣地区。汉族文化，也在长史时代自河西缓缓西播吐鲁番。

三世纪前半以后，中国情势大变，经三国分立而入五胡十六国——南北朝分裂期，以河西地方为统治中心，先后成立沿袭原凉州之名的五个"凉"国：最早是前凉，前秦灭亡前凉而又自行覆亡，前秦新疆征伐赫赫有名大将吕光所建后凉昙花一现，被分化为北凉与南凉，北凉又一度分出西凉与再并合，最后，因五世纪前半北魏统一北方中国，而总结五凉国历史。五凉国分离局面中，南凉建国河南（今青海省），西凉先都敦煌，继迁酒泉，其余国都均在原汉朝凉州治所的姑臧（今甘肃省武威或凉州）。

中国大动乱与五凉国保持地域性独立的将近两个世纪间，汉族中国与西域关系，因地理位置而系于凉州或五凉国之手为无论，特堪注意，汉族中国直属领土从历史上第一次扩大到今日新疆。

自后汉政权崩坏，经济破残与中原离乱的无可挽回局面形成，凉州或凉国反因远离战火而独安，人民奔散流亡主方向之一，因此便是这个地区。《晋书》张轨传（张轨为前凉建国人物）："天下方乱，避难之国惟凉土耳"，以及同书李玄盛（暠，西凉建国人物）传的说明，都可指示。李传称："初，苻坚建元之末，徙江汉之人万余户于敦煌，中州之人有田畴不辟者，亦徙七千余户。郭黁之寇武威，武威、张掖已东人西奔敦煌、晋昌者数千户"，从所列举数字，又知仅仅四五世纪之交敦煌一地，已有二万户以上人民流入，迁徙波澜的广阔可见。而其时流亡潮再通过敦煌，继续随长史时代的趋向汇至哈密与吐鲁番，又系顺理成章之事，所以，三世纪中国分裂序幕揭开，伊吾便首先被三国分立中北方魏国收归直辖领土，置县属敦煌郡。四世纪五胡十六国期间，吐鲁番高昌壁又继由五凉国中最早出现的前凉设郡，自此与伊吾、敦煌同立于五凉国主权支配之下。惟其如此，新疆东部地区先后建制郡县，意义正代表了长史统治以来所变更新疆东部人文环境的成绩，以及敦煌以西汉族中国领土与汉式经济、文化广泛延长的综合说明。

西域长史的职位，依《三国志》魏志文帝纪（黄初三年条）与《晋书》地理志雍州条魏晋西域长官改由戊己校尉全权担任的记录，可知届至三世纪前半已被撤废。须四世纪初五胡之乱，河西前凉始续派出西域长史，而与晋朝戊己校尉相对立，因之有长史攻灭校尉，前凉接替晋朝占领高昌并置郡（纪元329年）的划时代措置。从此，前凉再改长史为都护，而以西域都护、戊己校尉立于平等地位，同属新成立治所设在敦煌的沙州刺史管辖。同一世纪后半，前凉灭亡，历史上的都护—校尉制度，随同尽废。以后汉族中国对新疆虽仍屡有征伐，也短暂时间曾恢复新疆统制，却已无力稳定新疆支配，新疆国家恢复最早形势，由北方游牧势力所控制。

高昌郡在此大逆转环境中，五凉国时代始终屹立为突入新疆域内的汉族中国领土，而与同在吐鲁番盆地，以交河城为支配中心的车师前国保有唇齿关系。五世纪前半北魏并灭最后一个河西王国（北凉）时，在北凉王族沮渠氏的领导下，再度导引河西汉族流民大规模迁徙高昌。北魏接收高昌郡统治后的太平真君十一年（纪元450年），因汉族先后涌到而势力雄厚的高昌郡，终于灭亡车师前国，统一吐鲁番全域，再十年（北魏和平元年、纪元460年），高昌郡继续迈出一大步，建立新疆五大国之外的另一大国——高昌王国。

高昌国之为新疆国家，不能超脱外力支配历史命运。五世纪建国期，正值北亚细亚游牧势力嚣张之际，柔然、嚈哒平分新疆势力圈，《魏书》高昌传说明："和平元年，（北魏高昌郡）为蠕蠕（柔然）所并。蠕蠕以阚伯周为高昌王，其称王自此始也"，可知高昌立国背景，原即借助柔然之力。突厥系高车强大，又推翻阚氏，另立张孟明为高昌新王。自此历朝相继王系籍贯，张氏敦煌人、马氏扶风人、麴氏金城人，全出汉族。因此，长史统治时代以来业绩，遗传至此阶段，可谓充分开花结果，"高昌"国名的继续沿袭高昌壁屯田时期名词，便是显然可循的脉络。但建国的相反意义，也是结合为汉族中国直属领土一个多世纪后，与汉族中国的再分离。

与高昌国或原车师前国隔天山相峙对立的车师后国，则始终立于高昌领土与汉族文化圈之外，并早在高昌立国以前，塔里木盆地五大支配集团形成的同一期间，已完成早期大车师王国版图中天山北麓，或者说，割裂后"车师六国"或"山北六国"的再统一。所以，《魏略》西戎传记载塔里木五大领导中心之际，同时有"（东）且弥国、西且弥国、单桓国、卑陆国、蒲陆（蒲类）国、乌贪（乌贪訾离）国，皆并属车师后部（王）"的明示。然而，其发展方向，却与天山南麓吐鲁番盆地恰恰相反，从附从北方游牧势力而结局被归并，吐鲁番高昌迎接柔然—高车势力，车师后部被灭便是桥梁。到突厥时代，有名的可汗浮图城（别失八里，Beshbalik），又便是车师后国故都金满城，今日新疆的孚远（即吉木萨尔，Jimasa）县。

考古—古代学上的新疆

历史壮观复原与敦煌学

塔里木盆地可谓历史上最多地理变化的区域，以今日视古代，已有很多现象面目全非。东西方交通孔道之一的南道，今日便与汉朝大不相同，原因在于塔克拉玛干沙漠南部外延扩大，使很多古代繁荣富庶的沃洲与城市，都因可怖的沙灾与干涸而沦为沙漠。这种变迁，早在七世纪玄奘西游前便已形成，并被了解，但须十九世纪后半以来新疆考古热掀起，这些被埋没沙中十个世纪以上的遗址才被发现与证实。

罗布诺尔位置，曾经成为新疆历史地理上最引起争论的问题。中国史料向来说明，交通要冲而因汉朝第一次用兵著名的楼兰城，依靠着盐泽或近代改变名称的罗布诺尔西北端，而十九世纪最初进入塔里木盆地考察的外国学者们，却发觉当时罗布诺尔，位置须在中国古代地图与历史记载所说明的南方，相差纬度一度。这个谜底，二十世纪初已揭开，了解这一塔里木河的终点湖是个"漂泊的湖"，而总汇盆地内诸内陆河川的塔里木河，下流也是条流动的河。塔里木河于汉朝前后向正东流若干世纪之后，下流挟带的泥沙渐渐使罗布诺尔湖床加高，河道淤塞，因此东晋成帝咸和五年（纪元330年）左右，突然改变方向折往东南流，在沙漠中另开一条新河道，并于阿尔金山（Altin Tagh）北面附近形成新的终点湖喀喇廓顺（Qara-Koshun），如后代所见，以及被最早的考古家误认便是罗布诺尔。而古代罗布诺尔则因河道迁移，逐渐干涸，残存为一片坚盐层的广大湖床，原塔里木河下流三角洲上的古代楼兰城，也随之沦为死寂的废墟。迨改流后的塔里木河新河道经过一千五百年以后，仍因沉积作用，湖床与河床加高到不能容纳水量的程度，必须再度放弃，而原先的罗布诺尔，却因湖床外露，长期经过风蚀，反又逐渐低洼。所以，塔里木河再改觅储水之所时，终又重归了从孔雀河（Koncke darya）分开的古代旧河床，这段河流，在成为干河床时称库鲁克河（Quruq darya），现又改称库穆河（Qum darya），自一九二一年开始进水，流量日益加多，而到一九二六至一九二七年间，河道改变完成，"漂泊的湖"罗布诺尔，也再出现于原来的历史位置，恢复一片汪洋，虽然面积较古代罗布诺尔缩小得多，边缘还是残迹形成的大洼地，楼兰恰恰便在历史记录所指之处。半个世纪来地理学上一大问题，获得了决定性的解明结论①。

新疆历史地理的具有神秘面，使考古界对新疆研究愈感兴趣，考古成果也愈丰硕。一千年前新疆居民繁荣景况与社会、政治真实生活面，便因历次学术考察与地下史料的整理，而得再行浸沐于新的世纪日光下。埋于荒凉沙漠中诸古代都市废墟与建筑物、中国长城与烽垒遗址、古墓群、木简或皮、纸等各种语言写本、佛教与其他宗教经典、货币、织物、日用品、服饰、印章，以及绘画、雕刻等丰富而代表面广泛的遗迹、遗物出现，不但充分支持中国正史与中国僧人旅行家记录，得以明了亘于汉朝以后一千年间的新疆历史，也证明古代新疆居民与古代新疆国家的文明是优秀的、高级的。壮观闭幕前古代新疆面貌，终因得此际遇而全行复原。

外国人新疆调查，遗憾原始动机为附着了侵略性，自十九世纪六十年代新疆在帝国主义者阴谋瓜分中国声中成为俄、英角逐目标，才有对新疆的地理探险展开。半个世纪中连续数十次，调查者也绝大多数便是俄国人与英国人，所以，立场系出发于政治。后来因探险途中不断发现残留沙中的珍贵史料，给欧洲学术界以莫大刺激，而开始转变为列强间共同对考古、学术研究上有组织的探险与学术调查竞争（详下页表）②。

---

① 罗布诺尔迁移之谜解开，取材自长泽和俊《楼兰王国》，第45—67页"漂泊的湖"章。
② 表据长泽和俊《楼兰王国》第15—42页"寻找传说的古都"章而制，以及参照平凡社版《世界考古学大系》9. 北欧亚大陆·中亚，第93、94页，松田寿男：绿洲国家的发展2. 塔里木盆地的诸国Ⅰ，西域文化的性格；平凡社版《世界历史大系》2. 驹井爱知、江上波夫：东洋考古学，第92—102页；伊濑仙太郎《世界文化交流史》，第82—85页资料。

调查者	国籍	调查年代	调查范围	主要记录
布尔吉伐里斯基（N. Przkeval'skii）	俄	1871—1885 年（五次）	蒙古、新疆、西藏	
柯兹洛夫（P. K. Kozlov）		1899—1909 年（二次）		
奥丁布戈（S. Ph. Oldenburg）		1909—1915 年（二次）	龟兹、敦煌	
海定（赫定）（Sven Hedin）	瑞典	1894—1935 年（七次，最后一次系与中国西北科学考查团合作）	中国西北、新疆、西藏、帕米尔、干燥亚细亚东半一带	Through Asia Transhimaraya Across the Gobi Desert The Silk Road
斯坦因（Sir Aurel Stein）	英	1900—1931 年（四次）	新疆、敦煌、蒙古、帕米尔、中亚	Ancient Khotan Serindia Innermost Asia
格伦维特（A. Grunwedel）	德	1902—1907 年（二次）	吐鲁番、龟兹、焉耆等方面塔里木盆地北部	Alt Kutscha
勒·柯克（A. Von Le Coq）		1904—1914 年（二次）		Chotcho
大谷探险队	日	1902—1914 年（三次）	新疆、敦煌	西域考古图谱 新西域记 西域文化研究
伯希和（P. Pelliot）	法	1906—1909 年	新疆、敦煌	Les Grottes de Touen Houang 敦煌遗书（与羽田亨共编）
西北科学考查团（中瑞合组，参加者有中、瑞典、德、丹麦等籍地质学、地理学、古生物学、民族学、气象学等专家，由赫定领导）		1926—1935 年	以新疆塔里木盆地为中心，广泛及于天山以北，甘肃、宁夏、绥远以及青海	西北科学考查团研究报告四十余册 黄文弼： 吐鲁番考古记（1954） 塔里木盆地考古记（1958） 劳榦：居延汉简考释

赫定是新疆学术调查最具贡献的一人，历史上罗布诺尔与塔里木河下流曾发生大变化，便经他 1900—1901 年的实地调查而断言，并构成罗布诺尔为

"漂泊的湖"（a wandering lake）的理论。重返原位置，也是三十年后，由他与西北考查团同人首先发觉，他的"一千五百年周期迁移说"终于证实。历史名城楼兰遗址发现，则是他光辉的地理科学成就副产品，有关著作达十余种。

匈牙利人而归化了英国的斯坦因，与赫定同为二十世纪新疆学术考察的双璧，赫定站于地理学者立场，斯坦因则纯粹考古学者立场。斯坦因忠实追循玄奘通过的路线，横渡沙漠全域成功，对汉朝西长城遗址的发现与楼兰、西域南道遗迹发掘，提供了最大努力。尼雅（Niya）遗址文化宝藏的发现，考古界比之意大利·那不勒斯（Napoli）附近，一世纪后半因火山爆发毁灭的罗马古城庞贝（Pompeian）而于十八世纪重被开掘①。虽然他大量盗购敦煌千佛洞古文书的行为值得遗憾，但对新疆史解明，他的考古成果与资料整理，贡献却无可否认。

赫定与斯坦因的努力，主要都在自敦煌迄于罗布诺尔的长城区域，以及南道沙漠埋没地带，北道考察注以全力者是德国人，他们在库车、吐鲁番范围调查龟兹、高昌两大古国遗迹，专心研究介绍岩窟寺院佛教艺术，并发现高昌国都废址。这些德国人在竞夺敦煌文化遗产浑水中未曾插手，但以库车佛洞壁画有计划的切断剥取，同样是帝国主义分子劫盗行为，更可惜的，被窃壁画曾复原于柏林民俗学博物馆中，而二次大战中已半数被毁。

敦煌从未被列入"西域"范畴，今日也非在于新疆行政区划之内，但与新疆考古却有不可分的关系。这个今日甘肃省尽头之县与古代汉族中国直属领土极西部分，向以汉族中国西方交通与西域支配大门姿态而形成的国际性都市，著名于历史。《后汉书》郡国志敦煌郡条引《耆旧记》注明"华戎所在一都会"，非只政治、军事、商业地位，同时存在不可忽视的文化活力。古代新疆系中国文化西传与西方文化东播的交换所或转输站，敦煌便是其出入口，一个性质亘于多方面的综合性繁荣都市。但十五世纪明朝国防保守主义实现，敦煌便步入衰退期，近代欧洲兴起时欧洲人海上探险成功，又迫使中国面对太平洋，敦煌"西域门户"价值全行丧失。更重要的，敦煌自身更存立了注定衰

---

① 长泽和俊《楼兰王国》第105页语。

落的原因，河西地理近似沙漠化沃洲，水的因素关系至大。历史上敦煌所以发达的凭藉，是疏勒河（古代苏赖河或苦水）与党河（古代甘水），敦煌发现唐朝开元、天宝时代作品《沙洲（唐朝敦煌地名）都督府图经》残卷，叙述甘水"腴如泾水、浊如河（黄河）水"，以及"立夏以后，山暖雪消，雪水入河，朝减夕涨"，可知当时浊水滔滔而下的流量非小。相反情形，水量锐减或水的断绝，立即威胁居民生命。二千年前敦煌繁荣初期，汉朝敦煌郡时代已辖有六县，而至今日，同一区域却缩并仅成安西、敦煌两县。二十世纪三十年代西北科学考查团访问所见，敦煌城外正是处处沙丘，以及充满软沙的干河床现象，城内仅存居民二千五百户，东边邻县安西甚至只及五百户。触目一片荒凉，较当年繁华状况，简直如两个极端，这种际遇，又与罗布诺尔地区仅只程度上差别，而不得不沦为枯萎的偏僻地区。然而，却也惟其敦煌变得人迹罕至，当地干燥气候又适宜于保存古物，丰富的历史文化遗产，幸运得以流传迄今。

敦煌自汉朝展开繁荣面，五胡乱华期间又多数时间立于战火圈之外，民生安定、经济富裕。纪元三五〇年左右前秦建国，佛教信仰自新疆流传中国后，于中国掀起译经最盛期热潮，敦煌便成了西域名僧东来与中国僧人西行的第一站，纪元前二世纪已流行于印度，山腰断崖开凿佛寺的习惯（岩窟寺院、石窟寺院、窟院 Cave–temple）陪伴传抵敦煌，而有敦煌东南沙漠外，南山山脉末端鸣沙山莫高窟岩窟寺院的开始创建。莫高窟非敦煌唯一集中岩窟寺院之区，敦煌西南党河边的西千佛洞，敦煌以东、安西县南万佛峡的榆林窟，榆林窟以东的水峡口窟（小千佛洞），都是，但多数已遭崩坏。今日闻名世界的，主体便是莫高窟所谓"千佛洞"。

莫高窟千佛洞第一座岩窟寺院诞生年代，依当地所发现资料，存在两种不同说明：武则天时代"大周李君重修莫高窟佛龛碑"（编号第十四窟断碑实体与伯希和"敦煌文书"二五五一号纸背朱书碑文原貌）碑文断片，指开始于前秦建元二年（纪元366年），唐朝《沙州地志》写本残卷（伯希和"敦煌文书"二六九一号）则谓东晋永和九年癸丑年纪元353年)[①]。不论如何，莫高

---

① 长泽和俊《敦煌》，第107、109页。

窟历史可上溯到四世纪中大乘佛教传来的同时为可肯定，较同样闻名于世，北魏早期云岗石窟的开凿要早过百数十年，龙门石窟系北魏后期创建，尤须瞠乎其后。从此定居敦煌的中国僧人不断在断崖刻佛龛、描壁画、安置塑像，而出现如今日所见蜿延一·六公里，层叠凿建高达四层或三层，远望密如蜂窠的盛大壮观。民国三十三年（1944年）敦煌艺术研究所成立后统计实数，编号共大小四百八十六个洞窟的凿筑朝代别：北魏三十二、隋百十、唐二百四十七、五代三十六、宋四十五、元八、不明者八（另三处岩窟寺院群，西千佛洞现存北魏洞窟八，其余隋二、唐三、五代一、西夏一、宋二、不明者二，计十九洞窟；榆林窟唐六、西夏五、五代五、宋十三，计二十九洞窟；水峡口窟遗迹绵延数华里，残存仅余六窟，其第一窟乃宋画的精品）①。佛像塑雕、主室与廊下色彩绚烂的壁画，加以寺院建筑本身，如柱头与天花板上华丽图案，所谓"藻井"等，无愧为中国佛教艺术精华之区，以及世界艺术史上壮丽与伟大的佛教艺术天然陈列馆。同时，岩窟寺院中残留各个时代供养人的衣冠、饰物、用具，无疑又对民俗学解明具有莫大贡献。②

莫高窟千佛洞文化遗产的价值，非只表现于壁画、塑像、建筑遗构而已，特别震动世界学术界的，是洞窟之一，编号第一五一窟北壁，一般所称"敦煌石室"或"藏经洞"深约三公尺四方的小室内，于光绪廿五年（1899年）发现令人目眩的珍贵古文书群，其量的惊人丰富，质的多彩多姿，从各国学者以"世纪的大发现""考古学资料的宝库""伟大的文化宝藏"等词形容可知。消息传出之后，吸引新疆考古专家们相继前往千佛洞骗购，斯坦因一九〇七年领先取去古写本廿四箱约九千件，以及古美术品五箱，法国伯希和继于次年取走约五千件，两人所取都是经过挑选的精华。震惊的清朝政府于是命令以残余部分移往北京，但仍有大批精品被狡猾隐匿，或搬运途中散失，一九一二年日本，一九一四年帝俄与斯坦因第二次购入，都在此时。各国新疆探险家文化侵略固为无耻，当初无意中破坏石室而发现稀世宝库，继又意外成为东洋考古

---

① 长泽和俊《敦煌》，第106—107页。
② 敦煌石室发现与敦煌学成立，主要取材自长泽和俊《敦煌》，第17—56页"石室秘库的发现"章。

史上"名人"的看庙人道士王圆箓,尤为无知,仅知贪图马蹄银,随意任无价国宝大量外流,使国家蒙受无可弥补的损失,诚为罪人。

四散世界的敦煌古文书,收藏处与数量,大体上伦敦一万件、巴黎五六千件、列宁格勒一万件、日本一千件,中国运抵北平部分,至民国十八年(1929年)北平图书馆接收检点,加上残页,总共九千八百多件。各国合计,约四万件。

敦煌遗书,现因各国都进行制作目录,而得知全貌,内80%均汉文,次多数为吐蕃语文书,再次则梵语、粟特语、于阗语、龟兹语、古代突厥语等文书,少数是希伯莱语、阿拉伯语、西夏语等文书。汉文文书中又大部分属于佛教文献,其余则经、史、子、集均有,包括有关历史地理、敦煌地方志、有关道教与少数外国宗教(祆教、摩尼教、景教)经典、医学、药学等形形色色俱全。年代依汉文文书纪年,最早从五世纪初西凉建初六年(纪元410年)开始,迄于宋朝至道元年(纪元995年),前后近六个世纪。

密室文书群在何种情况下封闭?还是个谜。依上述年代推定,可能十一世纪前半西夏攻略敦煌(当时沙州)时代,于战火中仓卒以黏土密封为秘库,经过一千年之久,十九世纪末第二度开启,重见天日。

一千年之前,这些文件对当时人都是平凡的非贵重品,但保存至今天,却具有了不朽价值,于学术文化上放出夺目光芒。人类早已忘了的许多语言与宗教,因这些古文书而重现眼前,古代书刊为何等(卷、叶〔页〕、册等)形式,也因此明确提供了实态。遗书绝大部分都是印刷技术发达以前的写本,珍本希伯莱文旧约圣经残本便发现于其中。少数印本(木版本)中的绘图金刚经,纪年且上及唐朝咸通九年(纪元868年),而被学术界公认为世界最古的印刷本。不少"变文"俗文学作品发现,又为中国文学史开一意义重大的新分野。而公文书与各种经典纸背所记契约、户籍、田籍、族谱、账簿、状牒、寺院组织、法律,以及私人书信等,则填补了正史不载部分的缺憾,使古代中国平民的日常生活状况复原,对社会经济史解明,都是具体的第一手宝贵资料。

所以,敦煌遗书的出现,学问领域中已开创一新局面,对这些伟大中国文化遗产的研究,学问分野上也已建立起专门性体系,而今日正在世界学术界合作发展中,便是"敦煌学"。

敦煌学内容波及西域为一大特色,因此与新疆考古不可分,尤其关于历史、宗教以及语言诸方面研究的相互联结,都说明新疆沃洲地带以至河西的共同构成为博览会式特殊复杂的文化汇合区。用各种各样语文书写的文书所反映,又强烈表现了这个地区人种繁杂的事实。而关于这些,须再延伸其趋向与中亚细亚结合,追踪到东西文化交流的中心。

敦煌—新疆发现古文书所使用语文,除了汉文,以及较后期七世纪左右随吐蕃、突厥强大而流入的吐蕃文与突厥文,以及更后来由吐蕃文演变的西夏文之外,其余属于印欧系的现象都甚明显。古代流行于西北印度与中亚细亚,亦即贵霜—大月氏货币后期(前期则希腊文)所铸的佉卢文(Kharosthi),便随大月氏强盛与佛教传播,传入新疆并通用于南道,于阗语即"借用"佉卢文而表现。佉卢文至三世纪以后,又随大月氏的衰微而渐渐消灭,在印度语文学上地位全由梵语、梵文(Sanskrit)取代。

最令学术界兴奋的,特别是另外三类四种今已不再应用的"死语",在语言学家阐释下复活,而明了古代新疆居民的主要语言系统①:

——依中亚细亚撒马尔罕一带古地名粟特而名的粟特语,梵语则称窣利语,为国际语言;

——以于阗(今和阗)为中心,通行于塔里木盆地南部,亦即国际交通线"南道"沿线诸国的于阗语;

以上两种属印欧语东方系,与伊朗语同一系统。

——塔里木盆地北部,亦即另一国际交通大道"北道"沿线诸国,则通行印欧语西方系的吐火罗语,与希腊语、拉丁语同一系统。但仍须随流布地区而区别为两种方言:

(a)以焉耆(今哈喇沙尔)为中心的焉耆语,或甲种吐火罗语(Tokharian A);

---

① 平凡社版《世界历史大系》10. 松田寿男,小林元《中亚史》,第20—21页。

（b）以龟兹（今库车）为中心的龟兹语，或乙种吐火罗语（Tokharian B）。

古代新疆这几类地方化了的印欧语被辨明，对九世纪民族大转变以前塔里木盆地人种问题的了解，帮助至大。参证罗布沙漠与吐鲁番盆地等地发掘获得的人体骨骼，以及各地发现文物如绘画中人像，主流的属于雅利安人种为可肯定。而这些考古资料说明，又与七世纪玄奘旅行西域旅行记录《大唐西域记》之谓牵利（粟特）文"字源三十余言，转而相生"，睹货罗（吐火罗）文"二十五言，书以横读，自左而右，文字渐多，逾广窣利"，于阗文"聿遵印度，微政体势"，《唐书》谓龟兹"学胡书及婆罗门书算计之事"，疏勒"有胡书文字"，以及《魏书》指出"自高昌（吐鲁番）以西，诸国人等，皆深目高鼻"，《新唐书》谓疏勒"其人文身碧瞳"的印欧系语文与印欧系人种容貌特征，正相吻合。

汉朝西长城制度

以考古资料为基础的新疆古代学，已使古代新疆广博与深厚的历史面，以及东西交通动脉上活泼交涉导引新疆所建立古代亚洲国际关系重要地位，全行了解。在此历史大场面中，汉族中国与汉族的伟大贡献，古代汉族如何努力于"西域经营"及其成绩，也因此得被介绍于今日世界人士眼前。而二千年前汉族势力第一次从历史上闯入西域，其代表大跃进与坚强、锐进中国精神的标的，便是长城延伸——汉朝西长城的增筑。

汉朝这段新长城或西长城被考定部分，系从张掖北方经敦煌西北，一直到达疏勒河源南岸沼泽地带，为西端尽头，距敦煌已约八十公里。这一伟大工程的至迟于武帝太初元年（纪元前96年）即已完成，也因一九〇七年斯坦因发现其遗址时，同时从遗物中搜集得载明太初元年的木简而获证明。西长城遗迹保存部分的工程调查概况：基底的高度约一·一公尺，基底宽则一·三公尺，顶上一公尺弱，材料用柽柳枝、芦荻和黏土相间，层层筑成，所谓版筑。芦柴、黏土有其弹性与黏性，而当地土壤与水又都含有盐质，因此凝固后足以抵挡风蚀，至一九〇七年被发现时经历二千余年，已成半化石状态，坚硬度较砖石为甚，斯坦因评估其耐抗破坏的力量甚且无惧于今日战争中的使用野炮攻击①。

长城非只单纯的城墙而已，乃是有组织的复合性工事，除了附属工程如仓库、营房、医院、福利社等之外，还布列了无数"亭"与"障"。简言之，非"线"而是"线""点"合成的"面"——一套完整的制度。

所谓"亭"，乃是长城制度中最基本的单位，一个个耸立的碉堡与瞭望台，可以附属于长城主线，也可以独立散布在长城线内外而相互呼应，形成长城外围。当大宛征伐前后，亭的布列，北方已自酒泉沿额济纳河遥远到达宁夏的戛顺诺尔（居延海），西方则通过罗布诺尔、楼兰以北，伸向北道之途，形成一个广范围的长城区域。在这西长城区内，亭的数字与配置虽随需要变化，但学术界调查报告：大约每四五公里间隔距离，便有一座②。规格大体都呈平面四方形，底宽、上狭，状似去了顶部的金字塔，基部面积自五平方公尺到七平方公尺，高约四至九公尺，材料用砖或如城壁的以黏土与木材混合版筑，都有③。其坚固性从这些古代碉楼与堡垒，历两千年岁月而仍屹立可表现。赫定对斯坦因所发现罗布诺尔西北小半岛的 LF 遗址踏勘记录之例：壁用打得很紧的土加了红柳枝与其根而筑成，呈不规则的长方形，顶端宽三尺七寸至五尺，壁基厚廿二尺九寸，墙壁内是个高台，而四周围以一道注水的壕沟。碉堡所在的半岛，北、东、西三面都被罗布诺尔湖水包围，南边墙壁上虽然开有出入口，但壁下那道盛水壕沟仍使半岛与高台被截成个小岛④。新疆这些烽燧遗址，今日沿库穆河、孔雀河的古代大道上，自营盘兴地（Shindi）河畔以西，

---

① 敦煌长城遗迹位置与结构解明，主要取材自文艺春秋版《大世界史》9. 植村清二《万里长城》，第157—158页。
② 长泽和俊《敦煌》第84页。
③ 文艺春秋版《大世界史》9. 植村清二《万里长城》，第158页。
④ 赫定原著、徐芸书据英译《The Wardering Lake》重译本《罗布淖尔考察记》，第110页。

斯坦因调查发现甚多①。

如上"亭"的考古说明而参证史书，便如《汉书》贾谊传注所称："文颖曰：边方备胡寇，作高土橹，橹上作桔皋，桔皋头兜零，以薪草置其中，常低之，有寇即燃举之以告，曰烽。又多积薪，寇至即燃之，以望其烟，曰燧。师古曰：昼则燔燧，夜则举烽"，当可明了"亭"的设置一般。而其主要功用，则在警戒敌情，以及利用烽火通讯。

配合性的敌情监视，"天田"警戒为一大发明。广泛利用沙漠中的沙铺设于一定区域内，形成所谓"天田"，巡视察看沙上足迹有无异状与其程度，而作研判。

烽火通讯，大体有两种用途，其一，平时以及定时的例行报告，表示平安无事，定时信号忽然中断，邻近诸亭立可警觉，某一地区已遭敌人突击或偷袭。其二，便是情况报告，可从烟火浓淡大小，以及连续发放次数而了解敌情。敦煌长城区域出土木简之一，曾明白约定报告发现敌人时的信号规则，如敌人数字在廿人以下时，放两次，在廿人至一百人左右，放三次。燃放材料利用芦柴薪草，可发生强烈的光与烟，使用狼粪且可使烟直上天空，风吹不会斜。人类目力所及，旷野中一般可达十里以上，烽火之举以及"亭"的布列距离，便以在于守望戍卒目力范围之内为标准。连绵一系列的亭，其中之一燃起烟或火，邻亭立即响应，迅速传递到指挥中心，完成警备措施。这种烽火讯号，以及接续传递的通讯方法，虽然很古老，中国早自纪元前的周朝便已存在这方面记事，但其准备周密与快速，则较现代人使用电码并不逊色。惟其"亭"的作为烽火通讯网组成细胞，所以通常也称"烽台""烽垒""烽火台""烽火亭"，"亭"以外再一个正式名称则为"隧""燧"，或者"烽燧"。负责人称"燧长"，兵士称"燧卒"，每一单位各配置燧卒三至五人。若干亭燧间的联络与指挥中心，名"候"，驻有兵士各十至二十人，又候史四至五人（内候长一人）。

---

① 松田寿男、长泽和俊《绿洲国家的发展》2. 塔里木盆地诸国Ⅱ，西域诸国的遗迹（平凡社版《世界考古学大系》9. 北欧亚大陆·中亚第99—100页；长泽和俊《楼兰王国》第39页与卷末附图；松田寿男、森鹿三《亚洲历史地图》，第106页《罗布地方》。

亭燧戍卒们，任务除了发放烽火信号之外，尚须定时巡逻侦察，每一巡逻队也携有烟火通讯设备以与亭燧保持联系，这与今日军队巡逻时的无线电通讯，方式与意义均同。亭燧施放烽火与收到烽火，巡逻出发与归来，其时日，信号者姓名及方向等，都填有报告，这些木简报告很多都在长城区内残留至今日，为考古家们所发现。斯坦因在敦煌北方东西约二百公里的范围内，实地调查所得亭燧数至三十七所，其中第六号 b 遗址附近，便以集中发现木简三百件以上而受学界注目。亭燧内部系小营舍，有寝室、火炉等设备，遗物除木简文书外，木质粗制家具，漆器的耳杯、碗、勺子等，以及铜镞与铁制农具等甚多出土。

规模再大，高一级的单位为"障"（候官），已非亭、候似仅是守望戒备与监视敌人性质，而成为一个军事据点，定员约一百人，主管称"候"，副则"塞尉"（或"障尉"）①。

与障性质相同而立于交通要隘的，称"关"，其最具代表性的，当是历史上著名的玉门关，斯坦因追踪汉朝西长城址沿疏勒河西向行进所发现。这一扼西北咽喉，河西走廊西端大门的关口遗址，在斯坦因地图上，标明为 T 十四遗址，位置在东经九十四度左右，距离敦煌西北约一百公里，今日所称的"小方盘城"。现存残址城壁海边约二六·二公尺，高七·五公尺，顶上每边约二四·八公尺，广三·八公尺。西边与北边城墙各有门，西门宽二·五公尺，高二·七公尺；北门宽三公尺，高四公尺，出北门便是疏勒河。玉门关址的被考定，也就因在废城北门外土丘中，发现书有"太始三年（纪元前 94 年）闰月辛酉朔己卯玉门都尉护众谓千人尚尉丞某某署就……"字样的木简文书而获证明，与敦煌石室发现唐朝地理著作《沙州都督府图经》残卷的记载，正相一致。

与玉门关同样自古脍炙人口的阳关，其位置今日也经比定在敦煌西南约七十公里，南湖店西南的古董滩。阳关、玉门关间距离约六十公里，两关与敦煌

---

① 亭（候）障调查与功能解明，主要取材自米田贤次郎《秦汉帝国的军事组织》，学生社版《古代史讲座》5. 古代国家的构造"下"第 273、275 页；长泽和俊《敦煌》第 82—84 页；文艺春秋版《大世界史》8. 植村清二《万里长城》，第 158 页。

三者，恰好各占正三角形的三个顶点①。"阳"字的解释即"南"，玉门关之后再在其南开设阳关，依《汉书》西域传所提示，需要似乎在于辅助玉门关，或作为玉门关副关的意义。

亭障（关）之上，长城系统中地区性最高军事指挥官为都尉，治所便在于"障"或"关"，而都尉的地位，却又是地方政府与郡县制度"郡"的组成一员，须受郡太守指挥监督。所以，汉朝西长城尽管较其余长城地带军事色彩优厚得多，但本质上仍附属于政治，平时系与民政相联系，而非纯粹的国防设施。

敦煌郡，这一汉朝最西部直属领土上所设，《汉书》地理志下说明共四都尉：

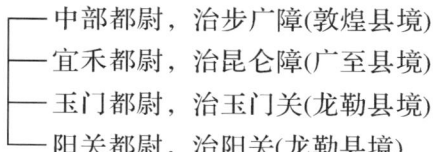

中部都尉，治步广障(敦煌县境)
宜禾都尉，治昆仑障(广至县境)
玉门都尉，治玉门关(龙勒县境)
阳关都尉，治阳关(龙勒县境)

而当地长城组织，也很多因文献、考古资料完备而能考定。举例一：玉门都尉辖区亭、障名称与位置的已知部分②。

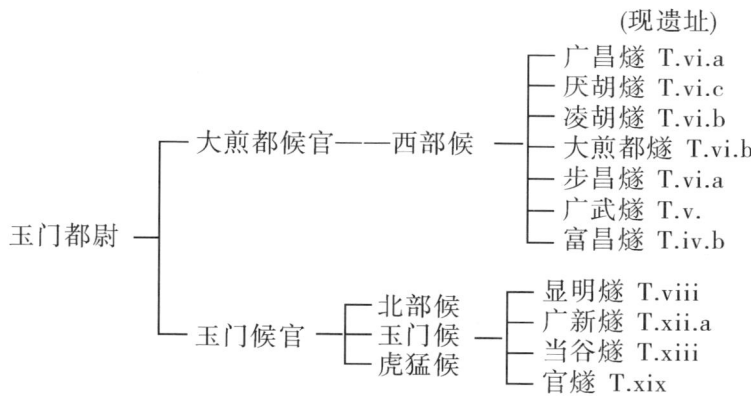

书有"宜禾郡（？）燧第：广汉第一、美稷第二、昆仑第三、鱼泽第四、宜禾第五"文字的木简一片，又列举了宜禾都尉所辖亭燧自东至西的顺序③。

---

① 玉门关，阳关位置与机能，取材自长泽和俊《敦煌》第74—78页。
② 长泽和俊《敦煌》第83页。
③ 平凡社版《世界历史大系》4. 志田不动麿《东洋中古史》（一），第498页。

举例二：都尉以下编制配置①：

机关别	都尉府	候官	候	隧
长 副	都尉 丞 尉（城尉）	候 尉（塞尉）	候长	隧长
武官	司马 千人 百人	士吏	候史	
文官	掾 曹史卒史 属 书佐	令史 尉史		

关于明了西长城制度，散在敦煌以至楼兰广大长城区域内众多亭障遗址，以及陪伴出土种种遗物的调查，提供了第一手宝贵资料。遗物中，又以纸发明以前与未通用以前代用品木简的屡被发现于亭障范围内，以及显然便是当地驻军所遗留，意义为特重大，等于当时人解释当时事。木简形式，大体多呈长十寸左右，宽约半寸的木板，而以毛笔书写。这类木简，发现且不限于长城区域，从楼兰沿新疆大沙漠南部边缘，同样都有残留，文字也非限汉字。但沙漠中所发现，多系晋朝遗留，所谓晋简；敦煌周围地带，却属汉朝木简，年代为早，又全用汉字书写，而非如新疆之混见非汉文木简。世界学术界注视的汉简最丰富收获，乃是一九三〇至一九三一年西北科学考查团在额济纳河下流居延海（居延都尉非属敦煌郡而归张掖郡管辖）附近的调查成果，为数一万件以上（纪年简多属前汉宣帝、元帝时代②），价值可以想象。对数量如此众多完整或破损的大小汉简加以研究、整理与注释，马衡、贺昌群等都曾尽其努力，

---

① 米田贤次郎《秦汉帝国的军事组织》，学生社版《古代史讲座》5. 古代国家的构造（下），第 272 页。
② 米田贤次郎《秦汉帝国的军事组织》，学生社版《古代史讲座》5. 古代国家构造（下），第 285 页附注一。

特别关于劳榦（贞一师）民国三十二年（1943年）《居延汉简考释》释文之部、《居延汉简考释》考证之部发表，具有学术上莫大贡献。

依所有木简明记的年号，所代表年代最早便上溯到纪元前一世纪西长城增筑之初。尤堪注意的，系其记载内容广泛，法律、公文书、军令报告与有关长城组织运营等的制度性文件之外，凡兵士私人信札、亭燧戍役记录、疾病死亡登记、钱谷、车马、酒食等各类簿册，甚至六艺、医药等方面书籍，均行具备，可谓多彩多姿，非只浮现了古代长城戍守时日常生活的真实面，也对长城广范围机能获得深刻与正确的理解。以下是汉简的几个例子①：

"七月乙丑，日出二千时，表一通至。其夜食时，苣（炬）火一通，从东方来，杜充见"。

——收到定时烽火信号，由戍卒杜充具名的报告，载明月日时刻。

"箭一支归库，另易新者"。

——军械补充，数量虽少至箭一支，亦须有案可查。

"入西书二封　一封中部司马□平望候官　一封中部司马□阳关都尉府，十二月丙辰，日下铺时，受于故卒张永，日下餔时□□燧长张□"。

——邮书传递记录，由此可知汉朝邮驿制度为如何严密，凡公文往返方向、受文人与发文人、亭障间层次传递到达与转发月日时刻、送件人、所属亭障名称等，均须详细登录，并于收受后即时转递为原则。

"出粟五石二斗二升，以食使车师□君卒八十七人。"

——团体廪给登记。汉朝廪食，大抵以一人一日六升为标准，五石二斗二升即八十七人的六日间食粮。亭障兼又为往来团体招待所与补给站，遗址的所以多附带发现谷仓（玉门关遗址小方盘城之东的大方盘城，便经考定为汉朝粟仓）②，正是这方面的事实说明。

"□□鄣卒十人，一人守围，一人助围。一人治计、一人取狗湛、一人吏

---

① 举例取材自平凡社版《世界历史大系》4. 志田不动麿《东洋中世史》（一），第503—504页。

② 平凡社版《世界历史大系》4. 志田不动麿《东洋中世史》（一），第501页。

养、二人马下、一人即土",又是侯官治所燧卒的作业记账,所谓作簿。须每日记录,按期报告上级①。

于此,可了解规模宏大的汉朝西长城,指挥系统日常工作态度的认真,机能也亘于多方面,并非仅仅警备敌人或掩护行军,尚有邮驿、补给维护通往西方世界交通大道,以及配合塔里木盆地屯田,支援大西域事业的积极效果,以接应汉朝西域统制中心——前汉建于今日轮台县附近策台儿沃洲乌垒城与后汉班超时代建于龟兹国境内的都护府,或以后移至吐鲁番盆地的长史府。西长城因建设西域新秩序而筑,终局也因西域事业衰坠而废,于古代新疆史无疑成为贯通前后的主脉络。

埋没沙中的鄯善王国*

长城区域西部,罗布诺尔西北岸楼兰故址的再现于今日,乃是新疆考古历史学上最大业绩之一,汉字"楼兰",似即当地发现木简与写本,土语发音而以佉卢文书写 Kroraina 的音译。二千年前,这是个交通地位极端重要的都市与国家,自敦煌出发的东西国际大道,在此分南北道前进。惟其楼兰具有如此战略价值,所以当汉朝势力最初伸入新疆时,首先便被征服,纪元前一世纪前半,又在汉朝压力下变易王位系统,《汉书》西域传指出并因此迁都与改楼兰国名为鄯善。鄯善这个名词由来,似乎与横贯其国境,新疆南、北两河的南河

---

① 长泽和俊《敦煌》第274页。

* 本节考古资料,取材自松田寿男、长泽和俊《绿洲国家的发展》2. 塔里木盆地诸国Ⅱ西域诸国的遗迹(平凡社版《世界考古学大系》9. 北欧亚大陆·中亚,第95—103页;长泽和俊《楼兰王国》第一章"寻找传说的古都"(第15—42页)、第四章"传说佉卢文书"(第101—119页)、第六章"沙漠掩盖下的战火"与第七章"佉卢梦想之后"(第159—218页),又:第229—233页"文书所显示的东西文化交流""织物所见东西文化"等两小节;平凡社版《世界历史大系》2. 驹井爱知、江上波夫《东洋考古学》,第116—132页。

（车尔成河 Charchan daria，北河即指塔里木河）的土语音译有关，但楼兰当地，则始终沿用"楼兰"原名，这从今日出土汉文文书可知。

楼兰，这一埋没沙土千余年而经赫定再发现的历史名城，位置当北纬四十度三十分稍北，东经九十度左右，库穆河（塔里木河下游河道）注入罗布诺尔三角洲的南部，与中国古书说明正相吻合，赫定命名之为 Lon–Ian（site），斯坦因记录为 LA 遗址。此一历史文物宝藏吸引世界考古界成为热门访问对象，由下表可见：

1900 年	赫定发现楼兰遗址
1901 年	赫定调查楼兰遗址
1905 年	亨廷顿（E. Huntington、美）调查
1906 年	斯坦因楼兰调查（第二次新疆考察）
1908 年	橘瑞超（日、大谷探险队员）楼兰考察
1910 年	橘瑞超楼兰调查
1914—1915 年	斯坦因第二次调查（第三次新疆考察）
1928 年	伯格曼（F. Bergman、瑞典、中瑞西北考查团成员）第一次调查
1930 年	黄文弼（中国、中瑞西北考查团成员）第一次调查
1934 年	黄文弼、伯格曼第二次调查

楼兰城壁，依残存部分测定，呈每边约三六〇公尺的四方形，高约二·四公尺，系以柽柳细枝与黏土混合构成，城门遗构广约七公尺，高约五公尺。城内构筑经过复原，一座佛塔可视为中心，其形式与南道各地所发现佛塔相同，在正方形三层基台上，矗立八角形圆顶塔。佛塔南边相邻部分，乃城中最佳木材华厦，颇多汉文书与佉卢文书于此出土，猜测可能乃是旧时国王宫殿或鄯善时代地区长官所居住。佛塔西南赫定称之"衙门"所在，因大量汉文文书在此发现，而被认定为驻屯汉族军队的兵营址，"衙门"址相邻西边房屋群，又似乎都是办公处所。

城的周围散在甚多重要遗迹，LF 烽燧与黄文弼所发现名为"土垠"而依出土遗物被确认即水经注所指"居庐仓"的废址，都在北方。楼兰遗址西南约五十公里，斯坦因所称的 LK 遗址，又是日本学者发现著名的李柏文书所在，一处纵约一七〇公尺，横约一一〇公尺的长方形古城址，城壁广约五公尺，高约三公尺，城门在东南隅，从城壁断面观察，建材与楼兰城相同。李柏文书系两页当时西域长史李柏致送焉耆王龙熙的纸本书信草稿，而称驻在当地地名为"海头"。李柏的姓名、官职、事迹，《晋书》都有记录可查考，乃是趁西晋动乱而于四世纪初独立的河西凉国（前凉）所派出。魏、晋西域支配负责人仅是驻在高昌的戊己校尉，李柏才恢复西域长史之职，致焉耆王书信年代，被考定便在前凉攻灭晋朝高昌前夕的咸和三年（纪元 328 年）。所以，虽则李柏文书出土地是否确在 LK 遗址？"海头"所指是 LK 遗址抑楼兰本体的 LA 遗址？日本学者不能十分肯定，但四世纪前半存在的西域长史，治所非如后汉后期之与戊己校尉同在吐鲁番，而已迁移到楼兰附近，则被判定，李柏文书这一发现补充历史文献缺漏，堪称楼兰考古一大贡献。

楼兰地区出土丰富的遗物，文书类之外，LA、LC（距离 LA 东北约七公里）等遗址的汉镜及其仿制品、汉朝五铢钱、金属器与武器、耳环等首饰与装饰品、木制家具、器皿、帽物等生活用品与衣着、封泥、贝玉、西方风格华贵地毯与西方系人物容貌的毛织物断片、织有"子孙无极""长乐明光""延年益寿"汉字的汉锦与丝织品、未加工的绫罗等，还有如同今日所用一般的毛笔，都因保存于干燥空气的沙漠中而能陆续被掘出。距 LA 遗址西北十余公里，完全崩坏了的佛塔寺院址与住居址群，斯坦因所称 LB 遗址，则其散布残存建筑用材与家具式样，又以明显反映西方作风为特色。

文书类中，佉卢文占小部分，绝大多数均汉文，且多为木简，但也颇多发现二世纪初后汉时代新改良的纸文件，赫定一次携回纸文件便有三十五件。这便是说，楼兰人用纸，较欧洲人至少要早过七八百年，纪元前后楼兰或鄯善王国文化水准，也由此可证明。

楼兰文化的原非汉族文化，而同时又接受汉族文化浓厚影响，其相互间强烈对照，从白格曼在库穆河支流所谓"小河"（Small river）上游两岸所发掘第五公共墓地，以及赫定在库穆河河口沙洲地带所发掘第一墓群，搜集所得不同遗物可以显示。两处年代同属一至二世纪（后汉时代），但前者遗物系本地型、舟型木棺、皮革制帽靴，毛绒制腰布与上衣、副葬品有木偶之类；后者便含有鲜明汉族文化色彩，容器均典型汉式壶与瓶、汉族中国丝织制品、汉锦、纺缍车，其梳与发针，尤与朝鲜半岛乐浪郡遗品非常近似。

人种与婼羌人同属羌族系统的楼兰人衣、食、住物质生活面，以及古代楼兰文化内容，由于楼兰或罗布地区东西约一五〇公里，南北约二〇〇公里的广大地域内遗迹、遗物频频发现，已能全行复原与获得综合性了解。显而易见，正因为楼兰位当东西交通大道咽喉部，国际关系复杂性与国际都市的性格，造成了文化多元性与混合性的现象。

关于楼兰文化年代，斯坦因从织有"长乐明光""延年益寿"汉字的汉锦，在楼兰与敦煌附近都有发现而比定为同时代，但后者有纪元前八九年纪年文书伴出，前者出土文书的纪年，则系晋泰始年间（纪元265—274年）。其余楼兰出土汉文文书群，纪元范围也大体亘于纪元二五二年（魏齐王芳嘉平四年）至三三〇年（晋成帝咸和五年）间，所以楼兰遗址年代上下限之为纪元前九〇至纪元三三〇年，大体可以明了。

中国文书，往往注明日期，因此年代决定颇为容易，楼兰文书特色又为有关军事记录特多，大部分系晋朝在当地驻屯军的行政、军事、屯田、产业等公私文件与往复书简。驻在兵士不计，官员名目依这些文书所提示，计有统军、督战车、督邮曹、功曹、户曹、兵曹、吏曹、仓曹、镫曹、医曹、录事、主簿、督田、监量、安西和戎从事等之多。于此，对晋朝尽管立国基础并不稳固，控制西域却相当强力的史实，可获得深刻印象，这又是足资补充一般史书记述的莫大收获，须注意三至四世纪之交，汉族中国政治为已陷入低潮时代，而对新疆的支配，却仍然坚定。

然而，汉族军队终于撤出了楼兰，其原因，却非政治的，而是自然地理大变化的压迫。一千五百年周期迁移的塔里木河下流与罗布诺尔，正值其时改往南流与改往南移。水的泉源断绝，罗布地区自东北部起逐渐干燥，人类不得不散离居住了千百年的故土，楼兰城一步步被埋没沙中，至于历史生命绝灭。地理变化开始年代，便因楼兰遗址出土汉文纪年文书最下限之为咸和五年（纪元330年），而了解即与李柏驻在期，差不多同时。

水源涸竭与楼兰城宣告死亡,半个世纪以后,纪元四〇〇年法显自敦煌赴鄯善国途中所见,便已是触目惊心的沙漠,而有"沙河(沙漠)中多有恶鬼、热风,遇则皆死,无一全者。上无飞鸟,下无走兽。遍望极目,欲求度处,则莫知所拟,惟以死人枯骨为标识耳"(《佛国记》)的恐怖形容。更可悲哀,是沙漠步步侵蚀与人类住居地一再衰减的现象,还非只楼兰地区而已。法显之后百年,北魏使者宋云与沙门惠生于六世纪初经青海(吐谷浑)入新疆时,鄯善、且末诸城尚健在。而再过百年,七世纪中玄奘西行,《大唐西域记》记述:"(大流沙)行四百余里,至靚货罗故国。国久空旷,城皆荒芜。从此东行六百余里,至折摩驮那故国,即沮(且)末地也。城郭岿然,人烟断绝。复此东北行千余里,至纳缚波故国,即楼兰地(鄯善国)也",南道已可谓面目全非。汉朝南道另一国家精绝,《大唐西域记》所称"尼壤城",当时虽然仍熙熙攘攘,但玄奘后不久,也逃不脱同一命运。南道东半段诸古国,结局尽行化为废墟,如今日考古家所见一片死寂景况,早自唐朝便已形成。

大沙漠南部边缘历史悲剧演出舞台,堪注意多在大鄯善王国国境。二世纪以后新疆沃洲国家并合运动展开,如《三国志》引《魏略》所介绍:"且末国、小宛国、精绝国、楼兰国,皆并属鄯善"(内小宛非当南道),以及《魏书》《北史》所称新疆"五大国"铸定,其时鄯善王国可谓登于全盛时期。"鄯善"这个国名,狭义固仅指本土,广义便须包含立于其支配系统内诸国家的全体,领域自罗布诺尔畔楼兰起,迄尼雅河岸精绝止,东西广袤九百公里,可能已是塔里木盆地五大中心势力中最强大的国家。大王仿效汉族中国自夸"天子",甚至列有"天子、王中之王、伟大的胜利者,正义护法之人,大王陛下"名号,从今日出土以佉卢文书写众多王命或诏书,汇聚可见,王的权威,也从而得知。

鄯善产业并不发达,能造成如此盛况,应是交通上通衢地位,邻近汉族中国而拜汉族中国大力扶持之赐,自汉朝赐以"鄯善"国号以来,双方长时期亲密关系,从文献史料中很容易见出。考古资料也说明鄯善国内晋朝军队的分布,须进驻到最西端精绝地区。惟其如此,当四至五世纪汉族中国内乱达于高潮,鄯善王国顿失外援,同时,敦煌—伊吾(哈密)—高昌新国际大道被积极利用，鄯善交通价值大为降低，立国基础也动摇。法显访问这个国家，便正值国家命运如风中之烛，光芒最后闪耀之际，从此急速蒙上亡国阴影。纪元四四二年，河西五凉国最后灭亡于北魏的北凉残党攻击鄯善，北魏太平真君六年（纪元445年），北魏势力追踪压来，鄯善王被俘虏，九年，占领地区派出汉人为王，成立鄯善镇"比于郡县"。但北魏直接支配效果也不稳定，紧随又由与之同时侵入新疆的吐谷浑势力接替。繁荣活跃的鄯善王国，于纪元前七七年后屹立四个半世纪，至是完全瓦解，领土并归支配阶级系鲜卑人，人民则与鄯善同属羌族的吐谷浑，宋云、惠生旅行所见，便是这个时期的鄯善城。所以，新疆五大中心势力中，鄯善崛起最早，却又最早消灭在吐鲁番盆地高昌建国（纪元460年）之前。以后，吐谷浑青海—新疆大版图统一于新诞生而结束南北朝分裂局面的隋朝，大业五年（纪元609年）新建立四郡中，继东部伊吾、高昌而新疆东南部也出现了历史上第一次的中国郡县制度——鄯善郡与且末郡。而参考《唐书》地理志与敦煌石室发现唐朝光启元年（纪元885年）书写《沙州（敦煌）伊州（伊吾）地志》残卷，则五世纪北魏、北周以来，干旱与战火的天灾、人祸夹缝中鄯善人民离散趋向，早已不可遏止，到隋朝动乱期间终于散尽，鄯善城随同倾废。鄯善人诀别他乡集体移住故地的选择，主要在伊吾或伊州，唐朝贞观四年（纪元630年）伊州成立纳职县，居民对象便是这些原鄯善人移民。从此，古代鄯善国人民迈出了新生活的第一步，反过来说，鄯善历史一切烟消云散。

　　依鄯善王国文字史料解释考古成果，汉书说明纪元前一世纪楼兰改"鄯善"国名同时，国都也在汉朝授意下迁至南道，这个《汉书》介绍为"扜泥城"（晋袁宏《后汉记》作"骊泥城"）而以后与鄯善历史相始终的国都在于何处，向来引起学术界关注。最新的一类见解，以佉卢文"城"字便如"扜泥"或"骊驱泥"发音为理由，而主张即楼兰同地异名，换言之，鄯善时代国都仍在楼兰并未迁移。这项立论，证据甚脆弱，所以通常意见，还是认定扜泥城位置必须向南道寻觅，汉朝继玉门关之后另开阳关，作用似乎便在适应避免绕道楼兰而直通扜泥城的形势需要。《魏略》列举三世纪时隶属鄯善系统诸国中有楼兰国，汉朝作品而五世纪末经北魏郦道元综合各方面地理知识加以注释，以正确著名的古代权威地理著作《水经注》，也载明北河（塔里木河）经楼兰城之南，南河（车尔成河）经鄯善国之北，则鄯善国移南道时，汉朝可能还在楼兰地区成立缓冲性的傀儡政权，当鄯善国势发展时再行并合，而如晋朝驻兵时的情况。不论如何，鄯善王国时代，楼兰与鄯善时代国都扜泥城，绝非同地为可肯定。

对鄯善国都扜泥城的最早比定，是斯坦因指楼兰西南方，相距约一七〇公里的弥朗（Miran）遗址，正当古代阳关大道与吐谷浑道会合点。但后来了解为错误，弥朗应是汉朝鄯善国两大都市中的依循城，亦即汉朝鄯善屯田之处，而非扜泥城。扜泥城须在依循或弥朗废墟以西，今日土语卡克里克（Charklik）的婼羌县附近。今日婼羌县与分吐鲁番地而设的鄯善县情况相同，都只是套用古名，与古代婼羌国与鄯善国毫无关联。

卡克里克在唐朝名石城镇，正确而言，仍非古代鄯善城旧址，敦煌写本八世纪的《沙州都督府图经》与九世纪的《沙州伊州地志》残卷，虽说明"石城镇本汉楼兰国，汉更名鄯善国，隋置鄯善镇"，但也特别指出，石城镇是粟特人商队，史料中所谓康国（撒马尔罕）大首领史艳典于贞观时领导在附近一带建设诸城镇的中心，换言之，鄯善原住民离散后，七世纪前半另行新完成的外国人商业移民都市。而汉朝"鄯善城周围一千六百四十步，西去石城镇廿步"，则"隋乱、城废"，"今已堆坏"。

《沙州图经》又记载粟特诸移民都市之一屯城，在鄯善以东一百八十里，即汉之依循，以及"胡（西域人）以西有鄯善大城（大鄯善），遂为小鄯善"的屯城记载。这与斯坦因在弥朗废址获得吐蕃统治时代文件，称当地为 Nob – Chung（小 Nob），并与另一名词 Nob – Chen（大 Nob）对称，意义正相符合。"鄯善"之称 Nob，可能非青康藏高原吐蕃人兴起而得，乃是鄯善人自身留下习惯，所以玄奘西行，途径此地而名之为"纳缚波（Nabopa）故国"，一个起自楼兰，迄于今日婼羌、且末两县间 Vash – Shahr 遗址的泛称。一般相信，古代汉族所称"盐泽""蒲昌海"而土语为"罗布诺尔"的这个大湖，"罗布"（Lop）一词，也便是 Nob 的转呼音。

鄯善城或扜泥城，今日只能大体了解位置在卡克里克，而未能发现其城址遗迹。依循城亦然，今日残留弥朗城堡遗址亦非早期之物，而是唐朝吐蕃发展为强大势力与七世纪后半占领这个地区后所遗留，一处呈不等边四方形（东方、北方250尺，南方、西方较短），城壁用黏土与砖砌成，因大批铁甲断片存在而认定的吐蕃人进出西域军事基地，城内房屋与城壁平行，一千件以上吐蕃文书（也有以后回鹘人到达时携来的古突厥文件）在此出土。

但是，弥朗废址以吐蕃城址为中心所散在大小十四处寺院址及陪伴出土众多遗物，年代却早得多，也惟其这些吐蕃城堡时代已荒废了的寺院遗址，才可约略浮现昔日依循城规模，以及了解弥朗废址古代为一繁荣的佛教都市。寺院址中最重要为城堡址东、西各约一·八公里的三处，编号第三与第五的寺院遗址都在城堡址以西，砖造，格局相同，系以佛塔为中心的正方形建筑物，塔的周围环绕圆形走廊上则绘以壁画。西域佛教艺术史上有名的"有翼天使"壁画，便发现于第三寺院址走廊，这幅壁画的人物特征：大眼、高鼻、波浪形口唇，颅顶发团作卷状，脸部呈快活表情而生气勃勃，两肩后面张开富有曲线美的短翼，全然一副西洋少年面貌，以及希腊，罗马风格的构图与配色。与此类似富有魅力的华丽绘画断片，在诸寺院残存颇多，人物容貌无不呈西方型，作品中色彩与明暗手法的运用，尤其显现了接受西洋文化影响有力证据，而被考定为二至三世纪作品。编号第二的寺院址则在城堡址东北，以廊下希腊式柱头，以及发现膝部广达一·八公尺的大佛塑像与高达九十公分的佛头而著名。

今且末县治（车尔成、Charchan）之西古城址，考定即古代且末国所在。这个都市，当北魏宋云、惠生旅行时尚看到城中（称"左末城"）居民决水种麦，而七世纪玄奘时已"人烟断绝"，可能与鄯善城同时，甚或更早便因土地干燥而步上没落的途径。古城址内与其东部墓群中，出土装饰品、丝锦、玻璃、陶器与金属器类的破片，并有汉朝五铢钱散布，存在年代上限可溯及纪元前二世纪。

《大唐西域记》中所称"睹货罗故国"，一般推定为且末城与尼雅遗址间，与现在安得悦（Endere）沃洲同名而在其西北边附近的安得悦废墟。此一遗址以城壁呈轮状为特征，从城内发现汉、藏、佉卢文等各类文书以及不同文化类型遗物，当可视为复合住居址典型。其黑色、褐色古代形式陶片与佉卢文木简出土，相信都市成立年代颇早，内部黏土而外部大型砖的后代式样城壁乃系唐朝重修，而非唐朝所兴筑。遗留汉文文书纪元，至开元七年（纪元719年）为止。

古代南道交通线上，自此以西，依次又是精绝国，亦即玄奘所见的尼壤城，以及今日的尼雅（Niya）遗址。虽然尼壤城时代已成为于阗"东境关防"，但古代向属鄯善统制圈，可能六世纪中鄯善王国灭亡于北魏、吐谷浑两大势力夹缝中，以及吐谷浑占领且末以东之地时所改隶。自"尼壤"或尼雅以东这一线上诸都市，玄奘都曾目睹，但干燥与沙的威力之猛，玄奘之后也以此一段地区为最烈。移动如山倒的沙丘，所谓"流沙"的恐怖，压迫南道位置不得不在此处大幅变迁，而造成今日且末县迄于和阗县间交通线，较之古代大不相同的现象，以精绝国或尼雅部分为例，古代废墟与今日尼雅沃洲，为古今南道所分别通过，而距离相隔，便达一百公里以上之遥。

古代东西广及九百公里的鄯善王国领域内，考古成果最丰硕，遗物出土最丰富的，东端楼兰周围之外，便是西端精绝国所在地尼雅遗址，斯坦因新疆考古第一次调查时所发现。尼雅遗址被发现的特性，又在于鄯善统制圈内其余地区如弥朗、且末（车尔成）、安得悦等，遗物年代均呈现双层性，换言之，乃是包含鄯善王国时代与七至九世纪唐、吐蕃进出此地域时代两类遗物层的复合遗迹，又惟有楼兰、尼雅所发现遗址、遗物，清一色均属鄯善王国时代所遗留。楼兰、尼雅两者区别之处，仅在楼兰生命痕迹绝灭较早，而尼雅则生命火花可能须延续至八世纪左右，始行毁灭。

精绝—尼雅城这个古代鄯善势力范围中重要一环与七世纪前半仍然屹立的城市，位置在尼雅河（Niya-daria）岸，但非今日新疆地图所见的同名沃洲，而须再行深入沙漠。斯坦因于一九一〇年在距离今日尼雅北方约一百二十公里的尼雅河末端干河床边，发现此一被埋没的都市残骸，与玄奘访问尼壤城时所见，记录说明"往来者莫不由此城"的古代尼壤城交通地位，以及当时尼雅河水量丰富，河的末端一大片湿地，其间周围三、四公里的尼壤城情况，正相一致。

尼雅遗址特征，系沿河散在一处处住居址群，斯坦因在此东西七公里，南北二十五公里的遗迹范围内三次精密调查，对于古代尼雅人生活面实态，已能明了其全貌，类似楼兰式构造，附有果树园的木造砖壁房屋建筑、寺院址、家畜小屋、贮水池、灌溉水路与运河、木桥等等遗构都仍残存。尼雅河之水，便由运河引入各个贮水池，一处处住宅址间又以木桥为联系。官衙，住宅废屋内部，则家具、乐器、陶器、漆器、日用品、装饰品、棉质与丝织品、毛织品、文书、封印等各种各样遗物，都曾大量发现，其内容的丰富，数量的众多，价值的贵重，均较其他地区出土为断然压倒，可谓考古学上的一大宝库。斯坦因对当时尼雅官吏与富人生活的考证说明，指陈从他们所居住精致的住宅、所应用制作精美的家具、火炉、木柜，以及雕刻得非常细腻的装饰艺术品，还有花园，均足显示古代尼雅的高度文明，并充分证明这个靠水成长的都市，昔日生命力为如何旺盛与活泼，以及如何由于耕地肥沃、交通发达而经济丰裕，人民富足的繁荣面。至于今日，也惟其尼雅这些质、量两均充实的考古资料收获，已使尼雅遗址赢得考古界"亚洲庞贝城"之誉，与楼兰同成为塔里木盆地最具代表性的古代遗址，新疆学术调查业绩因之散发无比明亮的光辉。

与楼兰出土遗物意义相同，尼雅遗址的发掘，也在反映古代鄯善王国之为东西文化交织点。废屋柱上与木质家具上所施以题材、技术均带有希腊、罗马风格的人物浮雕与动物像，可明白显露从中亚细亚传来强烈西方文化浸润的痕迹。而与这些遗物同在的，又便是中国式文具墨、笔，以及筷子之类。尼雅废址西北约三公里处所发现墓群，尤其出土庞大中国文化资料，其中织有"万事如意""延年益寿宜子孙"之类汉字的汉锦，因与楼兰第一墓群出土品酷似，而被比定两处遗迹属于同一历史年代。

楼兰、尼雅，又同以丰富的文书类发现为特色，汉文文书也同属晋朝所遗留而无汉简。尼雅晋简值得注意处，系在如"月支国胡支柱，年卅九岁，中人黑色"，"卅岁，中人黑色，大目有髭"，"有髭须"，"男，生年廿五岁，有车牛二乘，黄犗牛二头"之类，载明通过此地旅客姓名、年龄、肤色、须之有无、衣着、特征、所持有物、出生国别等的记录内容。显而易见，这些文件都属出入境登记性质，则晋朝如何对新疆强力统制，以及如何由于精绝—尼雅交通地位，而晋朝新疆驻屯军建设之为管制旅客的检查站，可以概见。尼雅遗址出土重要文书，又有"诏鄯善王"封检（木简的盖，如信封功用），以及文字为"晋守侍中大都尉奉晋大侯亲晋鄯善、焉耆、龟兹、疏勒、于阗王写下诏书到（以下缺）"的五国王奉诏木简两片。这些文件出土意义，正是对大鄯善王国西境所至，以及汉朝新疆"三十六国"至是并为五大国的中国史书记载，给以实证。

尼雅遗址文书群，较之楼兰遗址最大不同处，为汉文之外惊人数量的佉卢文书被发现。鄯善王国境内搜集所得全部佉卢文书，也百分之九十以上集中发现于此（以现在已能解读的 764 枚文书出土地点分类，尼雅遗址便占 709 枚，其余则楼兰遗址 48 枚、安得悦 6 枚、敦煌 1 枚）。对于了解鄯善王国政治、文化实态，以及当时僧侣与一般人民生活状况，这些大量发现的佉卢文书价值为无比。依专家们分析，内容大体可分为如下四类——

1. "大王陛下""天子、大王陛下"所颁布命令；
2. 公用函件与私信；
3. 各种契约书（土地、奴隶、收养子女、买卖、借贷关系及其他）；
4. 各种统计（人名、家畜、农作物、征税表、账簿及其他）。

佉卢文字，原系西北印度所使用的地方性文字，自贵霜—大月氏勃兴，尤其二世纪中迦腻色迦王建立以犍陀罗为中心的大帝国时，才在西北印度—阿富汗斯坦普遍流行，并迅速传入塔里木盆地南道诸国，而为于阗、鄯善盛予"借用"。鄯善王自称"大王、王中之王、天子……"似乎受的便是贵霜—大月氏文化影响。反过来说，随大月氏没落，佉卢文也跟踪造成衰减的趋势。尼雅遗址佉卢文书群本身虽无年代可考，但从与之同时出土，明记晋泰始五年（纪元 269 年）的汉文木简，仍可指示这些佉卢文书年代为亘于二至三世纪间，与佉卢文发展趋向正相适应。

用以书写佉卢文的材料，大部分均木材，所谓木简，形状依用途而别，如王命传达用楔形，买卖契约、书信则用矩形等，与汉文木简的长条形显著不同。但尽管形状有别，木简文书却纯粹汉族中国习惯，另发现少数其他材质的文书中，皮革文书固系西方式，纸文书与绢文书又都属中国传统。中国式书写用材而以佉卢文书写，正是东西文化融合的一大例证，这与楼兰遗址出土纸文书，表面汉文而里面佉卢文，意义一致。

每份完整的佉卢文木简，系以木简本体加盖同型封检，再用三条绳索缚紧而成。捆结封缄部分涂以黏土，由发信者捺印其上，待干燥时发出，这种捺印黏土，称之封泥，原又便是中国古来木简使用的传统方式。但尼雅遗址木简封泥图案，灿然为希腊诸神，强烈表现了西洋美术作风，而印章文字，则"鄯善郡（都？）尉"汉字，这又是鄯善文化多方面性，以及东西文化混合最有趣味的表现。

然而，古代以东西文化交织点著名的鄯善王国，无论楼兰、精绝或其他地区，终于或先或后化为沙漠中废墟。所以造成这样悲剧，楼兰地区的地理原因是明显的，其余则应系水源所在地山岳发生变异，河水水量减少与水流不能到达所致。沙漠沃洲中，原惟得水之惠，才能战胜沙漠以供人类生存，水等于国家—城市血液，能保全灌溉网与水源，川渠、贮水池能发挥效用，便有生命。相反情况，干旱为无从防备，而不得不向威猛的沙漠屈服，鄯善王国或古代南道东端诸城市，便都立于这种情况之下，被放弃或埋没沙中。

| 南北道古代史闭幕*

古代新疆，沙灾多数场合都发生在鄯善王国境内，特别是南道中段，所以，当南道中段位置向南推移时，西段仍能维持原来主线，与北道同样延续迄今。而站在这些路线上，尼雅遗址出土晋朝"五国王奉诏"木简证明的五大国中其余于阗、疏勒、龟兹、焉耆四国，也能在鄯善衰败后继续存在。虽然这

---

* 五大国考古资料，取材自松田寿男、长泽和俊《绿洲国家的发展》（二）塔里木盆地诸国Ⅱ西域诸国的遗迹，平凡社版《世界考古学大系》9. 北欧亚大陆·中亚，第 103—111 页；平凡社版《世界历史大系》2. 驹井爱知，江上波夫《东洋考古学》，第 125—167 页；同上 10. 松田寿男、小林元《中亚史》，第 38—50 页。

些国家结局仍都毁灭，毁灭因素却属政治性而非天灾。今日从沉寂荒野中累累掘出属于如上国家的都市遗址、寺院遗址，以及高度水准的艺术作品及其他各项遗物，与鄯善王国遗迹遗物，同样足以反映昔日当地，曾经长时期繁荣的真实面。

古代于阗国，据当地出土古于阗文写本与尼雅遗址发现佉卢文书，称之Khodana 或 Kustana，后者即玄奘《大唐西域记》所称"瞿萨旦那"国名的由来。"于阗"一词，发音系依于西藏文 U–then，则似乎起源于古代氐羌语，所以《新唐书》说明"于阗，或曰瞿萨旦那，亦曰涣那，曰屈丹，北狄曰于遁，诸胡曰豁旦"，缕列颇多。

于阗的强大，从《后汉书》西域传记载一世纪后半于阗广德王时代，一度"从精绝西，北至疏勒，十三国皆服从，而鄯善王亦始强盛，自是南道自葱岭以东，惟此二国为大"，已见端倪。《魏略》所代表的时代，于阗定型支配了戎卢、扜弥、渠勒、皮山诸国。皮山国今日经比定为 Guma 沃洲（皮山县治），其"南与天竺接"以及"西南当罽宾、乌弋山离道"的位置，可谓自南道折入克什米尔的通衢，而终入于于阗统制圈，铸定了大于阗王国南道上四通八达的优势地位。到鄯善没落，鄯善王国西端领域精绝国（尼雅遗址）又如玄奘所见成为瞿萨旦那"东境关防"的形势，于阗独霸南道，以及南道西段统一势力的出现，为显然可见。

然而，新疆国家必定接受强大外国支配的历史宿命，于阗也不能例外。一世纪时，广德王固然领导于阗，接替莎车势力而开始雄长塔里木盆地西南隅，对外却仍是汉朝属国，贵霜—大月氏的迦腻色迦王时代，一度又服属于贵霜—大月氏（但今日学界，颇持迦腻色迦王非出身月氏而便是于阗国人的意见[①]）。五世纪时，再与鄯善同时被吐谷浑攻破，幸而吐谷浑领土兼并止于原且末之地，于阗逃脱灭亡际遇。然后，屈服于嚈哒、突厥侵略势力，再由西突厥支配转移到唐朝统治。

---

① 日文著作如文艺春秋版《大世界史》6. 小林元等《恒河和三日月》，第 105 页；长泽和俊《楼兰王国》，第 229 页等，均持此说。

于阗王位,则未因屡次的外国征服而受损伤,《新唐书》称于阗王家姓"尉迟"(或伏阇、伏师,均同一音的异译),从遗址出土佉卢文书,当知便是于阗语国王姓氏 Vi–Sa 的翻译。七世纪唐朝在于阗地方设置毗沙都督府,命名由来也从而可以了解。

今日新疆于阗(于田)县治所在,与古代于阗国都毫无关联。古代于阗国都(《汉书》《后汉书》所称"西城",《梁书》《新唐书》所称"西山城"),考定乃是今日和阗(Khotan)县治以西,约十一公里处的郁特刚(Yotkan)遗址。于阗王国即以此为统治中心,益益推广其交通、贸易影响,而形成这个国家财富大量聚积的繁荣面。如汉族僧人旅行家访问记录所指出"其国丰乐,人民殷盛,尽皆奉法,……僧众乃数万人,多大乘学"(法显《佛国记》);"国尚音乐,风则有纪,文字宪章,聿遵印度,微改体势"(玄奘《大唐西域记》)的现象。法显所见他所寄居寺院中三千僧侣同一食堂大场面,尤可谓为此国隆盛最佳说明,也从而了解,于阗文化的发达,当足视为南道国家代表。

立于于阗文化圈而今日已被发现诸遗址中,郁特刚与且腾乌里克(Dandan Uiliq)遗址为最重要。

王国故都西城或郁特刚遗址,破坏程度颇严重,但出土遗物,却殊令考古学家感到兴趣。陶壶开口多数在顶端,自口至脊,有二个或三个把手,富有希腊风格感觉,但壶面女神、狮子等装饰画,又是印度作风。另一类出土颇多的是土偶,妇女偶像容貌清晰可辨为雅利安人种,头上具奇妙的高耸发型与发饰,小动物土偶中特多发现猿猴像,单独的、合抱的,自一寸至四寸都有,种种姿态,手法自然而优美。文书系用佉卢文书写于阗语,货币则汉朝五铢钱、王莽泉货、唐朝大历通宝等均有出土。另一类特殊货币,被认定大体迄于五世纪左右都在当地通用,一面刻有汉字"五铢",反面则马、骆驼等动物像与佉卢文字王名,于阗铸造这类货币的原因,可以推想,一方面因立于汉族中国支配之下而以汉字标明价值,另一方面,又为适应贸易需要,便利聚集于阗诸中亚细亚或北印度商人的缘故。则古代于阗,商业规模与其国际性可见,东西文化在此会合,也至为分明。

旦腾乌里克遗址位置，在郁特刚遗址东北方直线距离约一百三十公里的沙漠中，考定便是汉朝扜弥国（《后汉书》称拘弥国），系大于阗王国系统中追随精绝—尼雅蒙受沙灾的地区。这个今日土语为旦腾乌里克的废墟，以众多寺院遗迹而著名于考古界，寺院构造，大抵都有长方形的两层围墙，壁画、浮雕、塑像、板绘与文书类，曾于此间大量发现。文书类遗物中，有梵文佛典写本、佉卢文所书写于阗语文书、汉文户籍账、伊朗语、吐蕃语文件，以及唐朝德宗时代（纪元779—804年）的汉文公文书与大历钱，当知这一古城存在年代，大体为维持到九世纪初。艺术品最大特色在板绘，如菩萨人物的长髯而作伊朗人容貌，服饰及坐式又是印度风格等，显然混合了多种文化因素，题材则龙女传说、四臂神王像等，均足提供为佛教艺术史上宝贵资料。其中推定为六至七世纪间作品的《蚕种西传》一幅，尤其闻名世界，画中公主、侍女、蚕茧、纺织机等齐全，与玄奘所闻"东国"公主下嫁于阗王而连带介绍蚕丝技术到于阗的流行传说，正相符合，《新唐书》且以之转录入其西域传。

于阗与汉族中国间，关系向来亲密，如《新唐书》西域传载"凡得问遗书，载于首乃发之。自汉武帝以来，中国诏书符节，其王传以相授"所说明。同时，民族渊源亦颇微妙，《魏书》西域传于阗条怀疑，为什么"自高昌以西，诸国人等深目高鼻，唯此一国（于阗），貌不甚胡，颇类华夏"？玄奘《大唐西域记》提供了答案，转述传闻自于阗当地，于阗人自认原系印度系，乃孔雀王朝时代所移入，而其后又因"东土帝子"率族征服其地，而被混血的传说，所谓"于阗诸君，来自东夏"。东夏或东国，非必汉族或汉族中国，可能是与大月氏同源的氐羌族一支，则与新疆历史揭幕时民族分布形势，正相符合。于阗位置，恰恰介乎氐羌集团与印欧系民族之间，其混合亦可想象。

新疆五大国中，于阗以西，便是疏勒，位于新疆最西部，南北道交汇点，但其居民生活习惯与佛教系统，则已列北道国家。疏勒富力，便拜这种极端重要的交通形势所赐，《汉书》所谓"西当大月氏、大宛、康居道"，才发达为帕米尔东、西两侧商旅交互相会的繁荣市场。其属国之一休循（《魏略》作休修，今 Irkeshtam 沃州）尤为翻越帕米尔高原的准备地，以及赴大月氏、大宛、康居之途的实际分叉口。

　　古代疏勒国所在，即今疏勒县，土名喀什噶尔（Kashgar），这一土名，唐朝始见于历史：伽师只离、伽师只黎、伽师城，以及玄奘所称"佉沙"，《新唐书》亦谓"疏勒一曰佉沙"，都是同名异译。《新唐书》记疏勒国风俗如龟兹，"生子亦夹头取褊、其人文身碧瞳"。玄奘指其文字取则印度，语言异于诸国。

　　自于阗迄于疏勒之间，佛教遗迹多因后代破坏而湮灭，必须到达疏勒周围，始再见岩窟佛像、塔、寺院址。特别于喀什噶尔东方，今日巴楚县（玛喇尔巴什 Maral‑bashi）的图木舒克（Tumsuq）附近，大量塑像断片中，佛头尤多，为堪注目，年代约亘于三至八世纪间。

　　图木舒克南方残存城壁内佛塔与寺院址，尤被视为天山南麓西部最重要的遗迹，全然系巴基斯坦建筑式样，其塑像、木雕等，都表现融合印度—希腊精神的纯正犍陀罗风格，与今日发现贵霜—大月氏领域内二世纪时犍陀罗艺术全盛期的佛像，完全相同，也有密接关联，当为塔里木盆地年代最古的佛教遗迹，推定早自二世纪时所残留。这个地区，可知当贵霜—大月氏发达时，如何受其文化影响力。

　　自疏勒循北道向东至今库车县龟兹，是北道上最强大国家与北道文化的代表者，班超时代新疆全域势力最雄厚的国家。《魏略》时代，龟兹定型支配了其西姑墨、温宿、尉头三国。其中姑墨国即今阿克苏县与温宿县（两县均阿克苏 Aksu 沃洲，旧回城为温宿县治，新城则阿克苏县治），古代以矿业著名的地位，仅次于龟兹。姑墨先并灭邻近的温宿国（温肃、于祝，均同名异称，今日乌什县治 Ushturfan 沃洲），而后自身又归并入国力更为雄厚，而风俗、文字又均相同的龟兹。经龟兹本国，向北翻越古代"葱岭北源"凌山，今日天山山脉西段汗腾格里山的木素尔（Muzart）岭，得直通伊犁河谷，此途自古迄今都是有名的交通大道。由姑墨温宿也可通过凌山，从勃达（Bedel）岭前往伊斯色克库湖与次河（楚河）流域。因另一属国尉头（今 Safar‑bai 沃洲，属乌什县）的归并与沟通，又延伸龟兹领土与疏勒相接。龟兹如此掌握国际通衢的形势，所以汉朝西域统制，选择的都护府所在地便在龟兹或龟兹附近，唐朝新疆支配中心安西都护府，同样立于此一冲要的心脏地区龟兹。

具有重要国际地位的龟兹王国，中国古代文献如《新唐书》称："龟兹，一曰丘兹，一曰屈兹"，其他如屈茨，以及《大唐西域记》中的屈支等，都是同音异字。这个国家，历史上称其国王姓白，但情形却较于阗尉迟王室有些不同，尉迟氏迟至唐朝史料中始有记载，所发现当地记录，非只充分支持，并且推展此王系至纪元一世纪早已开始（指示的便是于阗脱离莎车支配复国，以第二代广德王为全盛期的新王位系统成立此一事实）。龟兹则后汉和帝永元三年（纪元91年），亦即班超出任西域都护期间，虽已有汉朝册立龟兹侍子白霸为龟兹王的史书记载，而今日库车所发现龟兹语文书所载王名，却毫无白氏痕迹，《唐书》中龟兹王也已不囿于必冠白氏之姓。所以，所谓龟兹王白某，后来似乎转变为"龟兹王"的同义字或代名词，意义与康国出身的人冠"康"姓，大月氏（支）出身的人冠"支"姓等习惯相仿。

龟兹王白氏世系是否中断，不比于阗王尉迟氏自一世纪以来的显著延续，固颇有讨论余地，但王权的巩固，则无二致，与汉族中国关系也同样深远与密切。《汉书》对前汉时代龟兹王如何学习汉化的描述，足为代表性说明，到唐朝，王室也仍以汉颁印绶传为国宝。

龟兹国王权威与国家富力，可由国都所具伟大都市规模而见，《晋书》已惊叹"其城三重，中有佛塔庙千所"，以及"王宫壮丽，焕若神居"；《梁书》尤有"城有三城，外城与长史城等，室屋壮丽，饰以琅玕金玉"的盛况说明。晋、梁二书记事，依据都是四世纪后半，五胡乱华与中国佛教史上重要人物之一吕光，于恢复河西凉国独立（后凉）前，以前秦将军身份远征龟兹成功，攻降此城时所亲身见闻。到玄奘西行，《大唐西域记》中又有"文字取则印度，粗有改变。管弦伎乐，特著诸国。货用金钱、银钱、小铜钱。习学小乘教说一切有部经教律仪、取则印度"的详细记载；《新唐书》也说："俗善歌乐，旁行书，贵浮图法。产子以木压首。俗断发齐顶"而"王以锦冒顶，锦袍、宝带"。则此国强大富庶，货币经济发达，佛教隆盛，歌舞音乐成为龟兹人特长，尽可概见。大量寺庙营造与维持，便非雄厚经济基础支持不可。

古代龟兹王国，即今库车（Kucha）县，但国都非与今日县治相当，而经考定，系其东北所残存城壁遗址。此一昔日繁荣都市，后代破坏颇烈，遗物殆无发现，只是散布于周围的石窟寺院，其数量之多，以及内部艺术品的丰富而蔚为多彩多姿，却是佛教美术史上无上珍贵资料，令人刮目相视。

佛教为古代塔里木盆地人民的共同信仰，在南、北道国家中，都受政治上保护而发达的情况也相同。《大唐西域记》称阿耆尼（焉耆）伽蓝十余所，僧徒二千余人；屈支（龟兹）伽蓝百余所，僧徒五千余人，两国均修小乘佛法。瞿萨旦那（于阗）亦伽蓝百余所，僧徒五千余人，则修大乘之法，可见其盛。而须注意者，便是上述佛教教义的北道国家与南道国家不同，前者均以小乘为主流，与后者的大乘佛教，恰成对照，这种分歧，从法显旅行归来所言：疏勒行小乘佛教，于阗习大乘之法，可知四五世纪之交便已铸定。其原因，可能与传播时间迟早有关，此其一；其二，南道寺院建筑于平地，所以今日累被考古界从埋没的沙土中掘出，北道古寺院址，却往往表现为建立于山崖斜面岩壁上的洞窟形式，所谓"千佛洞"，如同敦煌莫高窟一般。

北道洞窟寺群，包括吐鲁番盆地所有，系经德国考察团历次精密调查而名闻于世。中国西北科学考查团黄文弼，也对北道龟兹附近、焉耆附近众多遗迹，以及吐鲁番盆地古墓群的发掘与调查，特有贡献。

古代龟兹或今日库车周围，以断崖凿掘，藏有大量美丽壁画与塑像的石窟寺群，分布情况为：西南二十五公里处的科多拉（Kumtura）千佛洞，西方三十六公里余的魁徐尔（Qyzil 通译克孜克尔）千佛洞，北方约二十公里的色巴西（Subasi）寺院址，东北方约二十公里的吉里稀（Kirish）寺院址与其南阿徐克伊拉克（Acic-Ilak）千佛洞，吉里稀北方五公里余的西西姆（Simsim）千佛洞等。

这些洞窟，大者深四十六尺至六十六尺，高及三十三尺，小者主室广约十六平方尺。主室之外并各附有居住僧侣与诵经的僧院，以及贮藏谷物用仓库，已发现食物种类，则黍、粟、葡萄、豆等。主室与僧院之间，相互从岩石中穿为走廊以联系，走廊上同样分别绘有壁画，这种形式，成为库车千佛洞一大特征。

寺院群中，大规模的代表性遗迹为魁徐尔千佛洞，壁画丰富程度，也以魁徐尔一系列百余窟寺中所存在最为著名，各室黏土壁面迄今强烈呈现鲜艳华丽的彩色绘画。壁画内容一般虽以佛陀赞美图与佛传为主，但题材至为广泛，各各变化，德国考察团便依不同画题，分别命名各窟寺，如："十六骑士窟""财宝窟""孔雀窟"等等。同时壁画侧面又每每绘有寺院建设者与供奉者群像，全然贵族、骑士与贵妇人装束，男子着开襟而刺绣甚美的长上衣，襟上佩豪华宝石，腰系皮带，挂剑，足蹬长靴；妇人服饰相似，惟上衣短仅及腰，下着长而美的褶裙，画中人容貌，又是无论男女，均见长眼、高鼻特征。造形艺术方面，塑像与木雕佛像之外，也有作武士装束的供奉者像出土，着护胸与鳞铠，戴头胄，明显属伊朗式。这些都是研究龟兹美术、风俗、民族史的上好资料，从其人物型状与面貌既得认识古代龟兹人系为雅利安人种，而当时雕刻、绘画之再现于今日，又明了龟兹文化如何吸收印度与萨珊波斯文化成分。

特堪注意，又是魁徐尔"画家窟"内壁画一部分，著名的画家自画像：深目、高鼻，以及西洋构图风格，并签下 Mitradatta 伊朗式名字，然而，画家手中持以作画的，却是中国毛笔。这幅画家自画像，足可视为包括汉族中国文化在内，受多方面复杂因素渗入的龟兹文化代表作品。

古代龟兹蒙受伊朗文化强烈影响，绘画着色之以绿与青为主，又是具体例证。石窟内部圆形顶部，也继承西亚细亚特色，这种形式，以后回教兴起，再构成回教礼拜堂基本格调。

东西文化交汇于龟兹，其附近杜杜阿魁尔（Duldur－Aqur）、沙雅（Shayar）等考古学上遗迹，同样都是例证，前者且被考定便是玄奘《大唐西域记》中所称阿奢理式伽蓝址。陶片、布帛、货币（五铢钱、开元通宝）等都有发现，文书类则汉文文书，流行当地的吐火罗语与粟特语文书等，交互存在。龟兹语为乙种吐火罗语的论证，即系当地出土文书研究成果。

库车一带岩窟寺院，年代大体多属四至七世纪之间，但也有九世纪突厥系回鹘人侵入后的遗迹残留。吉里稀寺院址便是，壁画的构图与色彩，与吐鲁番地方回鹘文化典型寺院址中壁画相类似，可了解库车这一部分寺院，较其他均为后起。

自龟兹再向东，则五大国中的另一国焉耆。唐朝史料说明此国俗同龟兹，尚娱遨，但无压头习惯而只"祝发"。《晋书》称其好货利；《魏书》称其文同婆罗门（印度）；玄奘又谓焉耆社会面之如同龟兹盛行货币经济，两国均流通金钱、银钱、小铜钱。

古代焉耆国正当楼兰、高昌两方面大道的交合点，与其余四大国同样占有东西交通史上要冲的地位。其位置与今日焉耆县（哈喇沙尔 Karachar）相当，但国都员渠城非今日县治，而系其南沙尔丘克（Sorcuq）遗址，城壁尚存，是个呈长方形的都市。当地颇多寺院残址与塑像出土，塑像形式繁多，着伊朗式铠胄的武士尤为闻名，沙尔丘克塑像与库车魁徐尔壁画，因此曾被考古界誉为西域佛教艺术双璧。唐钱、陶片、方砖、汉式镜等，在此焉耆故都均有发现，由于相伴出土的文书类，又被考定此地通行的便是甲种吐火罗语，焉耆独有的方言。

遗址附近残存岩窟寺院遗迹，其装饰与库车附近为出于同一式样与手法，壁画人物也如库车之为西方人容貌，毫无后期回鹘文化与回鹘人形态留存，可认定此处佛迹，均回鹘人移住西域以前所遗留。

古代新疆五大国，鄯善早自五世纪中已覆灭，而接踵又有另一大国兴起，便是高昌。高昌国所在的吐鲁番盆地虽已非塔里木盆地范畴，但政治地理上却仍属新疆大单元，所以新疆可谓始终五大国并存，只是前期鄯善易以后期高昌而已。

高昌在新疆地域中自成一个交通与政治中心，也是新疆接受汉式文化滋润最有成就的一个特殊地区。五世纪中建国初期，《魏书》说明便是"国有八城，皆有华人"，延续约二百年，到七世纪中灭亡于唐朝时，尤已发展为三郡五县二十二城。在此期间，高昌国以强烈表现汉族中国要素与汉式色彩而存在，无异为新疆历史发出特异触目的光辉。

高昌—吐鲁番是个考古界热门的调查研究对象，英、俄、法、日各国考古学家都曾相继莅此。王国前身，车师时代车师前王国国都交河城（今吐鲁番县治西北雅尔和屯 Yarkhoto 遗址），后汉西域长史治所柳中城（今鲁克沁 Lukchun 沃洲）以及高昌时代国都高昌城，均因此再现于今日。诸遗迹中特别著名，古代建筑物与遗物出土最多的，便是高昌国都所在地周围。

高昌国国名由于汉朝戊己校尉高昌壁屯田这一地名而沿用，所以，高昌国都高昌城便是戊己校尉治所，如《唐书》高昌传所说明，《新唐书》变更《唐书》的"王都高昌，其交河城，前王庭也"文义，而称"王都交河城，汉车师前王廷也"，与考古发掘成果不符。高昌古都城址废墟，今日发现于吐鲁番盆地中央，吐鲁番县治东南的哈喇和卓（Karakhojo），四隅城壁迄仍保存，约成二二五〇公尺一边的四方形，用黏土筑成，高一四至一八公尺，城门开于东、西、南各城壁间。城内街道残迹依稀可辨，建筑物有中央王宫址，与各寺院遗迹七十余处残存。寺院之一，乃是被北魏灭亡后河西北凉王族沮渠安周率领大批汉人流亡高昌时所建立，沮渠安周造寺碑记有承平三年（纪元446年）的明确年代，正当高昌王国成立前夕。再参证城东吐峪沟（Toyug）岩窟寺院中所遗纪年晋元康元年（纪元269年）的文件，则此都市址的存续年代，原型便直接上溯到高昌壁时代，也非不可能。

以汉式文化为中心的高昌文化面貌，高昌废城西北附近广大山麓地带阿斯达那（Astana）古墓群尤其具有代表性。墓群依出土遗物年代，可大别之为前期（四世纪以前）与后期（六至七世纪）。前期坟墓副葬品有云气、动物、植物、格子等各式纹样的华丽丝织物、木俑、日用品、陶器，以及描绘高昌贵族汉式生活等的彩色壁画与纸本图稿。后期坟墓副葬品内容更为丰富，陶器、明器、泥像、开元通宝，树下美人图、春乐祭图等绢本绘画，描绘伏羲、女娲交尾图的枢衣等，都是珍贵的历史文物资料。由于这些坟墓的砖类墓表，又足提供为高昌纪年重要依据（年代亘于纪元571年至698年）。

以高昌城为核心的吐鲁番盆地内散在众多岩窟寺院，吐峪沟千佛洞之外，赛吉姆（Sengim）窟院、吉刚克尔（Chichan-kul）寺院址、莫特克（Murtuk）千佛洞等，都与库车附近遗迹齐名。

诸寺院遗址中塑像、木雕、石雕佛像断片，年代较早的，显然系犍陀罗式优秀作品，而时代愈后，便愈见汉族中国独特手法与汉人容貌，绘画亦然。吐峪沟发现绢本断片童形飞天图是一著名例证，意境虽属西方，却已纯然用中国风格描绘。同样以天使为题材的，库车也曾出土属于七世纪左右，舍利容器盖上所绘吹笛童形天使图，而后者便与南道弥朗有翼天使图同型，迥异于童形飞天图。

所以，吐鲁番文化由最初的可能如同北道诸国焉耆、龟兹般立于吐火罗文化系统，随汉族渐渐移住而转向汉化，颇有迹象可循。到高昌国时代，贵族的标准汉式固无论，即使人民亦如《周书》异域传所说明，男子服饰依西域，女子便全然汉式，文字则汉字与西域文字并用，且便以西域语训读中国经书，七世纪中高昌国被编入唐朝直辖领土并置西州，汉族文化要素愈因受到直接影响而发达。惟其如此，再现于今日的高昌汉族文化，乃以唐朝文化为主体，高昌城内残留众多遗迹、遗物，年代在五世纪以前的并不多，多数便属于唐朝西州时代的户籍残页、经史诗文书籍、佛教经典以及唐朝特为流行的道教经典等。

然而，高昌城与吐鲁番盆地固以强烈代表唐朝文化著名，佛教又发达，但同时，外来的摩尼教、祆教与天主教流派之一景教也都盛行，年代则须亘于唐朝势力退出之后。交河城或雅尔和屯寺院群遗址中，祆教与摩尼教的伊朗式建筑物便占相当分量，《魏书》也谓高昌、焉耆"俗事天神，兼信佛教"，其信奉祆教习惯面的广而且深可知。高昌城或喇哈和卓遗址中，同样呈现各种宗教并存的特色，不同宗教、不同语文的经典发现之多，为考古学所重视，特别又是接替唐朝汉族突厥系回鹘到达后信奉为国教的摩尼。回鹘语与粟特语、叙利亚语的佛教、摩尼教典籍、景教诗篇及福音书，多用精美羊皮纸或绢书写，摩尼教经典封面且以华贵刻纹皮革装订，这些书籍残本，都散见于吐鲁番盆地。壁画题材同样非限于佛教，而并及摩尼教、景教，画中又是汉人、回鹘人、印度人、伊朗人，以及如库车、焉耆所见古代说吐火罗语者的面貌俱见。这种东西方文化大会合形势，特堪注意，所代表当即回鹘文化的形成与其所以取代汉族文化。所谓回鹘文化，也从而得知，即以东方文化与西方文化混合为基台，再加浓突厥系民族自身色彩的一种独特文化形式。吐鲁番岩窟寺院固然大体都属回鹘时代以前遗迹，但是，佩在克里克（Dezeklik）千佛洞却独以介绍回鹘期风俗壁画著名，为十世纪前后的回鹘人所营造。

高昌文化由代表典型汉族文化而转变为九至十世纪回鹘文化精髓，背景相同，先后随汉人、回鹘人移住浪潮而铸定，然而，效果却大不相同。唐朝原以高昌为进出西域垫脚石，后来西域支配中心移至龟兹后，龟兹周围虽也因政治、军事因素以及若干汉人移住，汉式生活与文化曾影响当地居民，所以八世纪慧超《往五天竺国传》，有当地僧人习小乘法，而汉僧则修大乘的报告。七至八世纪时汉文文书又一直散布到撒马尔罕东方今日塔吉克领地的木格（Mug）山城遗迹所发现书写于纸、皮、木等材料的八一片文书中，伊斯兰语一、突厥语一、中国语八，余均粟特语①，了解中亚细亚亦有汉人留居。但这种陪伴政治原因的移住与文化移植，效果并不稳定，待唐朝势力衰落，吐蕃人乘机自西藏北进，突厥系回鹘人又跟踪越过天山南下，汉族文化痕迹立即自中亚细亚—新疆退隐。

　　九世纪回鹘人整族自北而南，与自东而西的汉人路线相一致，以确立吐鲁番回鹘势力为踏脚台，高昌城便是回鹘高昌国国都，以及回鹘人政治、宗教、文化的中心。从此，即使汉族文化在新疆的据点，汉人对高昌长达十个世纪努力培植的成果也都摧毁，吐鲁番改属如今日所发现以回鹘语翻译佛教、祆教、摩尼教、景教等经典为代表的回鹘文化体系。迨吐鲁番回鹘人继而向新疆全域大行进，新疆整部历史便必须随同另掀新页。这种九至十世纪时代所引起的激变，民族方面，固使新疆自雅利安时代转入突厥时代，直接形成今日维吾尔（汉文回鹘的同音异字）民族在新疆居民占压倒多数的现象。文化方面，回鹘文化也遍布到塔里木盆地每一角落，继之，又自佛教与摩尼教时代推移到如今日所见的回鹘时代。新疆古代文化至是全行衰亡，文化博览会一变而为历史博物馆。

---

① 平凡社版《世界考古学大系》9. 北欧亚大陆·中亚，第 80 页。

东西方文化·商品交流的早期形态

中国对西方关系从混沌到开朗

对于中国,纪元前二世纪是个伟大的时代,第一次有能力突破自然地理障壁,由孤立而进入世界圈。相反方面,也使东方—中国文明第一次冲击世界,以及由此泉源发扬的优秀文化精神,向世界人类提供其伟大贡献。

没有疑问,无论古今中外的任何一个时期或任何一个国家民族,绝对孤立为不可能,古代人类播迁移动范围之广,以及远距离间相互影响力量之巨,也非今日文明世界所能想象。因此,中国人在历史时代开始以前,是否已与世界其余地区有过接触,并作若干程度的文化互通?今日虽无法肯定,却也不能否定。

中国自古流传两个名词。其一,系在位时间被推算到纪元前廿七世纪,传说中汉族始祖与国家最早建设者黄帝的西巡"昆仑","昆仑"其名,又由于收入传说中纪元前廿二世纪大禹命其臣益所记的《山海经》而盛传于后世。其二,同样出现于《山海经》的所谓"西王母",到被指为纪元前十世纪周朝史臣所记的《穆天子传》中,又给予周穆王升昆仑之丘与宾见西王母以系统性描述。今日若干历史学者,便往往以之与伊朗连接一起,因此谓汉族足迹,在上古便已到达了西亚细亚。这些传说都没有令人满意的证据,事实上,《山海经》与另一部述及昆仑与西王母的著作《竹书纪年》,同系三世纪后半晋朝时代人,从一处考定为战国魏国君主的古墓中掘出之物,代表的乃是战国思想。其他很多有关"昆仑"与"西王母"事迹的古籍,如《尚书·禹贡》、《尔雅》等,今日同被了解,都是战国时代作品,换言之,这两个名词出现与流行,最早不能超过纪元前五世纪以来的战国时代。则故事产生的背景也便可以明了,乃是汉族初形成期,以及他们开始向四面八方展开大活跃时,对未知地、人的虚构与想象,意义系代表了遥远地方,以及遥远地方的人。

问题倒是为什么有此想象？想象的涵义而且非常重要，这便证明了纪元前五世纪以来，汉族已必然与西方世界发生若干接触，并因此憧憬于一个更远更广大的世界，这个世界，又仍是西方。

战国时代汉族已与西方世界实际存在接触，从导入至为明显且有线索可循的外来文化因素可知，当时所接受外来文化，特别表现于军事改革与艺术方面为强烈。骑马战斗技术急速发展以及中国传统军队编组主力战车的被淘汰，"以革为甲"改良为轻快小鳞片连贯串成的铁制锁甲，都蒙受西徐亚文化影响。

关于艺术，写实与象征自由、活泼、战斗、怪奇的动物纹图饰，也随骑术传入中国。中国向来以庄重、整齐、调和为特征的殷周式样一变而为战国式样，再到汉朝发达至顶点，凡铜器、金石、漆器、陶器，以及织物上，均有表现。希腊式植物图案，西徐亚文物中与动物纹样兼收并蓄，共同形成其丰富内容，而这种动物图案的植物图纹，非只见诸内陆亚细亚各地，汉朝同样盛行，此类植物图案因素的开始传入中国，时间上同须追溯到战国时代。

另一事实，纪元前二世纪中国第一个到达中亚细亚的冒险家张骞，在大夏曾见到中国四川所产的布与竹杖出现于市场，则愈可明了，当张骞以前，中国与西方间必然早有了来往，虽然对这些商品的如何来以及如何往，今日仍感茫然。所以，一个结论是可以成立的：古代汉族与西方，虽然纪元前五世纪左右可能已发生接触，但接触仍不过偶然的、断续的，或者间接的，所存在文化与商品交流的痕迹，也仍是无意义的。简言之，一种缓慢、不稳定的流通，以及辗转而得的输入或输出。

其间原因，地理环境的限制当属最大，便是说，自黄河流域向西，有着一道足够构成为障壁的新疆广大地区阻隔其间。

新疆与古代"中国"间附会的传说固不可靠，但以古代特为名贵的"玉"为例，《管子》所谓"北用禹氏之玉，南贵江汉之珠"，"因之珠玉为上币，黄金为中币，刀、布为下币"。以这些古代残存迄今的玉器调查，可以发现，制造材料大部分便属以古代于阗国今日新疆和田县为世界唯一产地所出产的软玉。然而，给付之名却又为"昆仑之玉"，或者，以月氏转手而称为"禹氏之玉"，则明显说明古代中国的早已应用新疆产物，却对新疆一无所知，沙漠，相信便是隔绝双方相互间直接关系的症结。

克服沙漠障碍并非轻而易举之事，汉族于其前身时代，从未进入这个非汉族环境，从而也无从再往西去，一个世纪又一个世纪，中国的西方发展只得徘徊于黄河流域与黄土地带边缘。必须纪元前二世纪汉朝这个伟大时代来临，由于匈奴巨大力量推动，乃得导引中国突破历史藩篱的新疆，跃入了广大的西方世界。惟其如此，中国到汉朝，才是真正澄清对西方神秘而模糊概念的开始，真正认识了西方，中西交通与中国—西方文化交流，自此在历史上有了明确足供考证的系统性脉络可循。传说，以及猜测的时代，至是全成过去。

同时，中国文物流传于汉族环境之外而今日考证属于汉朝以前的，见之于西方，也待游牧民族兴起后的媒介，然后又是汉朝开通西域，中国文化与中国文物乃畅开西传之道。特别关系到匈奴，因而今日沿北方欧亚大陆古代草原大道所发现中国遗物的分布已很多①——

镜鉴：纪元以前，年代经考定属于战国以至前汉时代的中国青铜镜，除了向朝鲜、日本、中南半岛等中国文化直接波及地区传播之外，并已流传新疆、蒙古，以及西伯利亚明奴辛斯克地方与图木斯克（Tomsk，鄂毕河岸）方面。见之这些地域内的仿制品，亦颇丰富。更向西方，乌拉山东麓图博（Tobol）河流域发现的精白镜，北高加索方面出土的铅华镜等，都属之。汉朝以后的古镜与其仿制品，则分布愈为广泛，蒙古、南西伯利亚、中亚细亚托克马克（Tokmak，楚河上游）方面，以及伏尔加河下流域、北高加索，各处都有发现。

汉式弓：自汉朝以至魏晋，汉族所习用弓的式样，与北方欧亚大陆一般游牧民族所使用短小的弯弓不同，而为比较大型的长弓，弓背两端用以扣住弦的弭，其凹孔又都附属特殊骨制品为特征。这些汉式弓的骨制品，非只发现于朝鲜、中国东北、新疆，也在西方的伏尔加河下流域及匈牙利等地，出土颇多。这个事实，曾被解释为匈奴西迁时所挟带遗留。

---

① 伊濑仙太郎《世界文化交流史》第66—69页。

玉具剑：中国名贵古剑所带有玉的部分，克里米亚与北高加索都有出土，各各呈现云气纹与龙的图案等浮雕。仿制品又分布于伏尔加河流域与其支流卡马（Kama）河流域，以及南俄。依陪伴出土的遗物年代推定，这些玉具剑大体均属三至四世纪期间之物，考定与汉式弓系同时流传西方。

匈奴式铜容器：这类由西徐亚式铜容器接受中国青铜器影响而发生变化，以器体呈深钵形，双耳作门字式为特征的铜容器，甚多出土于蒙古草原、阿尔泰地方、伏尔加河流域、卡马河流域、西乌拉、南俄顿河流域，以及匈牙利。

丝织品：考古发掘所知，凡汉朝文化波及地区，必有汉朝丝织品发现，蒙古诺颜乌拉，朝鲜乐浪古墓群、楼兰，都是特别著名的例证。而这类丝织品断片，同样于明奴辛斯克地方与南俄发现。丝织品非此铜容器或玉器，为容易腐烂，所以，依今日已发现者推断，以匈奴为中介而流往西方的汉锦与丝织物，当时数量一定非为少。

外国通商·外国商人

最早推动中国进入西方世界，以及导引东方文明融合西方文明的力量，乃是匈奴。匈奴统一亚细亚大陆沙漠、沃洲地带而形成古代世界史无前例第一个游牧大帝国，非只自身代表了人类文化史上无比光彩，更担当了古代东西文化传播与媒介的巨大责任。这个空前游牧大帝国活跃于欧亚大陆，并剧烈压迫汉族中国的结果，迫使汉族中国不得不下大决心反击，而有纪元前二世纪张骞向西方未知世界探索，以及与匈奴共争西域之举。从而汉族中国向来茫然的天地豁然开朗，中国—西方相互间文物如拉起了水闸时洪流的奔放，中国从这个时代，才正式揭开了与西方关系文献的第一页。

汉朝与匈奴争夺包括中亚细亚及新疆的所谓"西域"，原未附着与西方贸易通商的意义，尽管中国博有世界性美誉的特产品丝，系由匈奴转手输往西方市场，尽管匈奴以掌握国际贸易权，经济利益丰润而匈奴国势益益庞大，尽管落入匈奴支配圈的中亚细亚与新疆在东—西贸易交通上占有重要地位，古代商队往来都须利用这个四通八达的交通枢纽地带，然而，张骞以前，汉族却从未知晓这些。他们对西方的认识是架空与悬虚的，所以他们对于开始闯入西方世界称为"凿空"。而其动机，则单纯在于对抗匈奴，试图所谓"断匈奴右臂"，完全出于政治与军事的目的，与贸易毫无关系。

但待汉朝对北方游牧强敌匈奴赢得胜利，转捩也便开始，陪伴与"西域"国家间政治使节的活跃，以及皇室因了解西方而对西方奢侈品所发生的兴趣，中国与西方间交通、贸易，乃逐渐兴盛。甘肃西端新建著名的玉门关，可能便因明了了玉的产地及其输送路线而命名。到这个阶段，中国对"西域"便染上了浓厚商业色彩，换言之，汉朝对西方贸易，最初只是强力政治与军事活动下的副产物，发展成独立活动，须待稍后。

纪元前二世纪后半东西交通敞开后所出现欣欣向荣的国际贸易，及自张骞第二次出使返国不久汉朝便已开始向西方派出大队商旅的盛况，当时著作中有生动报导：

> 初置酒泉郡以通西北国。因益发使抵安息、奄蔡、黎轩、条枝、身毒国。而天子好宛马，使者相望于道。诸使外国一辈大者数百，少者百余人……汉率一岁中使多者十余，少者五六辈。远者八九岁，近者数岁而反。（《史记》大宛列传）

> 孝武之世……天下殷富，财力有余，士马强盛。故能睹犀布、玳瑁则建珠崖七郡，感枸酱、竹杖则开牂柯、越嶲，闻天马、蒲陶则通大宛、安息。自是之后，明珠、文甲、通犀、翠羽之珍盈于后宫；蒲梢、龙文、鱼目、汗血之马充于黄门；巨象、师子、猛犬、大雀之群食于外囿。殊方异物，四面而至。（《汉书》西域传赞）

中国对西方早期所进行贸易方式，从上文"使""使者"，以及每批团体中参加者至少百人以上，可获得明晰印象，都属政府贸易性质，换言之，汉朝初期，西方贸易权独占于政府手中。

这些"使者"成分，则《史记》大宛列传的说明："自博望侯开外国道以尊贵，其后从吏卒皆争上书言外国奇怪利害，求使。天子为其绝远，非人所乐往，听其言，予节，募吏民毋问所从来，为具备人众遣之，以广其道。……言大者予节，言小者为副，故妄言无行之徒皆争效之。其使皆贫人子，私县官赍物，欲贱市以私其利外国。"可知素质并不齐整，而且多的是无赖之徒，系"求使"者求利，而皇室满足物质欲望的相互需要下产物，中间还夹杂了地方官的投机。简言之，商队中殊少真正具有商人身份者在内，亦非募集正当商人以及正常的追逐商利行为。

如上现象，与前汉时禁止平民旅行的西域政策，以及武帝以来对商人势力强力压制的经济政策，都有关系。迨经过王莽政变而后汉重建汉家政权，情形便起了变化，专卖制度取消，民间商业经营范围不再加以限制，自由经济成为这个时代最大特色。同时，平民进出西域禁令也告解除，如前汉西域市场开拓期间大规模使者派遣（官营商队）的清况，到后汉时代已从记录上显著减少，所替代都是"贾""客"来往与存在西域的记载，如《后汉书》班超传所谓"吏士贾客千四百人"等，都是。

所以，中国与西方间贸易的纳入正轨，应自后汉开始，而非前汉。也便自这个阶段而交通愈形密切，贸易热进入空前高潮，中国原料物资或产品都得在外销供求的需要下，愈益打开国外市场。同样的原因，也除中国商人西行之外，愈吸引外国商人，所谓"胡商"的前来中国。

遥远的西方商人编成商队，经长距离而在中国所作商业接触，其活动范围，堪注意也自后汉时代而延长到汉族中国心脏地带与其国都洛阳。《后汉书》梁冀传的一段记载，谓二世纪中梁皇后的哥哥梁冀，在洛阳郊外起有周围数十里的兔园，园中所饲"兔刻其毛以为识，有犯罪者罪至刑死。曾有西域贾胡不知禁忌，误杀一兔，转相告言，坐死者十余人"，便证明西方商人足迹的抵达洛阳。《后汉书》乌桓传另有一段二世纪前半的记录："乌桓寇云中，遮截道上商贾车牛千余辆"，这些商贾是到达中国的外国商队？抑自中国出发的中国商队？虽未说明，但载运物资车辆数量，仅仅一次已逾千辆，又足够表现当时国际贸易的发达与其规模之巨，与《后汉书》西域传论"商胡贩客，日款于塞下"的商人活跃写照，可两相对照。今日汉墓中出土面貌服装如"西域"人的胡俑累累而见，再可了解，胡奴可能也便是当日商品之一。

外国人官方式访问中国国都，史书中也有如下记录：

国家	王名	遣使到达中国国都年份	贡物
大月氏		后汉章帝章和元年（87年）	珍宝、扶拔、师子
安息		后汉章帝章和二年（88年）	师子、符拔
天竺		后汉和帝时（89—105年）	（数遣使贡献）
安息	满屈	后汉和帝永元十三年（101年）	师子、条支大鸟
大宛		后汉顺帝永建五年（130年）	
天竺		后汉桓帝延熹二年、四年（159、161年）	（频从日南徼外来献）
大秦	安敦	后汉桓帝延熹九年（166年）	象牙、犀角、瑇瑁
大月氏	波调	魏明帝太和三年（229年）	
大宛	摩之	晋武帝泰始六年（270年）	汗血马
大秦		晋武帝太康五年（284年）	
康居	郫鼻	晋武帝太康八年（287年）	善马

非以商人身份到达中国国都，而系官方贸易的所谓"遣使朝贡"，发展到南北朝北魏时代，《魏书》帝纪历年列举西域国名尤为洋洋大观。计：车多罗、西天竺、舍卫、叠伏罗、疏勒、婆罗捺、乌苌、阿喻陁罗、婆不仑、陀拔罗、弗婆提、斯罗、哒舍、伏耆、奚那太、罗槃、乌稽、悉万斤、朱居槃、诃盘陁、拨斤、嚵呋、朱沴洛、南天竺、持沙那、斯头、车勒、阿钩、婆罗、半社、可流、伽比沙、于阗、罽宾、胡密、步就磨、忸密、槃是、辛豆、那越、拔忸、弗菩提、干陁、咃波罗、伽秀沙尼、婆比、幡弥、比地、乾达、阿婆罗、达秀越、伽使密、不流沙、嚈哒、波罗、莫伽沙、移婆仆罗、俱萨罗、舍弥、罗乐陁、难地、伏罗、佐越、费实、波斯、龟兹（参阅本节末附表）。

与往返频繁的交通与交易现象相配当，又是西方商人从进入中国内地而渐渐演进至于长期居留中国，《洛阳伽蓝记》关于六世纪初北魏国都洛阳的描述，指出当时洛阳居民共十万六千户，而在郊外专辟外侨居留地区，"永桥以南，圜丘以北，伊洛之间"经常居留的外国侨民，不计东、南、北方，仅只西方国籍，从该书"自葱岭已西，至于大秦，百国千城，莫不欢附。商胡贩客，日奔塞下，所谓尽天地之区已。乐中国土风，因而宅者，不可胜数。是以附化之民，万有余家"的说明，可见其概况。这个一万余家的数字，堪注意对洛阳人自身已占十与一比例，随二、三世纪所掀起佛教译经运动而东来的外国僧人，尚未统计在内。而洛阳外国僧人数字，《洛阳伽蓝记》形容为"房庑连亘一千余间"的永明寺中，又已有"百国僧人三千余人"之多。

洛阳繁华，中西贸易发达固有关连，但繁华主因，仍在于其为全国政治、经济中心。纯因国际通商以及贸易市场扩大推展，而演为繁荣地区的，当推纪元前二世纪始加入为汉族中国领土，以及历史上连接汉族中国与西域的枢纽地带河西地方。

河西原系以军事地位著名的地区，附加强烈经济色彩，以及四至五世纪汉族中国北方展开空前未有大分裂局面时当地政权切离中央独立，其最大条件，便站立在西方贸易利益上，及所占东西交通的优势地位。历来汉族商人向西方供给中国货物，以及西方货物逆方向由西域商队输入中国，莫不都仰给于这个地区转运，换言之，世界性贸易的东方起讫站。同时，河西自古胡、羌、汉人杂居，前、后、南、北、西五凉国相继代兴时代，前后君主便有汉人或鲜卑、匈奴、氐羌人的不同。迨与西方维系紧密通商关系，更吸引众多西域人居留，《隋书》食货志（币制条）说明六世纪北周时代"河西诸郡，或用西域金银之钱"，这种形势，对河西繁华又构成为莫大助力。

河西地方，当汉族中国北方全域混乱时期，因国际通商而反形特殊繁荣的景况，及其国家财富蓄积雄厚的程度，《晋书》张轨传说明前凉时开始营建的凉国首都姑臧城，华丽宫殿与楼阁被形容"饰以金玉，穷尽珍巧"，足为代表。五世纪前半黄河流域割据形势逐渐回复统一时，五凉国中最后存在的北凉结局，其"切税商胡，以断行旅"（《魏书》沮渠蒙逊传），因此也被新兴中心势力北魏列为罪名之一而予灭亡。关于其时凉国与姑臧的殷富，以及所接触外国商人与其眷属之众，《魏书》保留如下诸条记录：

> （北魏）收其城（姑臧）内户口二十余万，仓库珍宝不可称计。（世祖纪）
> 其国（粟特国）商人，先多诣凉州贩货，及克姑臧，悉见虏。（西域传粟特国条）
> 分略诸郡，杂人（西域诸国人）降者亦数十万。（世祖纪）
> 徙凉州民三万余家于京师。（沮渠蒙逊传）

则显然可知，姑臧名副其实已表现为一个国际性大都市，古代东方的通商大埠。其地位，等于今日上海或香港，区别只在今临海洋，昔当陆道。

同样的情形与同样的原因，并可见之狭义所称"西域"的新疆，特别是位置正当东西交通大道上的各个国家。这些国家因系交通要冲而国际贸易发达，再因这个背景而跃登"大国"之列。

新疆国家商业立国特性的表现，高昌是显例。高昌国政治上接受游牧外国指导，经济上提供的便是商税，《隋书》高昌传"铁勒恒遣重臣在高昌国，商胡往来者，则税之送于铁勒"的记录，可为明示。《魏书》说明五世纪时高昌、龟兹等国，除了田地状况之外，又均录有以银钱征税的报告，凡当地已脱离土地关系的商人与手工业者，缴纳税款都限于使用钱币，则新疆国家金属货币流通与货币经济盛行，足够反映当时商业发达的一般现象。

新疆人民财富聚积源于商业收益，以及国家财政的赖于商税为主要，到唐朝支配而愈明显。《新唐书》西域传阐述安西都护府统辖西域四镇之一，原十姓可汗居碎叶镇的地位由焉耆替代时，谓："诏焉耆、龟兹、疏勒、于阗（所谓'四镇'）征西域贾，各食其征，由北道者轮台（庭州三县之一）征之"，则唐朝西域经营的财政基础，可注意又便仰给于对往来商胡的征收通行税。

与南朝间	西域国家遣使贡献年份		与北朝间
天竺	宋元嘉五年（428）		
		（435）魏太延元年	粟特
		（437）魏太延三年	悦般、粟特、乌孙、破洛那、者舌等
		（439）魏太延五年	遮逸、粟特、破洛那、悉居半等
		（444）魏太平真君五年	粟特
		（447）魏太平真君八年	遮逸
		（448）魏太平真君九年	悦般
		（449）魏太平真君十年	破洛那、员阔等
		（450）魏太平真君十一年	颇盾
		（451）魏正平元年	破洛那、罽宾、迷密
		（452）魏兴安元年	保达等
		（453）魏兴安二年	罽宾
		（454）魏兴光元年	于叱、万单等
		（455）魏太安元年	遮逸、波斯等
		（456）魏太安二年	嚈哒、普岚等
		（457）魏太安三年	粟特等
		（458）魏太安四年	居常
		（460）魏和平元年	居常
		（461）魏和平二年	波斯
		（462）魏和平三年	悉居半等
		（464）魏和平五年	吐火罗
		（465）魏和平六年	破洛那、普岚
天竺	宋泰始二年（466）	魏天安元年	波斯等
		（467）魏皇兴元年	普岚、粟特
		（468）魏皇兴二年	悉万斤、波斯等
		（473）魏延兴三年	悉万斤
		（474）魏延兴四年	粟特
		（476）魏承明元年	波斯、悉万斤
		（477）魏太和元年	西天竺、叠伏罗、员阔等
		（479）魏太和三年	粟特、叠伏罗、员阔、悉万斤、那洛破等
		（480）魏太和四年	悉万斤
		（487）魏太和十一年	悉万斤
		（491）魏太和十五年	悉万斤
		（502）魏景明三年	罽宾、乌苌、悉万斤、朱居槃、南天竺等
中天竺 北天竺	梁天监二年（503）	魏景明四年	南天竺
	梁天监三年（504）		
		（507）魏正始四年	叠伏罗、悉万斤、南天竺、伽比沙、嚈哒、波斯、吐火罗等
		（508）魏永平元年	南天竺、罽宾

与南朝间	西域国家遣使贡献年份	与北朝间
	（509）魏永平二年	胡密、忸密、悉万斤、嚈哒、薄知、波路、叠伏罗等
	（510）魏永平三年	乌苌等
	（511）魏永平四年	乌苌、嚈哒、朱居槃、波路、叠伏罗、迦使密等
	（512）魏延昌元年	嚈哒
	（513）魏延昌二年	嚈哒
	（514）魏延昌三年	南天竺
滑国（嚈哒）	梁天监五十年（516）	
	（517）魏熙平二年	叠伏罗、罽宾、波斯、嚈哒
	（518）魏神龟元年	嚈哒、波斯、乌苌
	（519）魏神龟二年	嚈哒
滑国	梁普通元年（520）	
	（521）魏正光二年	乌苌、波斯、居密、伏罗波斯等
	（522）魏正光三年	
	（524）魏正光五年	嚈哒
滑国	梁普通七年（526）魏孝昌二年	叠伏罗
	（530）魏永安三年	嚈哒
	（532）魏永熙元年	嚈哒
波斯	梁中大通五年（533）	
滑国、波斯	梁大同元年（535）	
滑国	梁大同七年（541）	
	（546）西魏大统十二年	嚈哒
	（553）西魏废帝二年	嚈哒、波斯
	（558）周明帝二年	嚈哒
	（564）周保定四年	粟特
	（567）周天和二年	安息
天竺	陈太建三年（571）	

世界性丝贸易与国际交通

中国西域事业，以后发展成唐朝般事实的背景，当有充分认识的必要。

古代世界通过河西—新疆的东西方长距离贸易，堪注意输出与输入项目，都是容积小、重量轻、价值高而又耐久的商品，换言之，奢侈品交换乃是远地通商原则。《三国志》魏书引《魏略》曾详细登记大秦国珍异奇物三大类数十种名单，《后汉书》西域传则予简化转载，即：第一类，各色珠宝、金刚石、珊瑚，以及罗马制作精良的玻璃器具；第二类，羊毛制精巧毛毯等各种织物；第三类，各种香料。如上云云，可知非全属当时称大秦的罗马或地中海地区产品，毛织物以伊朗与中亚细亚出品最著名，香料则与佛教有关系，产地系印度。所以，中国史料所录大秦商品，实际应是中国自西方世界输入商品的概括，这些货物种类在亚洲市场到处都受欢迎，中国进口贸易，也不例外。其中，除了佛教流传后盛用香料主要经由海道以外，凡西方奢侈品，源源而来的途径便多从通过新疆的陆上交通大道。还有，便是奴隶、歌女、乐工、魔术师等宫廷与贵族阶层娱乐享受点缀，以及出于好奇或特种目的所需的动植物之类输入。

中国对外输出，陶器、镍、贵金属、漆器、铁制品，以及药用植物等都很有名，尤其丝，以及加工成品的各种高贵华丽丝织品。随了养蚕在中国石器时代已发展为独特产业，以及周朝以来染织方法发达的趋势，成为中国贸易品畅销国外的代表。早自纪元前二世纪，中国史料已记录西域各国"贵丝缯"，从新疆以迄地中海，都是广大市场，特别在地中海世界的受到欢迎。也惟其西方人爱好中国丝，便愈对中国丝生产业发生新的刺激作用，愈广阔了丝贸易热潮。

世界性丝贸易起源之早，利润之厚，以及输出范围之广与远，从纪元前四世纪希腊人著作中已知"丝"字，以及《史记》货殖列传："乌氏倮畜牧，及众斥卖，求奇缯物，间献遗戎王。戎王什倍其偿，与之畜。畜至用谷量马牛。秦始皇帝令倮比封君，以时与列臣朝请"的所举范例之一，可以了解，中国丝缯至迟战国时代已为西方人认识，以及引起莫大兴趣。当时，丝贸易由以匈奴为主的"戎"中继，换言之，因北方游牧民族转手而到达黑海与地中海，迨汉朝打通西域大道，以及自此以后对西方贸易热有增无减，丝便改经沃洲国家转手，愈大量向西方世界输出。

丝从古代世界唯一产地中国运往地中海地区的数量与价值，中国史料说明贫乏到几乎没有，只如《三国志》魏志引《魏略》："大秦（罗马帝国）常利得中国丝，解以为胡绫"，以及《周书》异域传记载北周于纪元五五三年，曾在吐谷浑一次虏获"商胡二百四十人，驼骡六百头，杂彩丝绢以万计"之类记录。但这仅表示外国商队如何活泼展开丝交易，以及笼统性获致价值巨大的印象，贸易的究竟情况，仍未交待。幸而相对方面，丝贸易终站以及中国丝外销最大市场，继希腊而兴的罗马，遗下了具体的文献资料。

罗马兴起，与中国的西方大道成立差不多同时。罗马富庶与罗马贵族生活的豪华奢侈，闻名于古代世界史，而丝的质地轻软、精致、光泽、透明，较其他任何织物都属上品与充满诱惑力，正能满足他们的消费欲望，因此大受欢迎。中国丝也愈到后来愈畅销罗马市场，成为最时髦又最高贵的衣料，尤为妇女们所嗜好。如此半透明丝质薄衣，妇女穿了等于裸体的不可抗拒性魅力下，发展到三世纪 Aurelianus 帝时代，丝在罗马已与黄金等价，其珍贵如此，而罗马人对丝的渴望与追求依旧。抑且，以宫廷为中心的上流阶级对丝热爱度，终局影响到社会各阶层。纪元三八〇年左右的记载，罗马人穿着丝织物已无贵贱之别，即使最下层平民亦已同一趋向①。

四世纪末罗马帝国东、西分裂，东罗马建都原称拜占庭（Pyzantium）而新定名的君士坦丁堡（Constantinople），虽然较接近东方，丝价却因自中国产地输出后一再转手的过程不变，昂贵如旧，特别由于萨珊波斯居间几乎形成丝贸易独占式中继状态。五世纪时，东罗马终不得不对丝的输入，予以国家统制，与萨珊波斯协定，在两国国境指定丝交易都市，由罗马官方向波斯商人购入，统筹供应国内需求。但迨六世纪，萨珊波斯的嚈哒压迫以突厥兴起而解除，国势到达最隆盛期，拜占庭帝国或东罗马帝国于六世纪同样进入黄金时代，被誉为中兴罗马帝国，纪元五四〇年，罗马—波斯间便因此爆发战争而丝贸易中断。于是，世界史上出现东罗马—西突厥携手的大事，纪元五六八年及其次年，两国使节互访君士坦丁堡与楚河岸的突厥可汗庭，东罗马摆脱萨珊波斯垄断与剥削，直接与西突厥间进行丝的输出入交易。

---

① 取材自文艺春秋版《大世界史》9. 护雅夫《绢之道》，第66—67页、第86页；《大世界史》3. 植村清二《万里长城》，第314页。

所以，丝的通商关系，对罗马而言，无论国内或国际，都发生重大影响。而通过萨珊波斯或突厥支配下粟特地区两大丝贸易中继站，大规模进行东西方通商的交通大道，便自张骞"凿空"而开通。这是中国自纪元前二世纪开展西方事业进入黄金时代以来，随同对人类世界所提供最大业绩与贡献之一。

横亘欧亚大陆东西两端的国际通道，原非只汉朝所开辟中国至地中海东岸的一线而已。古代欧亚大陆北方的游牧文化传播路线又是，这条由古代游牧民族开辟的东西联络通道，成立期较张骞时代早得多，东方自蒙古高原或阿尔泰山地出发，通过哈萨克斯坦，沿里海、黑海以北止于克里米亚半岛希腊殖民地范围，而与西方商人接触；或者，再沿黑海西岸南下，到达君士坦丁堡所在的希腊人殖民地，以及希腊本土。通道正体大部分存在于广大草原地带，无高山沙漠险阻，沿途一望无涯的茂盛水草，最适宜商队车马驰骋，因此得领先出现于人类世界。今日克里米亚古代希腊人殖民地遗址中所发现残丝留存，通运之道便经由北方草原，经手人亦即游牧民族。这条路线，据纪元前五世纪希腊历史家所述，早在纪元前七世纪便已知晓，至是而创为"草原之道"的名词，流行于今日历史界。

相对方面，因张骞"凿空"而成立，经由内陆沙漠边缘，从沃洲到沃洲通往西方的交通大道，历史界便名之为"沃洲之道"。

"沃洲之道"的兴起，非只意义上与"草原之道"分庭抗礼，也从实质上替代了草原大道原在国际形势中的重要性。大规模商队组织往来与商品通运，都转移到这条交通线上，利用价值压倒草原大道，即使游牧民族也不例外，突厥便是著名例子。旧乌孙之地，今日吉尔吉斯境交通要地托克马克（Tokmak）附近突厥可汗庭，选择地点便是草原之道与沃洲之道会合点，突厥与东罗马间和平通商，又促成了突厥武力与中亚细亚粟特人商业天才的结合，出现为粟特商人庇护于突厥势力下大活跃现象，奉派至拜占庭向罗马皇帝 Justinianus Ⅱ 呈递国书的突厥使节，也便是粟特人[①]。

纪元前二世纪与汉朝西域交通线开辟同时，今日南洋而当时所称"南海"

---

① 文艺春秋版《大世界史》9. 护雅夫《绢之道》，第102、96页。

与西域并列，南海海上交通，因此也与西域陆上交通差不多时间开端。自南海郡（今日广州）或日南郡（今日越南中部）为起讫点，迂回马来半岛，连接亚历山大大帝广大支配网分解后，埃及 Ptlemaeos 朝与西亚细亚 Seleacus 朝出发于东方贸易热忱，却因大夏、安息各国独立，陆上交通权被夺而另行成立以印度为主要贸易对象的"海上之道"。尤其纪元以后，罗马商船已知利用季节风直航印度洋，他们从地中海与埃及，出红海，经由阿拉伯海，以与伊朗、印度频繁展开包括丝在内的海上交易盛况，中国文献有如"（大秦）又常利得中国丝，解以为胡绫，故数与安息诸国交市于海中"（《魏略》西戎传），"（大秦）与安息、天竺交市于海中，利有十倍"（《后汉书》西域传）的特笔大书。

但长距离海上交通有其不可避免的缺憾，第一是海洋风险太大，第二则地中海与南海间必须绕道，不能如陆上交通的较为安全与便捷。商品经由沃洲之道横断欧亚大陆，虽有重重通行税与中继贸易利润盘剥，售价不得不愈远愈高，却毋须顾虑危险性，这又是海上之道尽管与沃洲之道同时成立，功能上仍有主、辅区别的原因。必须宋朝，尤其十五六世纪"地理上大发现"时代来临，国际交通乃再起变化，天文学的发达，航海术的进步，以及造船技术的改良，都构成海上交通急激发展与商船队大活跃因素，南海特产物品与中国珍宝大量廉价输出西方。印度洋交易独占性形成，沃洲之道价值于是相对下降，昔日陆上繁荣景气不能继续维持，原先"沃洲之道"接替"草原之道"交通地位，近代又被"海上之道"再替代。相配合的，工业革命后欧洲商品与所挟带西方文化，汹涌冲击东方，早期东方热与东方向往的现象一变。

惟其如此，今日所见西风压倒东风，乃是近代海上之道所形成，在于昔日，沃洲之道却是东风压倒西风。并行共同维系古代欧亚大陆东西两端的三条国际交通大道：北方草原之道、中央沃洲之道、南方海上之道中，也以沃洲之道为主体。沃洲之道于纪元前二世纪以后漫长岁月间，一肩担当"东"与"西"之间经济文化的交流、融合，以及变容，博得人类文明史上不朽令誉。到十九世纪，这条沃洲交通线再被德国地理学家李奇霍芬（Baron Von Richthofen）定名为"丝道"（Silk Road），一直沿用迄今，最能说明中国的丝如何重大影响古代世界，以及代表古代东方文明与西方文明会合携手的名词。

古代世界东西大动脉——"丝道"

横贯中亚细亚、伊朗高原的东西交通大动脉丝道，如果由西方地中海世界出发，大抵经由小亚细亚通过伊朗北部，渡锡尔河上流向东行，穿越帕米尔高原而到达新疆塔里木盆地；或者，于中亚细亚向西北方迂回，出锡尔河上流，逾天山山脉入中国世界。然后，于中亚细亚分岔的两道再汇合于敦煌，经河西走廊至长安或洛阳。所以，丝道明显的可区分为东西两个部分，而以亚洲心脏地区中亚细亚为连接点，中国人力量所开辟，实际也专在中亚细亚以东的狭义"西域"部分。中亚细亚以西，早自纪元前四世纪随这些地区的成为希腊人殖民地而已建立贸易通道，希腊人势力到达大夏、大宛为止，通商路线因此也以中亚细亚为终点，跟踪逆方向张骞"凿空"与汉朝中国征服新疆—中亚细亚，便适时、适地予以连接。惟其如此，丝道畅通的正确意义，乃是中国政治军事上西方战略大道接通亚历山大大帝时代的希腊人东方通商大道，也因而丝道强烈显现了其"贸易"特性。

须注意的，丝道路线，并非一定不易，多少都随时代而变异，中国史料前后都有详细记录：

一世纪著作而叙述纪元前二至前一世纪事的《汉书》西域传上——

> 自玉门、阳关出西域有两道：从鄯善傍南山北，波河西行至莎车，为南道；南道西逾葱岭则出大月氏、安息。自车师前王廷随北山，波河西行至疏勒，为北道；北道西逾葱岭则出大宛、康居、奄蔡焉（耆）。

五世纪著作而叙述一至二世纪事的《后汉书》西域传——

自敦煌西出玉门、阳关，涉鄯善，北通伊吾千余里，自伊吾北通车师前部高昌壁千二百里，自高昌壁北通后部金满城五百里。（余南、北道同《汉书》）

五世纪时附加入《三国志》魏志的三世纪著作《魏略》西戎传——

从敦煌玉门关入西域，前有二道，今有三道。从玉门关西出，经婼羌转西，越葱岭，经县度，入大月氏，为南道。从玉门关西出，发都护井，回三陇沙北头，经居卢仓，从沙西井转西北，过龙堆，到故楼兰，转西诣龟兹，至葱岭，为中道。从玉门关西北出，经横坑，辟三陇沙及龙堆，出五船北，到车师界戊己校尉所治高昌，转西与中道合龟兹，为新道。

六世纪著作叙述五世纪事的《魏书》西域传——

其出西域本有二道，后更为四：出自玉门，渡流沙，西行二千里至鄯善为一道；自玉门渡流沙，北行一千二百里至车师为一道；从莎车西行一百里至葱岭，葱岭西行一千三百里至伽倍为一道；自莎车西南五百里葱岭，西南一千三百里至波路为一道焉。

七世纪著作叙述六七世纪之交事的《隋书》裴矩传引《西域图记序》——

发自敦煌，至于西海，凡为三道，各有襟带。北道从伊吾，经蒲类海铁勒部，突厥可汗庭，度北流河水，至拂菻国，达于西海。其中道从高昌、焉耆、龟兹、疏勒，度葱岭，又经𰻞汗、苏对沙那国、康国、曹国、何国、大小安国、穆国，至波斯，达于西海。其南道从鄯善，于阗，朱俱波、喝槃陀，度葱岭，又经护密、吐火罗、挹怛、帆延、漕国，至北婆罗门，达于西海。其三道诸国，亦各自有路，南北交通。其东女国、南婆罗门国等，并随其所往，诸处得达。故知伊吾、高昌、鄯善，并西域之门户也。总凑敦煌，是其咽喉之地。

则可了解，古代丝道东方起讫点，任何时期都是敦煌（玉门关、阳关），变化系从敦煌出发之后。诸线旅程换以今日地名说明，大体为：

——经楼兰故址，自罗布诺尔南卡克里克（鄯善），沿西藏高原边缘昆仑山之北而行，过和阗（于阗）、叶城（子合、朱驹波、悉居半）、叶尔羌（莎车、渠沙），至蒲犁（于麾、喝槃陀、汉槃陀），由 Wakhjir 山口越阿姆河源，经 Wakhan（伽倍、钵和、护密），西入中亚细亚（大月氏、吐火罗、嚈哒），或自山口分道出 Gilgit 南向印度。

——经楼兰故址，自罗布诺尔北，沿天山山脉之南，过焉耆、库车（龟兹）、阿克苏、疏勒（竭叉）、休循，由 Tuan Muran 山口抵中亚细亚，或自休循西北过 Terek 山口，经费尔干（大宛、钹汗）入中亚细亚（粟特）。

以上两条路线，汉朝前者称南道，后者称北道，在疏勒连接而完成对塔里木盆地的环形包围，乃最早因张骞"凿空"而勘定，他自北道去，转南道而返。到纪元之初汉末年，西域统制当局再提出开辟北道以北，从玉门关出发改经天山以北，避过白龙堆沙漠（龙堆 Kum‑tagh）的新交通线计划。这个计划暂时虽因王莽政变而未实现，但迨后汉政权恢复并稳定，西方贸易蓬勃发展之际，终告实现，而称为"新道"或"新北道"。并且，便因"新道"开辟，三国时代北道已改称"中道"，到隋朝，"新道"又正式改称"北道"，如隋朝著名西域通裴矩《西域图记序》所述。这条新路线：

——自玉门关西北至哈密（伊吾），吐鲁番（车师前部、高昌），向北越过天山山脉，经孚远（车师后部金满城），再改沿天山南麓与北道合；或者仍沿天山北麓，从 Iren Chabirgan 山口，经伊犁河流域而入中亚细亚。

丝道东段三条路线的变迁，关系国际局势转换，其使用价值因此也随时偏倚。汉朝南、北道时代，北道无疑是路程较短的交通线，但在初期，也有其无可避免的缺陷，便是接近与暴露在其时与汉朝立于敌对状态下的北方游牧民族

289

势力圈边缘，容易被袭击。南道虽然必须绕过大沙漠南边，却安全得多，这是情况之一；情况之二，从相反方面，北道战略上重要性却远过于南道，控制这一条大道，等于截断游牧民族与塔里木盆地沃洲间的联系。所以，在于最初，丝道主要通路系南道交通为发达，但中国驻防部队屯田据点，却又多数选择在北道，呈现似乎矛盾的现象。必须纪元前一世纪匈奴投降，北方威胁以及游牧民族的干扰解消，军事贸易需要的矛盾化除，北道交通效率进一层发挥，历史上"丝道"主线，乃正式转移到北道。

纪元以后，新北道又在交通更便捷的要求下开辟，这条新交通线贯穿草原边缘，事实上可能也便接收的是原已存在草原诸通路之一，马群与骆驼容易通过，商队旅途消费大为降低。于是形势再见变化，新北道成为最普遍使用而交通量最频繁的一条大道。

迨四世纪以后五胡乱华与南、北朝对立的大分裂期间，北方游牧民族势力再度高涨，汉族利用主线又移到南道。所以求经运动时代，诸僧人旅行家往返中亚细亚，多数系通行南道。

到隋唐盛世，北道与新北道（中道与北道）交通再恢复为主干，特别自六世纪后半西突厥帝国崛起，新北道繁荣达于顶点。

而且三世纪以来，南、北道交叉点如同新北道，已直接改立在敦煌玉门关起迄，毋须至新疆境始行分道，尤其四世纪罗布诺尔移动，楼兰被放弃而成废墟之后。所以《魏略》南道的说明，已谓"从玉门关西出，经鄯善转西"，至隋朝裴矩而有三道"总凑敦煌"的肯定提示。

同时，无论南道、北道（中道）、新北道（北道），实际行程，又须注意非必遵循一定不易序列，正如裴矩所说："其三道诸国，并各自有路，南北交通"，往往随时随地可以变换方向，换言之，主线或干道之外，还有很多副道。《魏书》所举四道之一，以莎车为起点通印度的西南道，性质也便属副道。以历史上著名的征伐与旅行为例：

——李广利长征中亚细亚大宛国，依循的是北道本线。

——甘延寿、陈汤攻击匈奴郅支单于，由温宿国出勃达岭，经伊犁河谷乌孙国而入康居国，便已转变为新北道后半段途径。

——法显《佛国记》行程，自鄯善国至焉夷（焉耆）国，再直穿大沙漠，南转于阗国，然后循南道经子合国、於麾（蒲挚）国，又折向北道竭叉（疏勒）国，再还於麾国而过葱岭，渡新头河（Indus R.，印度河），从乌苌国、犍陀罗国、弗楼沙国赴北天竺、中天竺、南天竺诸国，变化最大（回程则由当时狮子国而今日的锡兰，经海道返国）。

——杨衒之《洛阳伽蓝记》引宋云、惠生游记行程，自鄯善城、左末城（古且末国）、捍摩城（古扜弥国）、于阗国、朱驹波国（古子合国）、汉盘陀国（古蒲犁国），出葱岭，经钵和（护密）至嚈哒（悒怛），则南道本线（然后南行历鸟场、乾陀罗诸国）。

——唐朝玄奘西行，由高昌（吐鲁番）经阿耆尼（焉耆）、屈支（古龟兹、今库车）以西的跋禄迦（姑墨），越勃达岭，过热海（今伊斯色库尔，Is-sik–kwl），而访吹河（楚河，Chu R.）岸今托克马克附近碎叶城的西突厥统叶护可汗庭，又是新北道标准线。

通过新疆到达中亚细亚后，继续行进的丝道西段，与东段同样呈现为发达的四通八达交通网，《西域图记序》便明记自敦煌出发三道，路程不同，却同以古代中国人称之"西海"的地中海为终点，而且三道相互间又"各自有路"。这段中亚细亚以西部分行程，大体可分三个段落：1. 由帕米尔高原进入中亚细亚地区时，这一段境内，交通线至为复杂，须视新疆南、北道方向而定行径。2. 登上伊朗高原，则路线比较单纯。3. 再通过美索不达米亚或今日伊拉克，入叙利亚境，通道的散发又多。全程基准，依裴矩《西域图记序》，自东往西，当如下述系列：

——新疆南、北道进抵粟特地方中心撒马尔罕（Samarkand），或巴特利亚的Bactra（今阿富汗斯坦的Balkh）后，两线各向木鹿（Merv，现名Mary，属土库曼共和国）会合，此处已在安息或萨珊波斯领域。自此经里海西南岸安息旧都Hecatompylos，过安息后期国都Ctesiphone（底格里斯河左岸，萨珊波斯国都同）或Seleucia（河右岸），然后西北行，由Idessa而达罗马帝国地中海东岸领土上的Antiochia（今Antakya，土耳其突入地中海与叙利亚间的走廊领土南端），或者，西行经Palmyra大马士革（Damascus），沿地中海岸由Gaza

而至尼罗河口的亚历山大港①。

古代西方的"中国"认识

今日外国人称呼中国的 China，见之于东方印度为最早，汉文佛教典籍如玄奘《大唐西域记》等所称"摩诃至那""至那""支那""脂那"，都是梵文 Maha–china、Chinas、Cinas 的译名。欧洲则迟至近代欧洲兴起，始由拉丁文 Sinae 演化而成，今日"中国学"或"汉学"仍称为 Sinology，可见其渊源。

China 名词由来，东、西方学者意见颇多，流行的说法，谓即纪元前三世纪中国历史上如彗星般掠过的汉族中国最早统一者秦朝，或者，更早纪元前七世纪秦穆公霸西戎后秦国这一"秦"字对音。但现所存资料中，印度称 China 早到何时无确切开始年代可以肯定，且西洋人得知 Sinae，又可能便是从海洋之道由印度间接传入，而以秦人称呼汉族，则纪元以后汉族中国无此习惯。所以，China 与"秦"究竟有无关系？仍须持保留态度。

另一解释，谓 China 名词由来，须自博有世界性名誉与东西方共通认识，古代又惟以中国为独一无二出产国与输出国的"丝"追寻，也便以"丝"字译音而得。希腊罗马时代东方记录中见到的"丝国"，便是。而对于此说，尤其不能令人满意。

以下，乃是古代西洋人对丝国（或中国？）所具认识的系统性检讨②——

欧洲残存迄今对此最古文献，是纪元前五世纪，相当中国孔子删春秋稍后

---

① 丝道通过今日地名，参阅文艺春秋版《大世界史》9. 护雅夫《绢之道》，第 55 页；同上 3. 植村清二《万里长城》，第 315 页附图；松田寿男、森鹿三《亚洲历史地图》第 117 页"中国史料所见的西亚"。

② 古代西洋对"丝国人"的认识，取材自文艺春秋版《大世界史》9. 护雅夫《绢之道》，第 29 页、第 42—43 页、第 66 页、第 84 页；中央公论版《世界历史》5. 岩村忍《西域和伊斯兰》，第 71—76 页；伊瀬仙太郎《世界文化交流史》第 120—124 页引玉尔《东西交涉史》语。

时代，西方有"历史学之父"之誉的希腊人希罗多德（Herodotos）所著《历史》。内中记述东方旅程，乃是北方欧亚大陆间"草原之道"的最早介绍，说明从黑海东北隅支海亚速海的顿河口，经伏尔加河右岸森林地带，越乌拉山脉南端，到达天山、阿尔泰山两山系间，为东方最远之地。而这个地区，所属应系亚洲系最早游牧民族，并非汉族中国至为显然。而纪元前四〇〇年左右，希腊学者 Cteisas 述及 Seres，今日历史界承认为古代欧洲人因丝而引起的"丝国人"最早印象，却又非专门性地理著作。

纪元前四世纪亚历山大大帝远至印度河口附近的东方远征，陪伴推广了希腊人有关东方的了解，地理知识领域渐渐广大与正确，纪元前二世纪张骞远征，又从相对方面促使中国人的西方知识飞跃进步。纪元前一世纪初中国《史记》大宛列传与同一世纪末希腊史学家斯脱拉勃（Strabon）十七卷《地理书》，便在东西方地理学共同发达的背景下相继完成。后者记载中亚细亚的大夏——希腊（Bactria）王国与希腊人领土东方所接连，便是"丝国人"（Seres）之地，据此，与名副其实的丝国人汉族，仍隔了一段地理距离。但不论如何，丝国与丝国人已构成古代欧洲地理著作内容的一部分，自此在同类书籍中累有述及。

纪元以后，欧洲相当于中国后汉时代所成诸书中的两部，为值得注意：

纪元四〇至七〇年间，居住埃及的一位佚名希腊人航海者，记述他自埃及出发向印度西岸所经历红海、印度洋方面航海与贸易情形而著《爱利脱利亚（Erythraei）海周航记》，内有大海之外，至于 Thin，以及此国大城名 Thinae，所产生丝与丝织品便自此城运出，由陆路经 Bactria（大夏）而至 Barygaza，或经恒河抵达 Samarica（南天竺）的记载。

至纪元一五〇年左右，埃及亚历山大港的普托莱买伊乌司（Ptolemaios）综合研究亚城图书馆中有关东方记录，并自当时到达这一地中海最大贸易港口的商人与船员口述，集亚细亚与印度方面广泛见闻大成而撰《地理书》时，又说明东方最远之国为相邻的 Serica（丝国）与 Sinae。Sinae 北与丝国一部分为界，东与南为未知之地，西近恒河；丝国则西界西徐亚，北与东均未知之地，南界印度恒河东岸，而与 Sinae 接，国境四周都有山围绕。

这 Thin 与 Sinae，今日历史界相信，指的便是中国南部沿海，其知识也新由海道而得可知。换言之，对于中国，一方面依传统称丝人之国，指中国北方；另一方面，又据海上贸易了解，称 Thin 或 Sinae，指中国南方，而误分中国为二。但是，以普托莱买伊乌司所述丝国地理形势推断，比定丝国为中国北方的解释，仍须存疑。

由此获得的结论，希腊罗马时代对丝与中国的传闻，来源依陆路与海上而有不同。丝贸易与运输，陆上固为主体，也早经印度由海上出口，但中国人须至罗马帝政时代，才对西方海上交易获有深刻印象。相对方面，西洋人也能从海上交通得知中国，而这较后起的海上东方知识，如以古代中国专指汉族中国的话，却比早期便已流传的陆上知识，显得接近中国实体，位置比较正确。六世纪前半与中国南北朝末期，亚历山大港希腊人哥斯马斯（Cosmas）依其亲身自红海经阿拉伯、波斯湾、印度西岸而至泰国的海上经历著为《基督教地志学》，书中论及的 Tzinitza，继 Thin、Sinae 同属海道知识系统而比定为中国。

只是，丝的大宗输往西方仍循陆道，海道中国了解所以终嫌贫乏。换言之，凡古代西方文献而谈到东方极远地区时，多数场合，热门还是"丝国"与"丝国人"——起源于"丝"的地与人。

关于丝，希腊人虽知之甚早，罗马人自共和政体末期开始，也已认识丝与使用丝物，帝政时代的丝质衣料尤其风靡时尚，丝的高贵至于与黄金同价，但丝从何来？无论希腊人或罗马人，同感茫然。拉丁文称丝为 Sericum（以后到英文中便是 Silk），丝的产地为 Serica，居民则 Seres，意即丝之国、丝之民。然而，这丝国与丝国人仅属想象，知其存在于世界彼方，却不过一个模糊的"极东"方位概念，简言之，始终是个谜。其原因，可能是丝道开通以前的丝贸易由游牧民族输出，丝道开通以后又系塔里木盆地、中亚细亚沃洲居民，以及西亚细亚诸国居间中继，隔阂从而造成。尤其罗马时代的东方陆上地理知识原较希腊时代后退，希罗多德已知里海乃是内海，罗马人反误认里海系北极洋的海湾，至于四、五世纪的地理学者仍然。同时，又以印度与尼罗河东方之地相混，谓尼罗河发源于印度，流经埃及云云。

这个结果，使西洋历史上所指"丝国"与"丝国人"，可得一较恰当推定，便是说，对象不能超越贸易东方中继者的范围，始终徘徊在汉族中国西方领土边缘周围，最可能的，又是新疆。新疆今日便是中国，但于古代而言，则西洋著作对于丝的真正产地汉族中国，以及丝的真正生产者汉人，都未触及。这种情形，与汉族最早误认中继贸易月氏为软玉出产国，正相彷佛。

同一原因，尽管欧洲古代著作中一再提到丝国人，诗人一再讴歌丝，他们所具备这方面知识却至为有限，只知丝国人非地中海系人种，以及隐约懂得丝与树叶有关系。因此，迄于罗马帝国衰落与分裂，始终弥漫于《山海经》式寓言与神话的迷雾中，而且，不能脱出最早便已塑定的架空范畴。详言之——

纪元前五、四世纪之交的 Ctesias，已形容丝国人身躯魁梧，皮如河马，箭不能入，寿逾二百岁；纪元前一世纪的拉丁诗人，又爱吟咏丝国人从树叶中抽取细致的丝。纪元一世纪后半泼里尼葛司（Plinius）著《博物学》，还是沿袭丝国人高大、强健、长寿，以及丝国人从树叶上洒水，经妇女们细心整理而织成丝之说。

——以上，当不妨视为古代地中海世界对"丝国人"的代表性认识。

进步的中国观，须待突厥势力兴起后以突厥人中介，而东罗马得知中国之事。纪元六三〇年左右或相当中国唐朝贞观之初，居住埃及的希腊人希摩卡达（Theophylactus Simocatta）著《历史》，称中国或中国人为 Taugas。书中盛赞 Taugas 的强大，并叙述天子、法律、偶像崇拜（佛教）、养蚕、繁荣商业等等。又称："Taugas 领土依大河而两分，并为两个民族的分界。近年北方黑衣之民越河攻击南方赤衣之民胜利，乃君临全帝国"云云。大河指长江，黑衣、赤衣之民分别指北周（北朝）与陈（南朝），黑衣民统一全国即隋灭陈（纪元589年）。所述均与南、北朝历史相接近，Taugas 便是中国已可无误。虽然自此欧洲文献中有关中国的记录又告中断，再待称呼中国为 Kitai，那已是十三世纪之事。但便依 Taugas 之例，可知届抵七世纪前半，地中海人士对中国了解已有面目一新之慨①。同时，前一个世纪的六世纪，东罗马亦已正确知晓养

---

① 文艺春秋版《大世界史》9. 护雅夫《绢之道》，第 103—104 页；伊瀬仙太郎《东西文化交流史》第 125—127 页引玉尔《东西交涉史》语。

蚕，其结果，以后欧洲的中国知识来源虽仍由陆路，Seres 系统的称呼则已渐渐忘却。

古代欧洲史地著作中提到中国的相对方面，中国早期文献中所列地中海与其附近国家，唯一能被肯定的，亦只帝政时代罗马，中国当时所称的"大秦"。

关于"大秦"，中国人自后汉已知其名，至三世纪后半《魏略》而有详记。先闻名，再了解，与古代欧洲人认识中国程序相同。但《魏略》西戎传著者搜集资料与落笔态度的慎重，以及对"大秦国"知识面的广而深，较之同时期或再以后的西洋著作所知中国，则明晰而充实得多。传闻来源，从新疆诸国—中亚细亚诸国—安息与其属国—大秦与其属国—北方游牧诸国的叙述排列，可知同为经由陆路。

"大秦"这个名词与其传记，自《魏略》开始，经《后汉书》西域传节录而为学术界所熟悉，也自此一直沿用到七世纪前半唐朝人所撰《晋书》，以及六世纪后半成立的《魏书》中。

然而，审核诸书内容，很容易觉察，《晋书》《梁书》的"大秦"条记述全系《后汉书》现成旧资料因因相循。罗马帝国承认基督教并定为国教，以及东西罗马分裂，乃是接续《魏略》时代，四世纪内连续发生的世界性大事，《晋书》与《魏书》便同未述及，仅《魏书》谓"大秦国……都安都城"是新的介绍。这一"安都城"，今日史学界有考证为便是叙利亚丝织业中心 Antiochia，从这个立场，可知《魏书》西域传时代所指大秦，位置已被移至地中海东岸古代希腊人东方殖民地上，换言之，已系分裂后东罗马帝国。这一解释可能成立，但所认识也仅此隐约印象而已，其余则全已失实，即使所谓"都安都城"，与东罗马实情仍属不符。

惟其如此，中国人于后汉、三国时代所称与所知的"大秦"，乃是罗马实体，四至六世纪间，反而化为脱离了现实的空想国，退步到与罗马人的中国想象同等程度，尤其五胡乱华大动荡期间。以后随北魏统一北方而渐渐再自模糊中透出光明，结局，与罗马人明了中国情事差不多同时，中国人才恢复对东罗马帝国的正确认识，这个转机，可能也与罗马际遇相同，系与突厥人政治上、经济上的东西活跃与中介有关。其时历史上"大秦"之名便被扬弃，替代的是隋唐史上"拂菻"，如裴矩《西域图记序》所言，地中海则命名为"西海"。

至于"大秦"名词的由来，《魏略》并无解释，《后汉书》才润饰其词说："其人民皆长大平正，有类中国，故谓之大秦"，显然出于附会。事实上，非只"大秦"，如当时中亚细亚国家"大夏""大宛"等因何命名？从中国记录中都难求取答案。《魏略》文首："大秦国，一号犁鞬……其国在海西，故俗谓之海西"，以后史书相与沿袭，却于大秦其名渊源的探索毫无帮助。今日历史界流行"大秦"即古代波斯语 Dasina（"右方"或"西方"的意义）之说①，谓中国人与伊朗人接触时，接受了这个方位名词而误引以称罗马，音译为"大秦"，意译即"海西"。后起的"拂菻"，学术界也谓同系伊朗语系对罗马所称 From（粟特语）、Hrom（中世波斯语）的汉字音译②，因突厥人而间接输入中国。这些考证，与相对方面以古代欧洲人称中国所谓 Thin 或 Sinae，解释为便是"秦"字对音，Taugas 一词又由突厥人对北魏王室"拓跋"的发音而来，再以后 Kitai 则"契丹"音译，都仅能供以参考，全予信任尚嫌欠缺有力支持。可以预料的，这些名词上疑团欲于短期内澄清，也仍属苛刻的期望。

中国与罗马间虽相互隔阂，但于双方人民偶然的步上对方土地，自亦不否定其可能性。如中国史书中，迄于纪元三世纪后半，便曾四见大秦人到达中国的记录：最早系纪元一二〇年（后汉安帝永宁元年），一位随中国南方掸国使节前往洛阳的大秦魔术师；其次，便是有名的纪元一六六年（后汉桓帝延熹九年）"大秦王安敦遣使贡献"故事，自今日越南中部，当时中国日南郡登岸赴洛阳；其三，纪元二二六年（三国吴国孙权黄武五年），一位因至越南北部中国交趾郡，而由太守遣送谒见孙权的大秦商人；其四，纪元二八四年（晋武帝太康五年），又一度大秦王遣使朝贡。然而，使以大秦王安敦之例而言，《后汉书》西域传大秦条的记载已是："大秦王安敦遣使自日南徼外献象牙、犀角、瑇瑁，始乃一通焉。其所表贡，并无珍异，疑传者过焉。"当时人已以

---

① 有高岩《东洋史概观》第 121 页。
② 文艺春秋版《大世界史》9. 护雅夫《绢之道》，第 105—106 页。

其携带贡品并非传闻中代表大秦的特产,而对这位使者身份的真实性发生怀疑,则很可能是知晓当时罗马皇帝何人的西方某国商人,于抵达东方时临时起意假冒。再一对于这些所谓大秦人是否都真自"大秦"而来的疑问所在,便是他们都循海道抵达中国,而中国的"大秦"了解却非得自海道,乃循陆路。

中国—罗马间,陆路距离过于遥远,彼此直接交通既不可能,联系关系的建立自发生障碍。贸易虽然向被公认沟通了解的最便捷途径,但丝道开通后东西贸易的方式,又出之接力传递,由一国到一国,一个民族到一个民族,这种逐程经过辗转者之手的情况之下,中国与地中海世界的商品交换经验尽可以存在,交易活动尽可以频繁,却都是间接的,传闻随接力式贸易间接转达,愈远愈无可避免会与现实脱节,此其一。其二,这种情形,特别又当接力传递过程中某一段被野心者控制时为甚,而古代丝道,便实际存在这么个野心者,便是安息或萨珊波斯。他们长期居间操纵垄断丝贸易,企图独占商权,无限制获得暴利,今日历史界已有共同印象。中国史书也明载:"(大秦)常欲通使于中国,而安息图其利,不能得通"(《魏略》西戎传),以及"(大秦)王常欲通使于汉,而安息欲以汉缯彩与之交市,故遮阂不得自达。至桓帝延熹九年……始乃一通焉"(《后汉书》西域传)。纪元九七年(后汉和帝永元九年)甘英旅行西方,在西亚细亚被伊朗人欺骗,历史界相信也基于同一原因。伊朗人有意阻隔东西交通,也无意中切断了古代世界东西两端相互认识的脉络,历史上莫大遗憾乃告铸定。

中国容纳外来文化的源泉与内容

商人自古有"文化前锋"之誉,丝道开通后西起地中海、黑海,东自中国的商队活泼往来,对东西文化沟通与知识交换,贡献可谓莫大,时间、空间都未因一程又一程易手传递的方式而延搁。

东西文化相互交流的对冲潮流中，中亚细亚地位最重要。这个有"亚洲十字路口"之誉的地区，正当四周诸势力接触点，四面八方而来多彩多姿的文化于此形成文化调节湖，显然有其伟大的历史意义。申言之，古代世界史上四大文化主流的西亚细亚（伊朗）文化、地中海文化、印度文化，与中国文化，都交汇到中亚细亚，贮于此，再由此分向东、西流，这种文化中继的特质，正如同商业中继。虽然诸巨流到达中亚细亚的时间与顺序有先后，但到达后合流冲击，对原有四大文化发生重大影响与反影响，从而各各开创新的境地，则并无不同。向来独自形成，也独立发展的中国文化，便因汉朝支配中亚细亚以来中国文化领域膨胀的形势而素质发生变化，缓缓容纳与摄取外来文化因素，到唐朝，出现了内涵愈益丰富与广大的新的中国文化。

集中到中亚细亚的四大文化潮流，时间表上以伊朗文化最早。阿恳米尼朝古代波斯当纪元前六世纪与中国春秋孔子时代，已统一东方或Orient，极东领土迄于印度次大陆西北部，中亚细亚也因包容在这个兼有欧、亚、非三洲的大帝国空间而浸润伊朗文化。原始雅利安人固有信仰而经过纪元前六〇〇年左右改革后创始的祆教（Zoroastres），其开教地且即中亚细亚巴特利亚，得阿恳米尼亚朝大流士一世保护而在伊朗人思想中生根，自此演为伊朗人精神文明泉源。

古代波斯约维持二百三十年倾覆，随亚历山大史无前例大支配圈一度出现后希腊人的源源东方殖民，Hellenism世界几乎统一了当时欧洲人所知世界。如自此以后成为学者荟萃研究之地与西洋文化、经济中心的埃及亚历山大城例子，前后以"亚历山大"为名所建设希腊人都市，自地中海以迄帕米尔，能考定的已在七十处以上，中亚细亚便这样再被淹没在希腊文化或Hellenism洪流中。这种转换，即使伊朗域内成立的安息也不例外，安息的公用语文便是希腊语文，货币依希腊货币标准，一个强烈受Hellenism影响的希腊化国家。

Hellenism与希腊本土时代Pois（都市国家）古典文化，本质虽然相互共通，却非古典文化扩大传播到海外与东方的单纯意义，也在传播过程中吸收、融合以及调和当地的土著文化，愈能广泛适应当地人生活条件与接受力。希腊古典期负有盛誉的造形艺术（雕刻、建筑），特征乃简素、平衡、均整，Hellenism 时代便已表现情感流露，向优美、精致方向发展。所以，从这一角度，滋长于希腊人东方新天地中的 Hellenism，毋宁又是全新的、世界性的新文化，此其一。其二，希腊古典文化的精华是文学与艺术，科学原无地位，古代以科学发达著名，在世界科学史上占有崇高地位的是 Orient 文明，也须 Hellenism 时代来临，希腊人才因埃及、美索不达米亚的科学智识启发，而人文、自然科学飞跃进步，数学、实验科学、天文学、解剖医学诸学问，成果光芒四射。

丝道开通，中国人最早在中亚细亚所接触与受入外来文化，便是正当兴盛期的 Hellenism，还有，自南涌入中亚细亚的印度文化。虽然中国人遇到印度文化似乎较迟，但受入幅度与影响中国文化固有内容之巨，则堪谓至广且深。

婆罗门教（Brahmanism）乃最早印度文化代表，吠陀（Veda）梵语（Sanskrit）文学丰富的语汇与优美的韵律，以及百花齐放式精深的哲学思想，可能超越同时期希腊人。纪元前五〇〇年左右释迦牟尼创立佛教教义，到纪元前三世纪因孔雀王朝阿育王大力提倡而印度佛教普遍传播国内外，传教僧侣足迹，经中亚细亚远抵叙利亚、埃及、马其顿，在在与希腊文化相遇。

便因这一缘故，所以关于古代印度科学知识，西洋学术界曾有全由希腊人传授的武断猜测，此说现已过去，了解印度医学、药物学、数学、天文学在希腊人东来以前都已相当发达。只是印度艺术是否与希腊文化有关，则颇有疑问，印度造形艺术遗迹迄未发现年代属于阿育王时代以前，印度艺术史也必须以纪元前三世纪印度势力扩展到中亚细亚时为起点，足资显示与 Hellenism 有其联系的可能性，虽然已演化为圆整、柔和、多变的印度自身特征。二世纪大月氏—贵霜迦腻色迦王及其以后时代著名的犍陀罗佛像造形，尤其代表了印度—希腊艺术的调和。

贵霜王朝发祥在中亚细亚，以后随领土膨胀而支配中心移至巴基斯坦或地理上通常所称的西北印度，因此一般也列入印度历史。至此阶段，文字转变为西北印度被古代波斯征服后通用流行的佉卢文，迦腻色迦王继阿育王第三次佛典结集，整理自纪元前后兴起，迄于二世纪而集大成的佛教新思想与新教义，用的文字即佉卢文。

改进后研究深奥学问的佛教，目的已不同于旧日狭义救济之道的严守戒律与求自我解脱，今日习知普渡众生、提倡利他的新的世界性宗教性格成立。所谓"大乘佛教"或依大月氏接替保护下国外传播方向而称的"东传佛教"，已与"小乘佛教"或以锡兰为弘布中心的"南传佛教"，有所区别。

三世纪中，大月氏—贵霜式微退回中亚细亚。四世纪前半，自恒河流域兴起的笈多王朝达成印度半岛北半部全面支配，继孔雀王朝出现印度人的印度统一国家，并脱出阿育王后漫长时间大混乱文化黑暗时代，复兴婆罗门古典文化，开创光辉的"笈多纪元"。与宗教相结合，数学、天文学、物理学、医学以及文学、艺术，同时开出绚烂花朵，诸学问的进步到达巅峰，梵语已发达为印度统一语文，并制定文法。宗教与法律开始划分，自阿育王以来向无绝对年代的现象一变，也是至笈多朝而有比较正确的年代记录。中国僧人法显旅行所见，便当笈多王朝全盛期约第三代超日王（CandraguptaⅡ）在位期间。

纯印度的佛教艺术，同系笈多王朝达于完成之域，著名的笈多艺术，已脱却希腊影响下犍陀罗艺术传统。以后佛教艺术趋向衰退，相对方面，乃是印度教艺术时代的随同印度教（Hinduism）如日之升而登场。笈多朝以初期印度—雅利安白色人种所信仰，奉吠陀为根本圣典的古代印度阶级性宗教婆罗门教振颓起衰，融合非雅利安系印度原住民信仰与习俗，以及渗合佛教要素形成了印度教，终于普及如今日印度所见———一类压倒佛教确立宗教权威与社会特权的民族宗教。

五世纪中，旋风式横扫帕米尔以西的嚈哒自西北侵入印度，笈多王朝瓦解，印度回复四分五裂，至七世纪初戒日王（Harsa-vardhana）才又统一北印度，热心文化，一时屹立为强盛与和平繁华的大国，玄奘旅行到达，便是此一王朝。迨王之死，重陷分裂，唐朝势力即于其时进入印度，自此北印度届临回教势力侵入以前，持续呈现小国分裂状态，未再出现统一王朝。

自大月氏退出印度史，以迄北印度戒日王时代，西亚细亚文化形态正随伊朗政局推移而广幅转变。安息在民族主义浪潮中倾覆，有古代波斯复活之誉的萨珊王朝波斯，三世纪前半勃兴时声势咄咄逼人，罗马皇帝至于被俘，但便自同一世纪末之后，频频内乱，一蹶不振，尤其嚈哒洪流泛滥期间，萨珊朝国王被斩，于敌人兵锋直指都城的形势下迫签屈辱和约而免灭亡，际遇未较同时期的印度笈多期为佳。六世纪中历史巨人突厥消灭嚈哒，统一北亚细亚与中亚细亚，萨珊波斯乃跃进全盛阶段，伊朗文化发扬光大到绝顶，萨珊朝独特风格的艺术作品，与取得国教地位的祆教相偕在东方耀发荣光。中国文献且有早自五世纪中，撒马尔罕地方已并信佛教与祆教的记录。

祆教教义，以光明之神 Ahuramazda 代表真理与知惠，黑暗之神 Ahriman 代表虚伪与邪恶，对立相克，而教训人类明辨两方面，皈依光明之神，克服自身心中恶神，信仰原理虽然简单，却含有崇高哲理。惟其如此，亚历山大大帝东征后苟延残喘，仍能在萨珊朝复兴，古代圣诗也自萨珊朝初期被集大成而定为经典 Avesta，迄于回教侵入以前，始终成为伊朗人的民族宗教。嚈哒军事上、政治上尽管欺压波斯，宗教信仰却追随萨珊波斯信奉祆教，《梁书》诸夷传滑国（嚈哒）条所谓"事天神、火神"与《魏书》西域传"波斯国俗事天神"的记载相同——祆教以"火"象征光明，崇拜上天，所以中国人俗称拜火教。

三世纪前半萨珊朝成立之初，伊朗又有以祆教教义为基盘，折衷基督教、佛教、希腊哲学与古代巴比伦宗教思想，光明与黑暗、善与恶对立更彻底二元论的新宗教摩尼教（Manicheism），在美索不达米亚开教。摩尼教在国内逼于祆教势力，对罗马帝国域内以及北非、欧洲的叙利亚、埃及、意大利、南法国、伊比利安半岛等地国外传播却大为成功，自古代末期以至中世初期，在欧洲一直是基督教的竞争对手。反方向的东方，则以粟特地方与楚河方面为布教中心，中国史料中所见代表例子，便是唐朝回鹘文化因以摩尼教定为国教而包容众多摩尼教要素，学术考古已累有发现。

伊朗以西，已进入罗马帝国领域，罗马虽然富庶，罗马人政治理念虽然著名，对于实用性法律与土木工程均有足以傲视世界的卓越贡献，学术方面，却非伟大的创造者而仅以保留希腊知识为满足，希腊语文继续在罗马时代表现其权威性。

罗马帝国成立的意义，堪谓塑定西洋古代总合体，但这个大帝国自三世纪已形衰颓，四世纪末不得不以解体结局。再一个世纪，西罗马帝国迫于外族威胁，从急速没落以至灭亡。相对方面，东罗马拜占庭的恢复唯一罗马帝国地位与被形容为昔日罗马帝国威容再现，位置却已偏于东方，恢复的实际乃是亚历山大时代地中海部分的希腊统治。文化形态，也惟其如此而渊源于领内希腊本土的希腊文明反能加深根底，但基督教信仰的普及，又与希腊古典文化相揉合，而调合为独特的、创造性的拜占庭文化。东罗马这方面转变，时间上与萨珊波斯、印度笈多王朝，几乎相连续。

基督教自纪元前后，由耶稣改革古代多神教领域中仅见信奉唯一绝对之神的犹太教而成立，四世纪罗马东西分裂前夕已被尊为国教，从此益益发达的过程中，上帝与耶稣"父、子、圣灵三位一体"正统信仰确立，排除了所有不同的教义解释。以后著名于中国史的景教（Nestorian Christianity），便因否定耶稣神性与人性合一，所谓"神、人两性"，创言玛利亚只系耶稣之母而非神之母，而于东罗马最早半个世纪的五世纪前半，被宣判异端。景教信徒转入伊朗传教，再在萨珊波斯祆教压迫下放弃伊朗，东移到中亚细亚。

回教兴起与回教世界惊人扩大，以巴格达（Bagdad）为中心的回教文化自成熟到发达，非只继承古代诸文化而开创独自的文化圈，也从事实上统一了诸大文化圈。回教文化以回教为基础，融合希腊—罗马地中海文化、波斯文化、印度文化，以及另一主流中国文化，性质乃是摄取东西诸文化要素所形成的世界性综合文化。世界文化史便因极度发达的回教文化中介，而得翻过崭新一页。

如上一系列不同文化，基督教、回教文化须待唐朝及其以后始与中国有缘，其余文化要素，在隋唐以前，都曾或多或少经由中亚细亚传播站，输入中国。

丝道开通后前所未有的东西交易盛况展开，中国人对西方文化第一印象，以及西方文物传入汉朝最早与最有名的，是以费尔干"大宛"为原产地健大、优良的汗血马与食用植物葡萄、苜蓿。法国葡萄酿酒法今日闻名世界，古代却以费尔干为产销中心，酿造技术也由此传播而为欧洲人所知。中国"葡萄"一词（《史记》作"蒲陶"，《汉书》作"蒲桃"），依据亦即希腊语 botruo 与更原始的伊朗语 budawa 所翻译。苜蓿（今日江南人俗称"金花菜"或"草头"）的汉字名词与希腊、罗马译名依据，也同样都是伊朗语 musu。石榴汉字原名"安（安息）石榴"，可知也早在纪元三世纪安息覆亡以前的伊朗传来，伊朗语的 durun 音译①。胡桃、胡瓜、胡豆（豌豆）、胡芥、胡麻、胡荽、胡萝卜、胡葱、胡蒜（大蒜）等等，同属外来之例，凡冠"胡"字，其本身外来意味已相当明显。

西方特产动物如狮子、驼鸟之类，虽无在中国繁殖必要，引入也多以进贡方式，供宫廷或贵族阶级观赏而已，但开广眼界仍是贡献。

古代中国人，向来习惯席地而坐，卧时才用卧具"床"。至汉朝与西域交通，乃传来"榻"（形状似床而小，便利于搬动的坐具）、氍毹（榻上毛织物），以及脚可落地、仅供一人坐的坐具"胡床"，凡战地、猎场、楼上、船中、屋外都可使用，简言之，便是今日的椅子。"榻"与"氍毹"之为西亚细亚产物，从分别依伊朗语 takht 与 takhtdar 为可知②。"胡床"则更与欧洲有密切关系，但传入似乎非如"榻"的经由中亚细亚，而为北方游牧民族所中介。

最早游牧文化的刺激，先已使战国艺术脱出谨严、单调的传统范畴，蜕变为附着相当希腊、伊朗成分的精密、优美、活泼作风。到汉朝，尤因直接导入西方艺术因素而开广素材变换领域，栩栩如生的神灵，以及各型人物既其日常生活动态描绘，都足显示注入了新的生气。无论铜器、陶质殉葬明器、墓祠石刻，以及汉朝特殊发达与享有世界性盛誉的漆器，在在说明汉朝艺术自由奔放的代表性风格。同时，当西徐亚游牧文化传入时，动植物写真形象原已突出，汉朝开通西域引进大量珍异动植物，又从意识上激发甚多神奇想象，表现在艺术意匠方面，便是灵鸟、瑞兽图案的获得爱好，以及这类作品不断出现。汉朝著名的"海兽葡萄镜"、"舞风狻猊镜"、四川雅安县的墓前有翼形石狮、乐浪出土美丽漆杯兔子捣药图等，莫不强烈吸收西方文化要素。对中国人而言，这个方向无疑乃是新的尝试，也从而增进汉朝文化新的创作活力，虽然汉朝一贯独有的简朴风格，仍与同时代西洋作品有其区别。

音乐自这个时代起，更从根本上发生变化。中国古乐，秦汉之际已经失传

---

① 伊濑仙太郎《世界文化交流史》第107—108页。
② 伊濑仙太郎《世界文化交流史》第105页。

与解体，汉朝予以再组织的动力与准则，便是自西方输入的乐曲、乐器与新乐舞（所谓"散乐"）。《晋书》乐志的说明："胡角者，本以应胡笳之声，后渐用之横吹，有双角，即胡乐也。张博望入西域，传其法西京，惟得摩诃兜勒（Maha－turya）一曲。李延年因胡曲更造新声二十八解……以为武乐。后汉以给边（将）"，可资了解。关于乐器，琵琶 barbat、箜篌（harp 竖琴），乃是外来最著名的例子[①]。琵琶今日被承认为现代弦乐器的鼻祖，竖琴流行欧洲又属众所周知，所以，以汉朝以来的音乐为准，包括了中国的东方乐器与欧洲乐器出自同一根源，共同渊源且须是亚洲早期乐器的理解，未始不可能成立。

汉朝娱乐游戏，从遗留迄今文学作品与图像遗物所见，种类已如今日夜总会的包罗万象，有"跳丸""弄剑""蹴鞠""角抵""舞戏""马戏"等等名目，其中歌舞与特技表演已具西方情调，魔术（表演者即所谓"善眩人"或"幻人"）尤其全从外来。《汉书》张骞传颜师古注："眩读与幻同，即今吞刀吐火，植瓜种树，屠人截马之术皆是也。本从西域来"，便是说明。

所以，自汉朝开通西域迄于覆亡的三百多年间，中国人亘于食、衣、住、行、育、乐各方面，包括饮食物、家具器物、织物、装饰品，以及日常生活习俗，游戏等有形无形文化资产中，莫不都已受有经由中亚细亚流入中国的西方文化影响，而于中国固有文化中加添新因素。虽然固有文化激起变化的幅度与深度，各方面有其广狭、深浅不同，且如《后汉书》五行志所说："灵帝（二世纪后半）好胡服、胡帐、胡床、胡坐、胡饭、胡箜篌、胡笛、胡舞，京都贵戚皆竞为之"，胡化嗜好，当时尚仅流行于上流社会间。

外来文化较容易接受，也因新奇而较容易受欢迎并被吸收的，历史所见，例以物质文明为主流。中西文化沟通后第一阶段的汉朝，轨迹相同。汉朝之后，情况又有不同而可谓转换入第二阶段形态。便是说：

一方面继续汉朝的西方物质文明受入趋势，而且愈益推广。其中对中国人生活方式特有影响的，乃是棉花知识的传来。古代中国产"棉"都是木棉，汉朝虽已以"荅布"之名，而认识产地为印度与中亚细亚应用如今日所指棉

---

① 伊濑仙太郎《世界文化交流史》第 104 页。

花的草棉作衣料原料（三国以来草棉另称"白叠"），却都限于富贵之家专用的输入品。须《梁书》西域传高昌国条，记载其地盛产"白叠子"，才指示中国已经由新疆得知中亚细亚原料草棉栽培，以及利用草棉果氄的技术。换言之，今日棉花应用知识开始普及中国，应以纪元五世纪或中国南北朝时为最早。

另一方面，特堪注意又是思想、学问、宗教方面西方精神文明诸要素，也自魏晋以来显著移入，并浸透中国固有文化而形成其新生面。

佛教无疑是西域文化精神面传入中国的代表，印度佛教，至迟纪元前一世纪已流入新疆，但经过断续与模糊的神仙观念阶段而佛教思想最早传播汉族中国，则须纪元二世纪后半开始，且其时仍非以宗教面目出现，而系因老庄思想的媒介，才为中国的上流阶层所理解。

纪元二世纪已是贵霜—大月氏提倡佛教新运动的时代，原始佛教自此时演变为愈形适合国际性、世界性的大乘佛教，换言之，印度佛教已过渡为西域佛教。新的以及超民族的世界化佛教向四方扩散，通过新疆，四世纪间向中国内地再传播时，正值中国五胡乱华大动乱时期展开，苦难的中国人民渴望精神安慰，以"普渡众生"为宗旨的大乘佛教乃普遍受到欢迎，迅速发达为南北朝从王室以至民间共同的宗教信仰。也便因中国境内佛教创兴正当历史上空前动荡时期，而佛教信仰却南北地域共通，所以今日外国学者往往指为佛教传入，形成维系中国政治上分裂的精神力量，情形与基督教之于中世欧洲，正相仿佛。这种观念虽然以一概全，忽视了传统中国文化深厚的统一不可分割性，实际，也惟其文化的统一才使佛教能得南北信仰相同。只是，宗教力量的足以弥补政治分裂，则亦不可否认。自此到达唐朝，西域佛教终因站于中国固有文化基盘上而再完成中国佛教的嬗代，世界佛教传播中心也由印度、大月氏再交中国接棒的形态，从而普及东亚，建立起高度理论化的东方佛教圈。

佛教传入的影响，并不限于宗教生活领域，佛教本身，便是包容了思想、学问、文学、艺术、习俗等多方面因素的综合文化。当佛教传向中国，先则中亚细亚、印度僧侣来到中国传道，四世纪末以后又是中国僧侣赴印度朝圣求经热潮展开，中印文化沟通乃开启了最频繁期，印度系文化源源因佛教媒介，而被陪伴导入中国。此时，印度正当笈多王朝的期间。

四世纪中开凿的敦煌千佛洞，其早期佛像造形与浮雕犍陀罗风格的强烈系艺术界所周知；与敦煌千佛洞同在东方艺术史上大放光彩而于五世纪中开凿的大同云岗石窟，又转以代表笈多式艺术著名。

中国语文一字一音，佛教传入与基于翻译梵文佛教经典需要，三世纪魏晋时代，才开始依西方文字拼音原理，从语言发音学上发明"反切"。以及随佛教"声明"（音韵学）、"因明"（论理学）、"内明"（形而上学）、"五方明"（医学）、"工巧明"（工艺学）等五明学中的声明学研究，而中国人注意辨别平、上、去、入四声。南北朝的南朝，音韵学已特形发达，不但兴起为专门学问，也对自此以后的中国语言学与文学创作，发生革命性变化。

中国天文学、数学的发达与进步，可谓傲视古代世界。印度在世界文明史上，这方面评价原较中国逊色，但印度系统天文、数学知识的流向中国，并未因此受阻，唐朝已接受印度数学界伟大发现的"0"字应用（虽然印度"0"字原作"·"，所以唐朝数学书籍随之而谓"九数至十，空位处恒安一点"。印度改用"0"字似以九世纪石刻为始见，因阿拉伯人继承印度数学而今日普及世界）。

"五明"中被称"五方明"的印度医学与药理，也自隋朝以前便输入中国，从《隋书》经籍志中有关汉文翻译"婆罗门"系统诸书，医籍与书写的文字、天文、历、数等书目均有详列为可知。

五、六世纪南北朝的时代，中国且非只以佛教为宗教特色，伊朗祆教亦于同时期开始传播中国。史书中记载：北魏宣武灵皇后临朝，"废诸淫祀，而胡天神不在其列"（《魏书》皇后传）；"后齐（北齐）……后主末年，祭非其鬼，至于躬自鼓舞，以事胡天。邺中遂多淫祀，兹风至今不绝。后周（北周）欲招来西域，又有拜胡天制，皇帝亲焉。其仪并从夷俗，淫僻不可纪也"（《隋书》礼仪志二），可见祆教信奉的一般。追随这种趋势，到唐朝而伊朗萨珊艺术特形流行。摩尼教、景教也跟踪分别传来。

唐朝之与汉朝并别为中国史上最光辉的伟大时代并非偶然，汉朝随汉族诞生而成立，唐朝建立又以分从南北注入新生命力的新汉族形成为背景，其开放性世界大帝国面貌与性格，尤超过了汉朝，各式各样西方文化都于此期间加速流入，并且容量到达顶点。相反意义，也从学问、文学、艺术等等方面，广范围激发中国人灵感，推动创造了更上层楼，气象万千的中国新文化。

中国文化传播西方

西方文化受入中国的同时，堪注意中国文化与其技术发明也从逆方向输出西方，而且，自汉朝开始，输出随时间呈正比例递增的现象，愈到后来愈明显，也愈巨大影响西方人文明生活。虽然东西交通道上中继式逐程传播的进度与速度，由东向西与由西向东都一样，中国发明传抵欧洲的时间表，往往要较中国人发明年代晚得多。

中国蚕丝知识，自汉朝开通西域，新疆沃洲人民、印度人、伊朗人可能先后都已学到。但再远方，欧洲人尽管对丝狂热爱好与竞购，要懂得植桑、育蚕以及抽茧、缫丝的整套技术，则必须待到六世纪中。东罗马与统制丝贸易的萨珊波斯间频频冲突期间，东罗马历史家记录中曾流传了一则故事，谓基督教景教派的波斯人，以蚕种藏于杖内秘密携出 Seres 之国并输入罗马孵化，罗马域内才开始养蚕事业，而出现为欧洲产业史划期性大事。这与七世纪玄奘《大唐西域记》所载，于阗国王恳请下嫁的"东国"王女传以养蚕之法，王女以蚕种藏于帽絮中通过"东国"关防的传说，几乎相同，实际也可能有其关联①。不论如何，蚕桑自中国移殖拜占庭，时间上不能早过东罗马黄金时代为可了解。

铁在古代世界中，虽然最早懂得冶铸术者系西亚细亚人抑中国人，学术界尚有论争，但铁器铸造的精深技术，系起源于中国汉朝而经中亚细亚西传的理

---

① 文艺春秋版《大世界史》9. 护雅夫《绢之道》，第91—94页。

解,《史记》大宛列传曾有明示:"自大宛以西至安息国……其地皆无丝漆,不知铸铁(钱)器。及汉使亡卒降,教铸作他兵器。"纪元一世纪泼里尼葛司的《博物学》中,也对丝国人(Seres)的丝与铁特有印象①,虽然 Seres 可能指的是中国文化影响下当时新疆沃洲居民,而非汉族。

中国人凿井吸取地下水的经验,随中亚细亚与新疆被汉朝征服而移入,对沃洲农业以及沃洲人民生活具有特殊贡献,为历史界所共同了解。《史记》大宛列传:"宛王城中无井,皆汲城外流水……闻宛城中新得秦人,知穿井",当可说明。与凿井取水同一原理,进而演化为今日采凿石油矿的钻穴技术,同样创始于纪元前一世纪至纪元一世纪间的汉朝中国。当时四川已钻凿冒出天然瓦斯的自流井成功,欧洲人则须十二世纪以后才学到其技术。

纸的制造又是人类智慧最高表现与中国人伟大贡献。但汉朝发明用布、桑等原料制成现代标准的纸张之后,须八世纪中唐朝与阿拉伯人战争期间始传入回教世界,再传向欧洲的时间尤迟至十二世纪以后。瓷器的传播,回教世界从中国受入这方面技术,时间也相仿。

在中国发明,在中国完成发展的文明成果向西方输出,多数在于回教势力圈凝固期间。通过海上与陆上大活跃,中国人称为"大食"人的阿拉伯人之手,中国文化不断为回教文化所吸收,终局再转输欧洲。这段期间,便是八世纪至十三世纪,中国历史正当唐朝以至元朝。

只是,中国文化与西方文化之间,无论授与受,相互影响的开始,仍都必须追溯到纪元前二世纪汉朝,汉朝中国人控制东西方枢纽地带中亚细亚,才使东西的文化接触成为可能。惟其如此,自汉朝迄于南北朝,在于中西文化交流史上,当是个至为重要而且意义深远的起步时代。

---

① 文艺春秋版《大世界史》6. 植村清二《万里长城》,第313—314页。

主要参考书

平凡社《世界考古学大系》9. 北欧亚大陆·中亚，昭和四一年（1966年）。

平凡社《世界历史大系》2. 东洋考古学、3. 东洋古代史、10. 中亚史·印度史，昭和九、十年（1934、1935年）。

筑摩书房《世界历史》1. 历史的黎明，一九六八年。

山川出版社《世界各国史》XII北亚史，昭和三二年（1957年）。

苏联科学院版《世界通史》，东京图书株式会社日译本古代2—6，一九六三年。

晓教育图书株式会社《现代教养百科事典》7. 历史，昭和四三年（1968年）。

松田寿男、森鹿三《亚洲历史地图》（平凡社），一九六八年。

香山阳坪《沙漠和草原的遗宝》（角川新书），昭和四一年（1966年）。

图书在版编目(CIP)数据

姚著中国史 . 2,古代北西中国 / 姚大中著 . —— 北京:华夏出版社,2017.1(2017.6 重印)

ISBN 978 – 7 – 5080 – 8954 – 6

Ⅰ.①姚… Ⅱ.①姚… Ⅲ.①中国历史 – 上古史 – 研究②民族历史 – 研究 – 西北地区 – 古代 Ⅳ.①K207

中国版本图书馆 CIP 数据核字(2016)第 228904 号

著作财产权人© 三民书局股份有限公司

本书中文简体字版由三民书局股份有限公司授权华夏出版社在中国境内(台湾、香港、澳门地区除外)独家出版。据三民书局 1992 年版排印。

本书中文简体字版禁止以商业用途于台湾、香港、澳门地区散布、销售。

版权所有,未经著作权财产权人书面授权,禁止对本书中文简体字版之任何部分以电子、机械、影印、录音或其他方式复制或转载。

著作权合同登记号 图字:01 – 2014 – 6596 号

姚著中国史·2 古代北西中国

著　　者	姚大中
责任编辑	潘　平　杜晓宇　李钊平　董秀娟　王　敏
出版发行	华夏出版社
经　　销	新华书店
印　　装	三河市万龙印装有限公司
版　　次	2017 年 1 月北京第 1 版　2017 年 6 月北京第 2 次印刷
开　　本	710×1000　1/16
印　　张	20
字　　数	300 千字
印　　数	6001 – 9000 册
定　　价	70.00 元

华夏出版社　地址:北京市东直门外香河园北里 4 号　邮编:100028
网址:www.hxph.com.cn　电话:(010)64663331(转)
若发现本版图书有印装质量问题,请与我社营销中心联系调换。